大珠慧海禪師語錄
대주혜해선사어록

자기가 보배창고이다

頓悟入道要門論 · 諸方門人參問語錄
돈오입도요문론 제방문인참문어록

大珠慧海禪師語錄
대주혜해선사어록

자기가 보배창고이다

청두종인 번역

해조음

불심의 지혜작용을
지금 여기 자신의 일상생활로 삼으라

우리가 선문에 들어와서 깨달음이나 반야, 열반 등을 찾거나 구하는 것이 대단한 것이라고 생각한다. 그런데 옛날이나 지금이나 별 차이가 없고 불법의 진리는 항상하다는 사실을 대주혜해 선사와 마조 선사의 아래 대화에서 볼 수 있어서 너무 다행스럽다. 『제방문인참문어록』 서두에 대주혜해가 처음 강서로 가서 마조 스님을 참배한 내용이 나온다.

마조 스님이 물어 말하길, "어디에서 왔는가?" 이르길, "월주 대운사에서 왔습니다." 마조 스님이 말하길, "이곳에 와서 무슨 일을 하려고 하는가?" 이르길, "불법을 구하려고 왔습니다." 마조 스님이 말하길, "자기 집의 보배창고는 돌아보지 않고 집을 내버리고 쓸데없이 다니면서 무엇을 하려고 하는가? 여기에는 하나의 물건도 없는데 어떤 불법을 구하려고 하는가?" 선사가 마침내 예배하고 물어 말하길, "무엇이 혜해 자기 집의 보배창고입니까?" 마조가 말하길, "지금 나에게 묻고 있는 사람이 그대의 보배창고이다. 일체 모든 것이 갖추어져 있어 다시 조금도 모자라는 것이 없고 자유롭게 사용할 수 있는데 어찌 밖에서 구할 필요가 있겠는가?" 선사가 말 끝에 크게 깨달아 자기의 본래 마음을 알았으며 의식의 작용으로 말미암은 것이 아님을 알고 뛸 듯이 기뻐서 공경하여 보답하고자 6년 동안 마조 스님을 모셨다.

우리는 진리나 깨달음이 밖에 있거나 다른 곳에 있는 줄 알고 찾아 헤매고 있는데 결국 자기 자신에게 있음을 알아야 한다. 송대의 나대경이 쓴 『학림옥로』에 무진장 비구니가 봄을 찾는 내용에도 잘 나타나 있다. "종일토록 봄을 찾아다녔으나 봄을 찾지 못했는데, 청려장을 짚고 구름 속을 거닐다가, 돌아오는 길에 시험 삼아 매화가지 당겨보니, 봄은 이미 가지 끝에 와 있었네."

그리고 벨기에 극작가 모리스 마테르링크의 『파랑새』에서 틸틸과 미틸 남매가 행복의 상징인 파랑새를 찾아 떠났지만 파랑새는 자기집 앞마당 나뭇가지에 있었다는 것도 같은 맥락이다.

불법은 멀리 있는 게 아니라 늘 자기의 일에서 펼쳐지고, 자기 자신이 부처와 하나임을 체득하는 게 불교 수행이다. 밖에서 불법을 구하거나 부처를 찾는 사람은 부처의 제자가 아니라고 하였다. 자기의 불성을 밝혀 늘 성성적적(惺惺寂寂)하게 불심의 지혜작용을 지금 여기 자신의 일상생활로 살아가는 것이 불보살님들이 바라는 바이고 역대 선지식들이 목 아프게 설법하는 것이다. 그런데 어리석은 후학은 늘 밖에서 찾고 있으니 한심스러울 뿐이다.

그래서 대주혜해 선사가 어떤 율사 스님과 선문답에서 우리들이 어떻게 일상생활을 해 나가야 하는지에 대해 하나의 일화로 이야기하고 있다.

어떤 원 율사가 스님께 와서 묻길, "화상께서 도를 수행하여 도리어 공력을 사용합니까?" 선사께서 말하길, "공력을 사용합니다." 말하길, "어떤 공력을 사용합니까?" 선사께서 말하길, "배가 고프면 밥을 먹고, 피곤하면 잠을 잡니다." 말하길, "일체 모든 사람들도 모두 그러하니 선사께서 공력을 사용하는 것과 같습니다." 선사께서 말하길, "같지 않습니다." 말하길, "무슨 까닭으로 같지 않습니까?" 선사께서 말하길, "그들은 밥을 먹을 때 밥만 먹지 않고 여러 가지를 찾고, 잠잘 때 잠만 자지 않고 천 가지 생각을 합니다. 그래서 같지 않은 것입니다."

우리는 무엇을 하더라도 하나에 집중하지 못하고 대상경계가 오면 분별하고 차별하고 나누면서 자기의 이로움이나 핑계를 찾지만 대주혜해 선사는 늘 불심의 지혜작용으로 자기 일에 집중 몰입하면서 반야의 지혜로 살아가고 있음을 알 수 있다.

선사는 마조도일 선사의 문하에서 6년간 수행하여 깨달음을 체득하고 『돈오입도요문론』을 저술하고 후학들이 선사께서 제방의 수행자를 제접하신 내용을 정리하여 『제방문인참문어록』을 저술로 밝혀 놓았다. 선사께서는 『유마경』과 『금강경』, 『대반열반경』, 『화엄경』, 『묘법연화경』, 『대승기신론』 등 여러 대승경전을 자주 인용하셨는데, 반야사상을 완벽하게 체득하여 독자적인 관심석으로 대중들을 제접하였음을 알 수 있다.

이 책은 중화전자불전협회의 『대정신수대장경』을 원문으로 하여 번역하였다. 도움 주신 팔공산 갓바위에서 수행 정진하는 선정, 선공 스님께 늘 감사드리며, 정진 여여하시길 두손 모읍니다.

나무반야바라밀

2021년 5월 좋은 날   청두종인(靑頭宗印) 화남(和南)

차례

諸方門人參問語錄제방문인참문어록

諸方門人參問語錄 卷下 제방문인참문어록 권하

대주혜해
大珠慧海

생몰 연대가 확인되지 않는 8세기 무렵 생존했던 당나라 때의 선승이다. 건주(建州, 福建) 사람으로, 속성(俗姓)은 주(朱) 씨고, 세칭(世稱) 대주화상(大珠和尙) 또는 대주혜해(大珠慧海)로 불린다. 월주(越州, 浙江) 소흥(紹興) 대운사(大雲寺) 도지법사(道智法師)를 따라 출가하여, 처음에는 경교(經敎)를 배워 깨달은 바 있었다. 나중에 여러 지방을 다니다가 마조도일(馬祖道一)을 참알(參謁)했다. 마조가 "네 집의 보배창고를 돌아보지 아니하고 집을 버리고 어지러이 돌아다니니 무엇을 하겠느냐?(自家寶藏不顧 抛家散走作什麼)"고 한 말에 본성을 깨달아 6년 동안 마조를 섬겼다. 마조가 보고는 "월주에 큰 구슬이 하나 있는데 참으로 둥글고 밝아서 그 빛이 자유자재로 비친다.(越州有大珠 圓明光透自在)"라고 말했다. 저서에 어록(語錄) 2권과 『돈오입도요문론(頓悟入道要門論)』 1권이 있다. 오도(悟道)한 뒤 월주로 돌아와 선지(禪旨)를 널리 떨쳤다.

대주혜해 선사

승유의 서문

夫善知識者는 **如巨海舟航**으로 **能度迷類**하고 **長夜明炬**로 **善破羣昏**이라
부선지식자　여거해주항　　능도미류　　장야명거　선파군혼

대개 훌륭한 지도자는 마치 큰 바다에서 배가 길을 헤매는 사람을 건네주는 것과
같고 긴 밤의 밝은 횃불이 어두움을 거두어 주는 것과 같다.

大珠和尚首參馬祖[1]하고 **使入慧海之灋界**[2]로 **令開寶藏於自家**이라.
대주화상수참마조　　사입혜해지법계　　령개보장어자가

대주화상은 처음 마조를 참례하고 그의 가르침으로 지혜의 바다인 법계에 들어갔으
며 자기의 보배창고인 불성을 깨닫게 되었다.

所以靈辯滔滔는 **譬大川之流水**하고 **峻機疊疊**은 **如圓器之傾珠**라
소이령변도도　　비대천지류수　　준기첩첩　　여원기지경주

그 때문에 영묘한 언설의 도도함은 마치 큰 내에 물이 흐르는 것과 같고 높은 기용
의 첩첩함은 마치 둥근 그릇에 구슬을 굴리는 것과 같았다.

於是曲設多方으로 **垂慈利物**하고 **發揚至道**라.
어시곡설다방　　수자리물　　발양지도

여기에 여러 가지 방편을 시설하여 자비를 베풀어 중생을 이롭게 했으며 도에 이르
도록 펼쳐 이끌었다.

1　馬祖道一(마조도일: 709-788)은 사천 한주 출신이며 육조혜능의 법 제자인 남악회양의 법을 이어 받았
다. 후에 강서의 홍주(남창현 서부)를 중심으로 교화를 펼쳤다. 그의 제자는 84명이었다고 하지만 그 진위는
알 수 없다. 다만 많은 제자들이 있었던 것만은 사실이다. 「석문도일선사비명」『전당문』권501, 『조당집』권
40, 『경덕전등록』권6 등에 그의 전기가 실려 있다.

2　灋界(법계)는 불교의 참된 진리를 말함.

烏可以筆舌讃歎哉리오
오가이필설찬탄재

어찌 글과 말로써 다 찬탄할 수 있겠는가?

妙叶 維那[3]는 **四明翠山**의 **大中理公之神足**이라. **夙具靈根**이고 **素培智種**이라.
묘협 유나　　사명취산　　대중리공지신족　　숙구령근　　소배지종

묘협유나는 사명취산의 대중리라고 하는 고승문하의 걸승이다. 일찍이 순수한 도심
을 갖추고 평소에 지혜의 종자를 길렀다.

禪餘之暇에 **閱此老語錄**으로 **有所證入**하니 **平生礙膺之物脫然而去**라.
선여지가　　열차로어록　　유소증입　　평생애응지물탈연이거

참선하는 틈틈이 대주화상의 어록을 읽고 깨달은 바가 있어서 평생 가슴속에 응어
리져 있던 것을 홀가분하게 벗어 버렸다.

從上佛祖舌頭에 **一無所疑矣**라. **此亦古塔主**[4]가 **觀雲門語而嗣之**가 **正所謂也**라.
종상불조설두　　일무소의의　　차역고탑주　　도운문어이사지　　정소위야

지난날 불조의 말씀에 하나의 의심이 없게 되었다. 이것은 저 고탑주가 운문의 어록
을 보고 그 가풍을 이었다는 말과 서로 같다.

故捐資鏤板以廣其傳하여 **期以後之來者同一了悟**라.
고연자루판이광기전　　기이후지래자동일료오

이런 인연으로 자금을 기부하여 어록을 판에 새겨 세상에 널리 유포하여 장래에 도
를 구하고자 하는 사람이 똑같이 깨닫기를 기대한다.

3　妙叶(묘협)은 『돈오요문론』을 편집한 편자로서 四明(절강성 은현의 서남부와 여도현의 남쪽 지역) 취산의
대중리라고 하는 사람의 제자이며 유나의 소임을 맡은 것 같다. 그는 또 『보왕삼매념불직지』상하2권 (『대정
장』권47)을 편집하였다.

4　高塔主(고탑주)는 饒州(요주)의 薦福承古禪師(천복승고선사)를 가리킨다. 어느 날 운문선사의 어록을 읽
다가 대오했으며, 그 후 雲居道膺(운거도응 ?~902)의 묘탑을 지켰기 때문에 고탑주라고 불렀다.

存此心者가 **豈淺淺耶**인가?
존차심자   기천천야

이렇게 생각하는 마음이 어찌 얕다고 할 수 있겠는가?

此之功勳不墜와 **行願彌堅**이 **蓋可見矣**라.
차지공훈불추   행원미견   개가견의

이러한 공덕은 없어지지 않을 것이며 행원이 더욱 견고해지는 것을 아마도 볼 수 있을 것이다.

所幾法流不泯하고 **派永接於曹溪**⁵로 **燈焰長存**하니 **光愈明於少室**⁶ 也라.
소기법류불민   파영접어조계   등염장존   광유명어소실   야

불법의 흐름이 끊어지지 않고 그 맥이 영원히 조계를 이어서 법등이 길게 보존되니 달마의 지혜광명이 더욱 밝아지기를 바라는 바이다.

旹歲在癸丑⁷ **春孟十日** **阿育王山**⁸ **沙門釋崇裕**⁹ **書於無異堂**
시세재계축   춘맹십일   아육왕산   사문석숭유   서어무이당

때는 계축년 정월 십일 아육왕산의 사문인 석숭유가 무이당에서 쓰다.

---

5 육조혜능은 소주의 조계(광동성 곡강현의 동남부 지역)에 살았기 때문에 혜능을 조계라 한다.

6 少室(소실)은 하남성 등봉현의 북쪽에 위치한 숭산의 서쪽 봉위리를 가리키며 그 산의 이름을 소실산이라 한다. 달마대사가 여기서 9년간 면벽 좌선했기 때문에 소실은 곧 보리달마를 가리킨다.

7 癸丑(계축)은 洪武(홍무) 6년 즉, 1373년이다.

8 阿育王山(아육왕산)은 절강성 은현의 동쪽에 있는 산을 가리키며 또 鄮山(무산)이라고도 한다. 서진의 태강년간(280-289)에 劉薩阿(유살아)가 아육왕의 사리를 가져와 이곳에 탑을 세웠기 때문에 아육왕산이라 한다.

9 崇裕(숭유)는 扶宗大師(부종대사: 1304-1378)를 가리킨다. 아육왕산에 살았으며 『보속고승전』에 그의 전기가 실려 있다.

頓悟入道要門論
돈오입도요문론

불보살님께 올리는 글

稽首[10] 和南[11] 十方[12] 諸佛과 諸大菩薩[13] 衆하다.
계수　화남　시방　제불　제대보살　중

시방의 모든 부처님과 여러 훌륭한 보살님들께 머리 숙여 예배를 올립니다.

弟子今作此論하니 恐不會聖心커든 願賜懺悔하고
제자금작차론　공불회성심　원사참회

제자가 지금 이 논을 지었지만 성인의 마음에 부합하지 못하였을까 염려되오니 원컨대 참회를 내려 주십시오.

若會聖理어든 盡將廻施[14] 一切有情[15]하야 願於來世에 盡得成佛이라.
약회성리　진장회시　일체유정　원어래세　진득성불

만약 성인의 이치를 깨달았다면 그 모든 공덕을 장차 일체의 중생들에게 회향하여 오는 세상에 모두 성불하기를 바라옵니다.

10　稽首(계수)는 예배와 같은 뜻이다. 머리가 땅에 닿도록 공손하게 절을 하는 예법이다.

11　和南(화남)은 범어 vandana를 음사한 말이다. 공경, 歸禮, 경례라 번역한다. 앞의 계수와 같이 지위가 높거나 나이 많은 어른에 대하여 경의를 표하는 일종의 예법이다.

12　十方(시방)은 동서남북의 사방과 동북, 동남, 서남, 서북의 四維(사유)와 그리고 상하를 말한다. 즉 온 세계를 가리키는 말이다. 대승불교에서는 十方에 무수한 세계와 부처가 있다고 한다.

13　菩薩(보살)은 범어 bodhisattva를 음사한 말이다. 부처의 깨달음을 얻는 것을 목표로 하지만 그는 항상 자기 자신보다도 남을 먼저 배려하는 이타의 정신으로 무장되어 있다. 이들을 성취하기 위한 실천덕목은 육바라밀이다.

14　廻施(회시)는 회향과 같은 말이다. 자기의 공덕을 널리 다른 사람에게 베푸는 것을 뜻한다.

15　有情(유정)은 범어 sattva를 번역한 말이다. 중생이라고도 번역한다. 생존하는 자란 뜻이다. 특히 유정이라 함은 마음을 가지고 살아 있는 것을 말하고 이에 비해 산천, 초목, 대지 등은 非情이라 한다. 그러나 『성유식론술기』권1에는 유정과 비정을 합하여 중생이라 한다.

단박에 깨닫는 것

問：欲修何法하여 卽得解脫[16]입니까?
문 ：욕수하법　　즉득해탈

묻길, 어떤 법을 수행해야 해탈할 수 있습니까?

答：唯有頓悟[17]一門하여야 卽得解脫이라.
답 ：유유돈오 일문　　　　즉득해탈

답하길, 오직 돈오의 가르침을 수행해야 곧 해탈할 수 있다.

問：云何爲頓悟오
문 ：운하위돈오

묻길, 어떻게 돈오해야 합니까?

答：頓者는 頓除妄念이오 悟者는 悟無所得이라.
답 ：돈자　돈제망념　　오자　　오무소득

답하길, 돈이란 단번에 망념을 제거하는 것이고, 오는 무소득을 깨닫는 것이다.

16　解脫(해탈)은 범어 vumukti, vimoksa와 팔리어 vimutti vimokkha를 번역한 말이다. 번뇌의 속박이나 일체의 괴로움에서 벗어나는 것을 의미한다. 중국의 선사들은 이 말 대신에 자유나 자재라는 말을 더 즐겨 쓴다.

17　『大佛頂如來密因修證了義諸菩薩萬行首楞嚴經』권10 理則頓悟乘悟併銷, 事非頓除因次第盡. (『대정장』권19, p.155, a8-9) '이치로는 단번에 깨닫고 깨달으면 모두 소멸하지만 현상에서는 단번에 제거하는 것이 아니라 차례로 없어진다.'의 말을 근거로 하는 것이다. 惠達의 『肇論疏』에 축도생이 돈오하여 이르길, 돈이란 이치를 밝히는 것이고 오란 다함을 비추는 것이다. 이 둘이 하나인 이치를 깨닫는 것을 돈오라 한다. 즉, 어떤 방편을 빌리거나 순서를 거치지 않고 일념 자각에 의하여 곧바로 구경에 깨달음에 이르는 것을 돈오라고 하고 이에 비해 점차적인 단계를 밟아서 깨달음으로 나아가는 것을 점수라 한다. 즉 갖가지 수단과 방법을 사용하지 않고 또 철학적 교의적 개념을 매개로 하지 않고 진리를 깨닫는 것을 돈오라 한다.

問 : 從何而修오
문 : 종하이수

묻길, 무엇으로 말미암아 닦는 것입니까?

答 : 從根本修니라.
답 : 종근본수

답하길, 근본으로부터 닦는다.

問 : 云何從根本修오
문 : 운하종근본수

묻길, 어떻게 근본으로부터 닦는 것입니까?

答 : 心爲根本이라.
답 : 심위근본

답하길, 마음이 근본이다.

問 : 云何知心爲根本이니까?
문 : 운하지심위근본

묻길, 어떻게 마음이 근본임을 압니까?

答 : 楞伽經云 心生卽種種法生하고 心滅卽種種法滅[18]**이라**
답 : 능가경운 심생즉종종법생   심멸즉종종법멸

답하길, 『능가경』에 이르길, 망념이 일어나면 여러 가지 대상경계가 따라서 일어나고, 망념이 소멸하면 여러 가지 대상경계가 따라서 소멸한다.

---

18   『大乘起信論』권1 以心生則種種法生 , 心滅則種種法滅故. (『대정장』권32, p.577, b22-23)에 나오는 말이다. 『大佛頂如來密因修證了義諸菩薩萬行首楞嚴經』권1 由心生故, 種種法生, 由法生故, 種種心生. (『대정장』권19, p.107, c24-25)에는 이와 같이 나온다.

維摩經云 欲得淨土인댄 當淨其心이니 受記心淨하야 卽佛土淨[19]이라
유마경운 욕득정토   당정기심   수기심정   즉불토정

『유마경』에 이르길, 정토에 가고자 하면 반드시 마음을 청정히 해야 하고, 마음이 청정해야 불국토도 청정해진다고 예언하셨다.

遺敎經云 但制心一處하면 無事不辨[20]이라
유교경운 단제심일처   무사불판

『유교경』에 이르길, 다만 한 곳에 마음을 제어하면 판별하지 못할 일이 없다.

經云 聖人은 求心不求佛이요 愚人은 求佛不求心[21]이라
경운 성인   구심불구불   우인   구불불구심

경에 이르길, 성인은 마음을 찾고 부처를 구하지 아니하며, 어리석은 사람은 부처를 구하고 마음을 구하지 않는다.

智人은 調心不調身하고 愚人은 調身不調心이라.
지인   조심부조신   우인   조신부조심

지혜로운 사람은 마음을 조절하고 몸을 조절하지 않고, 어리석은 사람은 몸을 조절하고 마음을 조절하지 않는다.

---

19   『維摩詰所說經』권1「佛國品1」若菩薩欲得淨土, 當淨其心, 隨其心淨, 則佛土淨. (『대정장』권14, p.538, c4-5)에 나오는 말이다.

20   『佛垂般涅槃略說敎誠經』권1 制之一處無事不辦. (『대정장』권12, p.1111, a20)의 말인데 『유교경』이라고도 한다. 즉, 精神一到 何事不成, '정신을 한 곳에 집중하면 어떤 일이든 이룰 수 있다.'와 뜻이 일맥상통한다.

21   여기에 나오는 경전이 어떤 경전인지 알 수 없으나 『善慧大士語錄』권3「第六章明懲心性無染」君不見智人求心不求佛. (『속장경』권69, p.15, a13) '그대는 보지 못했는가? 지혜로운 자는 마음을 구할 뿐 부처를 구하지 않는다.'라는 구절이 보인다.

佛名經云 罪從心生[22]하여 還從心滅이라
불명경운 죄종심생　　환종심멸

『불명경』에 이르길, 죄는 마음으로부터 생겼다가 도리어 마음으로부터 없어진다.

故知善惡一切는 皆由自心이니 所以로 心爲根本也니라.
고지선악일체　개유자심　　소이　심위근본야

그러므로 선악의 모든 것이 전부 자기의 마음으로부터 생겨나는 것인 줄 알아야 한다. 그래서 마음이 근본이 된다.

若求解脫者는 先須識根本이라.
약구해탈자　　선수식근본

만약 해탈을 구하고자 한다면 먼저 반드시 근본을 알아야 한다.

若不達此理하고 虛費功勞하여 於外相에 求[23]하면 無有是處니라.
약부달차리　　허비공로　　어외상　구　　　무유시처

만약 이러한 도리를 통달하지 못하면 헛되이 힘쓴 노력이 낭비될 것이니 바깥 대상에서 구하려고 하면 옳지 못하다.

22　『救疾經』권1 罪從心生, 罪從心滅. (『대정장』권85, p.1362, b9)에 나오는 말로 『천수경』의 罪無自性從心起, 心若滅時罪亦亡의 게송과 같은 뜻이다.

23　『維摩詰所說經』권2「不思議品6」夫求法者 , 不著佛求 , 不著法求 , 不著眾求. (『대정장』권14, p.546, a11-12) 법을 구하는 사람은 부처에 집착해서 법을 구해서도 안 되고 법에 집착해서 법을 구해서도 안 되며 스님에 집착해서 법을 구해서도 안 된다. 『鎭州臨濟慧照禪師語錄』권1 秖為不向外馳求 , 有此功用. (『대정장』권47, p.497, b21) 단지 밖을 향해서 구하지 말라. 쓸데없는 일이다.

禪門經云 於外相에 求하면 雖經劫數나 終不能成[24]이요
선문경운 어외상 구 수경겁수 종불능성

『선문경』에 이르길, 바깥의 형상에서 구하면 비록 여러 겁을 지날지라도 끝내 성불하지 못할 것이다.

於內覺觀[25]하면 如一念頃에 卽證菩提[26]니라.
어내각관 여일념경 즉증보리

안으로 깨달아 관찰하면 찰나 사이에 곧바로 깨달음을 증득할 것이다.

問 : 夫修根本에 以何法修오
문 : 부수근본 이하법수

묻길, 대개 근본을 닦는다고 하는데 어떤 법을 닦아야 합니까?

答 : 惟坐禪하여 禪定卽得이라
답 : 유좌선 선정즉득

답하길, 오직 좌선하여 선정을 체득할 수 있다.

---

24 『歷代法寶記』권1 若於外相求, 縱經塵劫, 終不能得. (『대정장』권51, p.195, a10-11) 『宗鏡錄』권19 若外相求雖經劫數, 終不能得. (『대정장』권48, p.521, c15)

25 覺觀(각관)은 지혜를 가지고 대상을 조견하는 것을 말한다. 관찰이나 觀念과 같은 의미이다. 또 주의해야 할 것은 똑같은 각관이 번뇌의 뜻으로 쓰일 때가 있다. 각은 거친 번뇌를, 관은 미세한 번뇌를 각각 가리키는 경우가 있다. 이때 각은 尋(vitarka)과 같은 뜻이며, 관은 伺(vicāra)와 같은 의미이다. 이 두 번뇌는 모두 선정을 방해한다.

26 菩提(보리)는 범어 bodhi를 음사한 말이다. 위 없는 지혜란 뜻이다. 깨달음(覺)이라고도 번역한다.

禪門經云 求佛聖智인댄 **要即禪定**이니 **若無禪定**이면 **念想**이
선문경운 구불성지   요즉선정   약무선정   념상

喧動하야 **壞其善根**[27]이라.
훤동   괴기선근

『선문경』에 이르길, 부처의 성스러운 지혜를 구하려면 요컨대 선정을 닦아야 하는데 만약 선정이 없으면 망념이 시끄럽게 일어나 선근공덕을 파괴한다.

問 : 云何爲禪이며 **云何爲定**인가?
문 : 운하위선   운하위정

묻길, 무엇이 선이고, 무엇이 정입니까?

答 : 妄念不生이 **爲禪**[28]이요 **坐見本性**이 **爲定**이라.
답 : 망념불생   위선   좌견본성   위정

답하길, 망념이 일어나지 않는 것이 선이요, 좌선하여 본성을 깨닫는 것이 정이다.

本性者는 **是汝無生心**[29]이요
본성자   시여무생심

본성이란 그대의 망심이 나지 않는 마음이다.

---

27 善根(선근)은 범어 kuśala-mūla를 번역한 것이다. 뿌리라고 하는 이유는 모든 선을 생하는 근원이 되기 때문이다.

28 『南宗頓教最上大乘摩訶般若波羅蜜經六祖惠能大師於韶州大梵寺施法壇經』권1 外於一切境界上 念不起爲坐, 見本性不亂爲禪. (『대정장』권48, p.339, a4-5) 밖으로 일체 모든 대상경계에 망념이 일어나지 않는 것을 좌, 본 성품을 보아 산란하지 않는 것을 선이라 한다. 여기서 혜능과 제자인 하택신회는 念不起라고 한 것을 대주혜해는 妄念不起 라고 분명하게 지적하고 있다.

29 『金剛三昧經』권1「無生行品3」但名, 但字, 性不可得, 欲詮其理假說爲名, 名不可得, 心相亦爾, 不見處所, 知心如是, 則無生心. (『대정장』권9, p.367, c6-8) 다만 이름, 글자로 성품을 얻지 못하고, 그 이치를 이름을 설명하려고 해도 이름을 설명하지 못하니 마음의 모습도 또한 그래서 처소도 보지 못하는데 마음이 이와 같음을 아는 것이 무생심이다. 즉, 생함이 없는 무생은 인연화합이 되기 이전의 본래 세계를 가리키는 말이다. 따라서 무생심은 空寂心과 같은 말이다.

定者는 **對境無心**하여 **八風不能動**[30]이라.
정자　대경무심　　팔풍부능동

정이란 대상경계에 무심하여 팔풍에도 동요하지 않는 것이다.

八風者는 **利衰毁譽稱譏苦樂**이 **是名八風**이라.
팔풍자　리쇠훼예칭기고락　　시명팔풍

팔풍이란 이익과 손실, 헐뜯음과 높이 기림, 칭찬함과 나무람, 괴로움과 즐거움이
팔풍이다.

若得如是定者는 **雖是凡夫**나 **卽入佛位**라.
약득여시정자　　수시범부　　즉입불위

만약 이와 같이 정을 체득한 사람은 비록 범부일지라도 바로 부처의 자리에 들어간다.

何以故오 **普薩戒經云**[31] **衆生**이 **受佛戒**하면 **卽入諸佛位**라
하이고　보살계경운　중생　수불계　　즉입제불위

왜냐하면 『보살계경』에 이르길, 중생이 부처의 계를 받으면 곧바로 모든 부처의 지
위에 들어간다고 했기 때문이다.

30　『大乘無生方便門』권1 問, 是沒是八風. 八風者利衰毁譽稱譏苦樂. (『대정장』권85, p.1274, c6-7) 묻
길, 팔풍에 빠진다. 팔풍이란 이익과 손실, 헐뜯음과 높이 기림, 칭찬함과 나무람, 괴로움과 즐거움이다. 『大
乘理趣六波羅蜜多經』권6 「安忍波羅蜜多品7」 菩薩摩訶薩住安忍時, 如是八風不能動轉. (『대정장』권8,
p.893, b26-27) 보살마하살이 무생법인에 안주할 때에는 이와 같이 팔풍에 전도되지 않는다.

31　천태지의가 『범망경』을 주석한 후 「범망경소」라 하지 않고 『보살계경소』라고 이름을 붙인 이후로 『범
망경』이란 본래의 이름보다 오히려 『보살계경』이란 이름으로 세상에 더 많이 알려지게 되었다. 이 경에 대한
주석서는 천태지의 외에도 당 법장의 소가 있다.

得如是者는 **即名解脫**이며 **亦名達彼岸**[32]이라

득여시자　즉명해탈　　역명달피안

이러한 선정을 체득한 것을 해탈이라고 하고 또한 피안에 이르렀다고 한다.

超六度[33] **越三界**[34] 하여 **大力菩薩**[35]이며 **無量力尊**[36]이니 **是大丈夫**[37]니라.

초육도　월삼계　　대력보살　　무량력존　　　시대장부

육도를 뛰어넘고 삼계를 초월했다 하고 큰 힘을 가진 보살이라고 하며 무량한 힘을 가진 존귀하니 대장부이다.

32　彼岸(피안)은 此岸(차안)과 상대되는 말이다. 차안과 피안이 갈라지는 원인은 분별심이다. 만약 양자를 갈라놓는 번뇌 망념의 분별심이 없다면 차안이 그대로 피안이 되는 것이다. 그래서 『南宗頓教最上大乘摩訶般若波羅蜜經六祖惠能大師於韶州大梵寺施法壇經』권1 如水有波浪, 即是於此岸. (『대정장』권48, p.340, a9-10) 만약 물에 파랑이 있게 되면 곧바로 차안과 피안으로 나누어진다. 라고 한 것인데 여기 파랑은 분별심을 가리킨다.

33　六度(육도)는 육바라밀을 가리킨다. 度(도)는 범어 pāramitā를 음사한 것이다. 대승의 보살이 실천 수행해야 할 여섯 가지 실천덕목, 布施, 持戒, 忍辱, 精進, 禪定, 智慧를 6도라 한다. 六道(육도)와 혼동하지 않도록 해야 한다. 여기서 六度는 문맥상 육도(六道)가 더 타당한 것 같다.

34　三界(삼계)는 生死流轉(생사유전)하는 미혹한 중생의 세계를 세 가지, 즉 欲界, 色界, 無色界로 나누어 놓은 것이다.

35　『금강삼매경』 「입실제품」에 가장 많이 나오는 보살의 명호이다. 대력보살은 똑똑히 정념을 잃지 않고 중생을 제도하는 자를 대력보살이라 한다. 또, 현실에서 살지만 거기에 얽매이지 않는 사람을 대력보살이라고 한다.

36　無量力尊(무량력존)은 오대력존의 하나라고 하지만 분명하게 알 수는 없다.

37　『聯燈會要』권30 「同安察禪師十玄談」 丈夫自有衝天志, 莫向如來行處行. (『속장경』권79, p.267, a15) 장부는 스스로 하늘을 찌르는 기개가 있기에 여래가 가는 길을 가지 않는다.

머무름이 없는 곳과 마음

問 : 心住何處卽住오
문 : 심주하처즉주

묻길, 마음이 어느 곳에 머물러야 머무는 것입니까?

答 : 住無住處卽住오
답 : 주무주처즉주

답하길, 머무름이 없는 곳에 머무는 것이 곧 머무는 것이다.

問 : 云何是無住處오
문 : 운하시무주처

묻길, 무엇이 머무름이 없는 곳입니까?

答 : 不住一切處가 卽是住無住處나라.
답 : 부주일체처   즉시주무주처

답하길, 일체 모든 곳에 머무르지 않는 것이 곧 머무름이 없는 곳에 머무는 것이다.

問 : 云何是不住一切處오
문 : 운하시부주일체처

묻길, 무엇이 일체 모든 곳에 머무르지 않는 것입니까?

答 : 不住一切處者는 不住善惡有無內外中間하며 不住空하며
답 : 부주일체처자   부주선악유무내외중간   부주공

답하길, 일체의 모든 곳에 머무르지 않는다는 것은 선악과 유무와 안팎과 그리고 중간에도 머무르지 않으며

亦不住不空하며 不住定亦不住不定이 卽是不住一切處라.
역부주불공   부주정역부주불정   즉시부주일체처

공에도 머무르지 않고 또한 공하지 않는 데도 머무르지 않으며 선정에도 머무르지
않고 또한 선정이 아닌 데도 머무르지 않는 것이 곧 일체 모든 곳에 머무르지 않는
것이다.

只箇不住一切處卽是住處也라. 得如是者는 卽名無住心[38] 也니
지개부주일체처즉시주처야   득여시자   즉명무주심   야

無住心者는 是佛心이라
무주심자   시불심

단지 일체의 모든 곳에 머무르지 않는 것이 곧 머무는 곳이다. 이와 같이 체득한 것을
곧 머무름이 없는 마음이라 하니 머무름이 없는 마음이라는 것이 부처의 마음이다.

問 : 其心似何物고
문 : 기심사하물

묻길, 그 마음은 어떤 물건과 같습니까?

---

38 『金剛般若波羅蜜經』권1 應無所住而生其心. (『대정장』권8, p.749, c22-23) '마땅히 주착함이 없이 그
마음을 내어야 한다.'라고 한 사상을 근거로 한 말이다.

答 : 其心이 **不靑不黃**[39] **不赤不白**하며 **不長不短不去不來**며
답 : 기심　불청불황　부적불백　　부장부단불거불래

답하길, 그 마음은 푸르지도 않고 누렇지도 않으며 붉지도 않으며 또한 희지도 않으며, 길지도 짧지도 않으며 오고 가는 것도 아니며

非垢非淨이며 **不生不滅**하여 **湛然常寂**[40]이라
비구비정　　불생불멸　　담연상적

더럽지도 깨끗하지도 않으며 생하지도 없어지지도 않아서 항상 담연하여 상적하다.

此是本心形相이니 **亦是本身**이라 **本身者**는 **卽佛身**[41] **也**니라.
차시본심형상　　역시본신　　본신자　즉불신　야

이것이 본래 마음의 형상이고 또한 본래의 몸이다. 본래의 몸은 곧 부처의 몸이다.

39　『大般涅槃經』권17「梵行品8」法若常者 , 無得無生 , 猶如佛性 , 無得無生. 世尊 ! 夫道者, 非色, 非不色, 不長, 不短, 非高, 非下, 非生, 非滅, 非赤, 非白, 非靑, 非黃, 非有, 非無. 云何如來說言可得 ? 菩提涅槃亦復如是. (『대정장』권12, p.465, c7-11) 법이 만약 항상하면 얻을 것도 없고 생할 것도 없다. 마치 불성에는 얻을 것도 없고 생할 것도 없는 것과 같다. 세존이시여! 도라는 것은 물질도 아니고 물질이 아닌 것도 아니며 길지도 않고 짧지도 않으며 높지도 않고 낮지도 않으며 생하지도 않고 멸하지도 않으며 붉지도 않고 희지도 않으며 푸르지도 않고 누르지도 않으며 있지도 않고 없는 것도 아니며 어찌 여래께서 설하신 것을 얻을 수 있다고 말합니까? 보리열반도 또한 다시 이와 같다.

40　담연은 물이 깊어서 움직이지 않고 고요하게 있는 상태를 가리키는 말이다. 우리의 심체도 이와 같아서 항상 고요하고 적정하다.

41　佛身(불신)은 범어 buddha-kāya를 번역한 말이다. 불신은 법신(dharma-kāya), 보신(sambhoga-kāya), 응신(nirmāna-kāya)의 삼신을 통합한 말이다.

스스로의 성품을 친견함

問: 身心은 以何爲見[42]고 是眼見耳見鼻見及身心等見가

문 : 신심　이하위견　시안견 이견비견급신심등견

묻길, 몸과 마음은 어떻게 봅니까? 눈으로 봅니까? 귀로 봅니까? 코로 봅니까? 그리고 몸과 마음 등으로 봅니까?

答: 見無如許種見이니라.

답 : 견무여허종견

답하길, 본다는 것은 이와 같이 여러 가지 감각기관으로 보는 것이 아니다.

云, 旣無如許種見인댄 復何見고

운, 기무여허종견　부하견

이르길, 이미 이와 같이 여러 가지 감각기관으로 보지 않는다면 다시 어찌 봅니까?

答: 是自性見[43]이니 何以故오 爲自性이 本來淸淨[44]하고

답 : 시자성견　하이고　위자성　본래청정

답하길, 자성이 보는 것이다. 왜냐하면 자성은 본래 청정하고

42　『中論』권1 「觀六情品3」 見若未見時, 則不名爲見, 而言見能見, 是事則不然. (『대정장』권30, p.6, a19-20) 보는 작용이 보고 있지 않을 때는 본다고 말할 수 없는데 보는 작용이 능히 본다고 말한다. 이런 일은 있을 수 없다. 『中論』권1 「觀六情品3」 見不能有見, 非見亦不見, 若已破於見, 則爲破見者. (『대정장』권30, p.6, a24-25) 보는 작용이 보는 것이 있을 수 없다. 보는 작용이 아닌 것에도 보는 것이 있을 수 없다. 만약 이미 보는 작용이 없다면 결국 보는 자도 없다.

43　自性(자성)은 범어 svabhāva를 번역한 말로서 모든 존재의 不變不改(불변불개)의 존재성을 의미한다. 여기의 자성견은 마음의 눈으로 본다는 뜻이다.

44　우리 인간이 본래부터 가지고 있는 마음의 스스로의 형태는 청정하다는 뜻이다. 그래서 心性本淨(심성본정)이라고도 한다. 이 마음을 또 自性淸淨心(자성청정심)이라고도 하고 대승불교에서는 如來藏心(여래장심) 또는 佛性(불성)이라고도 한다.

湛然空寂하여 卽於空寂體中에 能生此見이라.
담연공적　　즉어공적체중　능생차견

담연하여 공적하기 때문에 공적한 본체에서 이렇게 본다.

問 : 只如淸淨體도 尙不可得이온대 此見은 從何而有오
문 : 지여청정체　상불가득　　차견　종하이유

묻길, 예를 들어 청정한 본체도 오히려 얻을 수 없는데 이 보는 것은 어디서부터 있는 것입니까?

答 : 喩如明鑑[45] 中에 雖無像이나 能見一切像이니 何以故오 爲明鑑無心故라.
답 : 유여명감　중　수무상　　능견일체상　　하이고　위명감무심고

답하길, 비유하면 마치 밝은 거울에는 비록 모양이 없지만 능히 일체의 모양을 볼 수 있는 것과 같다. 왜냐하면 밝은 거울은 무심하기 때문이다.

學人이 若心無所染하여 妄心이 不生하여 我所心이 滅하면 自然淸淨이라.
학인　약심무소염　　망심　불생　　아소심　멸　　자연청정

학인이 만약 마음이 경계에 물들지 않아 망심이 생겨나지 않고 주관과 객관에 대한 집착심이 없어지면 자연히 청정하게 된다.

以淸淨故로 能生此見이니라
이청정고　능생차견

청정하기 때문에 이렇게 보게 된다.

45　明鑑(명감)은 마음을 거울에 비유하여 설명하고 있는 내용이다. 『능가경』(『대정장』권16, p.505중)과 『화엄경』(『대정장』권10, p.717상)에 마음을 거울에 비유하여 心鏡(심경)이라고 한 말이 보이고, 또 길장의 『삼론현의』(『대정장』권45, p.3하)에 明珠鏡(명주경)이란 말이 있다. 그리고 『반주삼매경』에는 明鏡(명경)의 비유가 나온다.

法句經⁴⁶ 云 於畢竟空⁴⁷ 中에 熾然⁴⁸建立⁴⁹이 是善知識⁵⁰ 也라
법구경　운 어필경공 중　치연　건립　　시선지식　야

『법구경』에 이르길, 모든 공도 역시 공하다고 하는 절대의 공에서 번뇌망념으로 일상생활을 하는 사람을 선지식이라고 한다.

46　『法句經』권1「親近眞善知識品5」善知識者, 善解深法空相無作無生無滅. 了達諸法從本已來究竟平等, 無業無報無因無果性相如如, 住於實除, 於畢竟空中熾然建立, 是名善知識. (『대정장』권85, p.1433, c6-9) 선지식이란 심오한 법의 공한 모습은 지음도 없고 생함도 없으며 멸함도 없는 줄 안다. 또 그는 본래부터 모든 법은 구경에는 평등하여 업도 없고 과보도 없고 원인도 없고 결과도 없기 때문에 본성과 겉모습이 여여하여 항상 근본에 머무는 줄을 요달하지만 필경공 가운데 치연히 방편을 건립하는 것을 선지식이라 한다.

47　畢竟空(필경공)은 공 역시 공하다고 주장하는 究極(구극)의 공, 절대의 공을 필경공이라 한다.

48　『瑜伽師地論』권8 煩惱差別者, 多種差別應知. 謂結, 縛, 隨眠, 隨煩惱, 纏, 暴流, 軛, 取, 繫, 蓋, 株杌, 垢, 常害, 箭, 所有, 根, 惡行, 漏, 匱, 燒, 惱, 有諍, 火, 熾然, 稠林, 拘礙. (『대정장』권30, p.314, b20-23) 번뇌의 차별이란, 여러 가지 차별임을 마땅히 알아라. 결, 박, 수면, 수번뇌, 전, 폭류, 액, 취, 계, 개, 주올, 구, 상해, 전, 소유, 근, 악행, 루, 궤, 소, 뇌, 유쟁, 화, 치연, 조림, 구애를 말한다.

49　『金剛般若波羅蜜經』一切賢聖皆以無爲法而有差別. (『대정장』권8, p.749, b17-18) '일체 모든 깨달은 성인은 번뇌 망념이 없는 함이 없는 법으로 차별이 있다.'라는 말과 일맥상통한다.

50　善知識(선지식)은 범어 kalyāṇamitra를 번역한 말이다. 善友(선우), 勝友(승우)란 뜻이다. 『妙法蓮華經』권7「妙莊嚴王本事品27」當知善知識者是大因緣, 所謂化導令得見佛, 發阿耨多羅三藐三菩提心. (『대정장』권9, p.60, c9-10) 선지식은 큰 인연이다. 왜냐하면 중생을 교화하고 부처를 깨닫게 하며 아뇩다라삼먁삼보리심을 일으키게 하기 때문임을 마땅히 알아라. 『南宗頓敎最上大乘摩訶般若波羅蜜經六祖惠能大師於韶州大梵寺施法壇經』권1 何名大善知識? 解最上乘法, 直示正路, 是大善知識, 是大因緣. (『대정장』권48, p.340, c7-8) 무엇을 이름하여 훌륭한 선지식인가? 최상승법을 알아 곧바로 깨달음의 바른길을 보여 주어야 훌륭한 선지식이고 큰 인연이다.

열반경의 두 가지 말씀

問：**涅槃經**[51] **金剛身品**에 **不可見**이요 **了了見**하여 **無有知者**며
문 : 열반경　　　금강신품　　불가견　　　료료견　　　무유지자

無不知者라하니 **云何**오
무부지자　　　　　운하

묻길, 『열반경』「금강신품」에 보지 못하나 분명하게 본다고 하고 아는 것도 없지만
알지 못하는 것도 없다고 한 것은 무엇입니까?

答：**不可見者**는 **爲自性體**가 **無形**하여 **不可得故**오 **是名不可見也**니라.
답 : 불가견자　　위자성체　　무형　　　불가득고　　시명불가견야

답하길, 보지 못한다고 한 것은 자성의 본체가 형상이 없어서 얻지 못하기 때문에
보지 못한다고 한 것이다.

然이나 **見不可得者**는 **體寂湛然**하여 **無有去來**나 **不離世流**니
연　　　견불가득자　　　체적담연　　　무유거래　　　불리세류

그러나 얻을 수 없는 것을 본다고 하는 것은 자성의 본체가 고요하고 담적하여 오고
감이 없으나 세상의 흐름을 여의지 않고 그 흐름에 따르지만

世流不能流[52]하여 **坦然自在**하면 **卽是了了見也**니라.
세류불능류　　　　탄연자재　　　즉시료료견야

세상이 흘러가지 않기에 아무 걱정없이 평온하여 자유자재하면 즉시 분명하게 본다
고 한 것이다.

---

51 『大般涅槃經』권3 「金剛身品2」 不可見了了見. (『대정장』권12, p.383, a13-29)에서 인용한 글이다.

52 보살이 사바세계에 살면서 사바세계에 집착하지 않고 사는 모습을 말함.

無有知者는 **爲自性**이 **無形**하여 **本無分別**이 **是名無有知者**요
무유지자　　위자성　　무형　　　본무분별　　시명무유지자

앎이 없다고 한 것은 자성은 형상이 없어서 본래 분별하지 않기 때문에 아는 것도 없다고 한 것이다.

無不知者는 **於無分別體中**에 **具有恒沙之用**[53]하야 **若能分別一切**하야
무부지자　　어무분별체중　　구유항사지용　　　　약능분별일체

卽無事不知하나니 **是名無不知者**니라.
즉무사부지　　　　시명무부지자

알지 못하는 것도 없다고 한 것은 분별함이 없는 본체에 항사의 묘용을 구족하고 있어서 능히 일체의 모든 것을 분별한다면 어떠한 것도 모르는 것이 없기 때문에 알지 못하는 것도 없다고 한 것이다.

53　항사는 갠지스 강의 모래를 가리킨다. 이는 어떤 것이 수가 많음을 나타내고자 할 때 비유적으로 자주 사용한다. 여기서는 불성의 지혜작용이 무궁무진함을 나타내고 있다.

般若偈云[54] **般若**는 **無知**[55]나 **無事不知**며 **般若**는 **無見**이나 **無事不見**이니라.
반야게운　　반야　무지　　무사부지　　반야　　무견　　　무사불견

반야경의 게송에 반야는 앎이 없으나 알지 못하는 것도 없으며 반야는 봄이 없으나
보지 못하는 것도 없다고 한다.

54　『肇論』권1 《道行》云：般若無所知, 無所見. 此辨智照之用, 而曰無相, 無知者, 何耶？果有無相之知,
不知之照, 明矣. 何者？夫有所知, 則有所不知, 以聖心無知. 故無所不知, 不知之知. 乃曰一切知. (『대정
장』권45, p.153, a24-28) 『도행반야경』에 이르길, 반야는 아는 바가 없고 보는 바가 없다. 여기서는 지혜와
비춤의 작용을 가려놓고, 모양이 없고 앎이 없다고 말한 것은 무엇 때문인가? 정말로 모양이 없음의 앎, 알지
못함의 비춤이 있음이 분명하다. 왜 그런가? 대저 아는 바가 있으면 곧 알지 못하는 바가 있다. 성인의 마음은
앎이 없는 까닭에 고로 알지 못하는 바가 없다. 알지 못함의 앎을 일러서 일체지라 한다.

55　반야는 범어 prajñā, 팔리어 paññā의 음역이다. 의식적 분별을 넘어선 지혜를 말한다. 반야무지라는
것은 완전한 지혜는 지식을 초월해 있다는 의미이다. 의식적인 것이 아니기 때문에 지각을 대상화하고 고정
화하지 않는 것이 그 특색이다. 그래서 『사익경』에서 반야는 알려지는 것이 없으므로 알지 못하는 것도 없다
고 한 것이다. 승조의 『반야무지론』에서도 다음과 같이 말한다. 『방광반야경』에 말하기를, 반야는 어떠한 모
양도 없고, 생멸의 모양도 없다고 하였다. 또 『도행반야경』에 말하길, 반야는 알 수 있는 것도 없고, 볼 수 있
는 것도 없다고 하였다. 여기서 반야는 지혜작용을 설명하기를 모양이 없다든지 지각이 없다든지 하는 것은
어떻게 된 일일까? 역시 모양이 없는 지각, 지각을 초월한 작용이 있다는 것이 틀림없다. 왜냐하면 무릇 알 수
있는 것이 있다면 알 수 없는 것이 있지만 성자의 마음은 無知이기 때문에 알 수 없는 것이 없으며 不知의 知
라야 일체지라 할 수 있다.

있음과 없음을 보지 않는 것이 참된 해탈

問 : 經云 不見有無卽眞解脫이라하니 何者是不見有無오.
문 : 경운 불견유무즉진해탈   하자시불견유무

묻길, 경에 유무를 보지 않는 것이 참된 해탈이라 했는데 어떤 것이 유무를 보지 않는 것입니까?

答 : 證得淨心時에 卽名有요 於中에 不生得淨心想[56]이 卽名不見有也니라.
답 : 증득정심시   즉명유   어중   불생득정심상   즉명불견유야

답하길, 청정한 마음을 증득할 때 있다고 말하지만 거기에 청정한 마음을 증득했다는 생각을 내지 않는 것이 곧 있음을 보지 않는 것이다.

得想無生無住하야 不得作無生無住想이 卽是不見無也라.
득상무생무주   부득작무생무주상   즉시불견무야

생각이 생겨나지 않고 머무르지 않음을 체득했지만 생함도 없고 머무름도 없다는 생각을 짓지 않는 것이 곧 없음을 보지 않는 것이다.

故로 云不見有無也니라.
고   운불견유무야

그러므로 유무를 보지 않는다고 말한 것이다.

---

56 想(상)은 범어 saṃjñā를 번역한 말이다. 대상을 마음속에 떠올리는 일종의 표상작용이다.

楞嚴經[57] **云 知見**[58]에 **立知**하면 **卽無明本**이요
능엄경 　운 지견 　　입지 　　즉무명본

『능엄경』에 불지견에서 중생의 앎을 세우면 곧 무명이 근본이 되는 것이다.

知見에 **無見**하면 **斯卽涅槃**이라 **亦名解脫**이니라.
지견 　무견 　　사즉열반 　　역명해탈

중생의 앎의 견해에서 중생의 앎의 견해가 없으면 이것이 곧 열반이고 또한 해탈이
라고 한다.

57　『大佛頂如來密因修證了義諸菩薩萬行首楞嚴經』권5 是故汝今, 知見立知, 卽無明本. (『대정장』권19, p.124, c8-9)의 내용이다.

58　知見立知(지견입지)에서 앞의 知見은 佛知見이고 뒤의 知는 중생의 知見이다. 다음 知見無見(지견무견)에서 앞의 知見은 역시 佛知見이고 뒤의 見은 중생의 見이다. 지견을 설명함에 있어서 知와 見으로 나누어 설명하는 것은 중국인의 논리 표현 방식이다.

보는 바가 없음

問 : 云何是無所見[59]잇가
문 : 운하시무소견

묻길, 무엇이 보는 바가 없는 것입니까?

答 : 若見男子女人及一切色像[60]하되 於中에 不起愛憎하야
답 : 약견남자녀인급일체색상　　　어중　　불기애증

與不見으로 等이 卽是無所見也니라
여불견　　　등　즉시무소견야

답하길, 만약 남자와 여자와 그리고 일체의 색상을 보지만 그 보는 것 가운데 좋아하고 싫어하는 생각을 일으키지 않아서 마치 보지 않은 것과 같은 것이 보는 바가 없는 것이다.

問 : 對一切色像時 卽名爲見이니 不對色像時도 亦名見否아
문 : 대일체색상시 즉명위견　　　부대색상시　역명견부

묻길, 일체의 색상을 접할 때 본다고 할 수 있지만 색상을 대하지 않았을 때도 역시 본다고 할 수 있습니까?

答 : 見이라.
답 : 견

답하길, 본다.

---

59 無所見(무소견)은 보는 자인 能見(능견)과 보이는 것인 所見(소견)이 모두 없어진 상태를 말한다. 즉 실천적인 입장에서 말하면 능히 보는 자기 대상을 보고 인식하지만 보았다는 의식도 남아 있지 않는 상태를 말한다.

60 色像(색상)은 눈으로 보는 대상경계인 물질을 말한다.

問 : 對物時엔 **從有見**이나 **不對物時**엔 **云何有見**인가
문 : 대물시　종유견　　부대물시　운하유견

묻길, 대상을 대할 때는 있기 때문에 보지만 대상을 대하지 않을 때는 어떻게 봅니까?

答 : 今言見者는 **不論對物與不對物**이라.
답 : 금언견자　불론대물여부대물

답하길, 지금 본다고 하는 것은 대상을 대하거나 대상을 대하지 않거나 상관없이 보는 것이다.

何以故오 **爲見性**이 **常故**로 **有物之時**로 **即見**[61]이며 **無物之時**도 **亦見也**니라.
하이고　위견성　상고　유물지시　즉견　　무물지시　역견야

왜냐하면 보는 성품은 항상하기 때문이다. 따라서 대상이 있을 때도 보고 대상이 없을 때도 또한 보는 것이다.

故知物은 **自有來去**나 **見性**은 **無來去也**니 **諸彼**도 **亦耳**니라.
고지물　자유래거　견성　무래거야　제피　역이

그러므로 대상은 자유롭게 오고 감이 있지만 보는 성품은 가고 옴이 없으니 모든 인식기관도 이와 같음을 알아라.

問 : 正見物時 見中有物否아
문 : 정견물시　견중유물부

묻길, 바로 대상을 볼 때 보는 가운데 대상이 있습니까?

61　見(견)은 범어 indriya를 번역한 것으로 감각기관이라는 뜻이다. 이 근은 물질적인 요소로 구성되어 있기 때문에 色根(색근)이라고도 한다. 근에는 勝義根(승의근)과 扶塵根(부진근) 浮塵根(부진근)이 있다. 전자는 神經(신경)에 해당하고 후자는 혈육으로 된 안구나 고막 등을 가리킨다.

答 : **見中**에 **不立物**[62]이라.
답 : 견중   불립물

답하길, 봄에는 대상도 세우지 못한다.

問 : **正見無物時 見中有無物否**아
문 : 정견무물시 견중유무물부

묻길, 대상이 없음을 바로 볼 때 봄에는 대상이 없습니까?

答 : **見中**에 **不立無物**이니라
답 : 견중   불립무물

답하길, 봄에는 대상이 없다는 것도 세우지 않는다.

問 : **有聲時卽有聞**[63]이어니와 **無聲時**에도 **還得聞否**아
문 : 유성시즉유문   무성시   환득문부

묻길, 소리가 날 때에는 소리가 있기 때문에 듣지만 소리가 없을 때는 어떻게 듣습니까?

答 : **亦聞**이니라.
답 : 역문

답하길, 또한 듣는다.

62　보는 성품(마음)은 눈앞에 대상이 있을 때만 보고 대상이 없으면 보지 않는 것이 아니라 거울의 照用(조용)과 같이 대상의 유무를 막론하고 항상 보는 것이다. 그러나 불성의 보는 성품은 보아도 봤다는 흔적을 남기지 않는다.

63　『大般涅槃經』권21「光明遍照高貴德王菩薩品10」云何不聞聞？ 善男子！ 不聞者名大涅槃. 何故不聞？非有爲故, 非音聲故, 不可說故. 云何亦聞？得聞名故, 所謂常樂我淨, 以是義故, 名不聞聞. (『대정장』권12, p.491, c12-15) 어떻게 들음이 없이 듣는가? 선남자여! 들음이 없는 것을 대열반이라 한다. 왜 들음이 없는가? 유위법이 아니기 때문에 음성이 아니기 때문에 말할 수 없기 때문이다. 왜 또한 듣는다고 하는가? 이른바 상락아정이라는 이름을 들을 수 있기 때문이다. 이런 의미 때문에 들음이 없이 듣는다고 하는 것이다.

問 : **有聲時**엔 **從有聞**이어니와 **無聲時**엔 **云何得聞**인가?

문 : 유성시   종유문   무성시   운하득문

묻길, 소리가 날 때는 소리가 있기 때문에 듣지만 소리가 나지 않을 때는 어떻게 들을 수 있습니까?

答 : **今言聞者**는 **不論有聲無聲**이니

답 : 금언문자   불론유성무성

답하길, 지금 듣는다고 하는 것은 소리가 있고 없고를 상관하지 않고 듣는다.

何以故오 **爲聞聲常**하기에 **故**로 **有聲時卽聞**이며 **無聲時 亦聞**이니라.

하이고   위문성상   고   유성시즉문   무성시 역문

왜냐하면 소리를 듣는 성품은 항상하기 때문이다. 그러므로 소리가 날 때도 듣지만 소리가 나지 않을 때도 또한 듣는 것이다.

問 : **如是聞者是誰**오

문 : 여시문자시수

묻길, 이와 같이 듣는 자는 누구입니까?

答 : **是自性聞**이며 **亦名知者聞**이니라.

답 : 시자성문   역명지자문

답하길, 자기의 성품이 들으며 또한 아는 사람만이 듣는 것이다.

돈오의 근본 가르침과 체와 용

問: 此頓悟門⁶⁴은 以何爲宗이며 以何爲旨며 以何爲體며 以何爲用인가
문 : 차돈오문   이하위종   이하위지   이하위체   이하위용

묻길, 이 단박에 깨치는 가르침은 무엇으로 근본을 삼고 무엇으로 대의를 삼으며 무엇으로 당체로 삼으며 무엇으로 작용을 삼습니까?

答: 無念으로 爲宗⁶⁵이요 妄心不起로 爲旨며 以淸淨爲體요 以智爲用이니라.
답 : 무념   위종   망심불기   위지   이청정위체   이지위용

답하길, 무념으로 근본을 삼고 망심이 일어나지 않는 것으로써 대의로 삼으며 청정으로 당체를 삼으며 지혜로써 작용을 삼는다.

---

64 『大佛頂如來密因修證了義諸菩薩萬行首楞嚴經』권10 理則頓悟乘悟幷銷, 事非頓除因次第盡. (『대정장』권19, p.155, a8-9) '이치로는 단번에 깨닫고 깨달으면 모두 소멸하지만 현상에서는 단번에 제거하는 것이 아니라 차례로 없어진다.'의 말을 근거로 하는 것이다. 惠達의 『肇論疏』에 축도생이 돈오하여 이르길, 돈이란 이치를 밝히는 것이고 오란 다함을 비추는 것이다. 이 둘이 하나인 이치를 깨닫는 것을 돈오라 한다. 즉, 어떤 방편을 빌리거나 순서를 거치지 않고 일념 자각에 의하여 곧 바로 구경에 깨달음에 이르는 것을 돈오라고 하고 이에 비해 점차적인 단계를 밟아서 깨달음으로 나아가는 것을 점수라 한다. 즉 갖가지 수단과 방법을 사용하지 않고 또 철학적 교의적 개념을 매개로 하지 않고 진리를 깨닫는 것을 돈오라 한다.

65 『南宗頓教最上大乘摩訶般若波羅蜜經六祖惠能大師於韶州大梵寺施法壇經』권1 頓漸皆立無念為宗, 無相為體 , 無住為本. (『대정장』권48, p.338, c3-4) 돈점을 모두 세워 무념을 종지로 삼고 무상을 본체로 삼으며 무주를 근본으로 삼는다.

問 : 旣言無念爲宗인댄 未審커라 無念者는 無何念[66]인가
문 : 기언무념위종   미심   무념자   무하념

묻길, 이미 무념으로써 근본을 삼는다고 했는데 도대체 무념이란 어떤 생각이 없는 것입니까?

答 : 無念者는 無邪念이요 非無正念이니라.
답 : 무념자   무사념   비무정념

답하길, 무념이란 삿된 생각이 없는 것이지 바른 생각이 없는 것은 아니다.

問 : 云何爲邪念이며 云何名正念인가
문 : 운하위사념   운하명정념

묻길, 무엇이 삿된 생각이고 무엇이 바른 생각입니까?

答 : 念有念無卽名邪念이요 不念有無卽名正念[67]이라.
답 : 념유염무즉명사념   불념유무즉명정념

답하길, 있음을 생각하고 없음을 생각하면 곧 삿된 생각이고, 있음과 없음을 생각하지 않는 것이 곧 바른 생각이다.

念善念惡이 名爲邪念이요 **不念善惡**이 名爲正念이라.
념선염악   명위사념   불념선악   명위정념

선을 생각하고 악을 생각하는 것이 삿된 생각이고, 선과 악을 생각하지 않는 것이 바른 생각이다.

---

66 『南宗頓教最上大乘摩訶般若波羅蜜經六祖惠能大師於韶州大梵寺施法壇經』권1 無者無何事? 念者念何物? 無者, 離二相諸塵勞. 念者, 念眞如本性.(『대정장』권48, p.338, c19-20) 없다는 것은 무엇이 없다는 것이며, 생각한다는 것은 무엇을 생각한다는 것인가? 없다는 것은 선악 등의 모든 분별심이 없다는 것이며 생각한다는 것은 진여본성을 생각한다는 것이다.

67 無念(무념)은 有無(유무)를 초월했기에 言說(언설)이 필요치 않는데 질문하기에 대답하는 것임을 알아야 한다.

乃至苦樂生滅取捨怨親憎愛가 **並名邪念**이요
내지고락생멸취사원친증애   병명사념

더 나아가 고락과 생멸과 취사와 원친과 증애 등을 생각하는 것이 모두 삿된 생각이다.

不念苦樂等이 **卽名正念**이니라.
불념고락등   즉명정념

고락 등을 생각하지 않는 것은 바른 생각이다.

問 : 云何是正念인가?
문 : 운하시정념

묻길, 무엇이 바른 생각입니까?

答 : 正念者는 **唯念菩提**니라
답 : 정념자   유념보리

답하길, 바른 생각은 오직 보리를 생각하는 것이다.

問 : 菩提는 **可得否**아
문 : 보리   가득부

묻길, 보리는 체득할 수 있습니까?

答 : 菩提는 **不可得**[68]이니라
답 : 보리   불가득

답하길, 보리는 체득할 수 없다.

---

68 『維摩詰所說經』권2 「觀眾生品7」菩提無住處, 是故無有得者. (『대정장』권14, p.548, c17) 보리는 머무는 곳이 없기 때문에 얻을 것이 없다.

問 : **既不可得**인댄 **云何唯念菩提**오.
문 : 기불가득　　운하유념보리

묻길, 이미 체득할 수 없는데 어찌 오직 보리를 생각하는 것입니까?

答 : **只如菩提**는 **假立名字**라 **實不可得**이며 **亦無前後得者**라
답 : 지여보리　　가립명자　　실불가득　　　역무전후득자

답하길, 예를 들어 보리는 임시로 세운 이름이기 때문에 실제로는
체득할 수 없는 것이며 또한 과거에도 앞으로도 체득하지 못한다.

爲不可得故로 **即無有念**이라
위불가득고　　즉무유념

체득할 수 없는 까닭으로 생각할 수 있는 대상이 아니다.

只箇無念이 **是名眞念**이니
지개무념　　시명진념

단지 무념은 참된 생각이다.

菩提는 **無所念**[69]일세니라 **無所念者**는 **即一切處無心**이 **是無所念**이라.
보리　　무소념　　　　　무소념자　　즉일체처무심　　시무소념

보리는 생각할 바가 아니나 생각할 바가 없다는 것은 일체의 모든 곳에 무심하여 생
각할 바가 없다는 것이다.

69　무소념은 능히 생각하는 자인 能念(능념)과 생각의 대상인 所念(소념)까지도 모두 없는 것을 가리킨다.
주객이 완전히 하나가 된 무념의 상태를 말한다.

只如上說如許種無念者는 皆是隨事方便으로 假立名字니
지여상설여허종무념자   개시수사방편   가립명자

예를 들어 앞에서 말한 것과 같은 종류의 무념이라는 것은 모두 일에 따른 방편으로 임시로 세운 이름인 것이다.

皆同一體요 無二無別이니라.
개동일체   무이무별

모두 동일한 것이기에 둘도 아니고 다른 것도 아니다.

但只一切處에 無心[70]하면 卽是無念也니 得無念時에 自然解脫이니라.
단지일체처   무심   즉시무념야   득무념시   자연해탈

다만 일체의 모든 곳에 무심하면 곧 무념이니 무념을 체득할 때 자연히 해탈하게 되는 것이다.

問 : 云何行佛行[71]인가
문 : 운하 행불행

묻길, 어떻게 행하는 것이 부처의 행입니까?

---

70   『黃檗山斷際禪師傳心法要』권1 無心者無一切心也. 如如之體, 內如木石不動不搖, 外如虛空不塞不礙, 無能所無方所, 無相貌無得失. (『대정장』권48, p.380, a17-19) 무심이란 일체의 망심이 없는 것이다. 여여한 본체는 안으로 목석과 같아서 동요하지 않고 밖으로는 허공과 같아서 어디에도 막히거나 걸리지 않으며 주관과 객관도 없고 방향과 처소도 없으며 모양과 자태도 없고 얻음과 잃음도 없다.

71   『黃檗山斷際禪師傳心法要』권1 爾但離却有無諸法, 心如日輪常在虛空, 光明自然不照而照, 不是省力底事. 到此之時無棲泊處, 卽是行諸佛行. (『대정장』권48, p.383, b21-23) 다만 유무의 모든 분별심을 여의기만 하면 마음은 마치 태양이 항상 허공에 떠 있는 것과 같다. 그 광명이 비추지 않아도 자연히 비추는 것은 이 어찌 힘을 더는 일이 아니냐? 이런 곳에 이르렀을 때는 쉬어 머무를 데도 없어서 모든 부처의 행을 행하게 된다.

答 : **不行一切行**이 **卽名佛行**이며 **亦名正行**[72]이며 **亦名聖行**[73]이니
답 : 불행일체행　즉명불행　　역명정행　　　역명성행

답하길, 일체 모두 행하지만 행하지 아니한 것이 곧 부처의 행이고, 또한 바른 행이며, 또한 성인의 행이다.

如前所說 不行有無憎愛等이 **是也**라.
여전소설 불행유무증애등　시야

앞에서 말한 바와 같이 유무와 증애 등을 행하지 않는 것이 부처의 행이다.

大律[74] **卷五菩薩品云 一切聖人**은 **不行於衆生行**이오 **衆生**은 **不行如是聖行**이니라.
대율　권오보살품운일체성인　불행어중생행　중생　불행여시성행

『대율』권5「보살품」에 일체 모든 성인은 중생의 행을 행하지 않고 중생은 이와 같은 성인의 행을 행하지 않는다고 하였다.

問 : **云何是正見**[75]인가
문 : 운하시정견

묻길, 무엇이 정견입니까?

72　부처님의 가르침에 따라 행하지만 행했다는 생각도 없는 것이 정행이다. 예를 들면 팔정도나 육바라밀의 행을 들 수 있다.

73　聖行(성행)은 계, 정, 혜에 의해서 닦는 보살의 正行(정행)을 말한다.

74　大律(대율)이 어떤 경전인지 알 수 없으나, 『大方等大集經』권2 一切聖人不行於行, 衆生不行如是聖行. (『대정장』권13, p.11, c26-27) 일체의 성인은 행을 행하지 않고 중생은 이와 같은 聖行(성행)을 행하지 않는다.

75　『黃檗山斷際禪師傳心法要』권1 故學道人直下無心默契而已. 擬心即差, 以心傳心此為正見. (『대정장』권48, p.381, b2-4) 도를 배우는 사람은 직하에 무심하여 묵묵히 계합할 뿐 마음으로 헤아린다면 곧 어긋난다. 마음으로써 마음을 전하는 것이 정견이다.

答 : 見無所見이 卽名正見이니라.
답 : 견무소견   즉명정견

답하길, 보는 바 없이 보는 것을 정견이라 한다.

問 : 云何名見無所見인가
문 : 운하명견무소견

묻길, 어떻게 보는데 보는 바가 없다고 하는가?

答 : 見一切色時에 不起染著이니
답 : 견일체색시   불기염착

답하길, 일체의 모든 대상을 볼 때 집착심을 일으키지 않는 것을 말한다.

不染著者는 不起愛憎心일새 卽名見無所見也니라.
불염착자   불기애증심   즉명견무소견야

대상에 물들지 않는다는 것은 애증의 마음을 일으키지 않는 것이어서 곧 보지만 보
는 바가 없는 것이다.

若得見無所見時엔 卽名佛眼이니 更無別眼이니라.
약득견무소견시   즉명불안   갱무별안

만약 보지만 보는 바가 없을 때 부처의 눈이라고 하니 다시 다른 눈이 없다.

若見一切色時에 起愛憎者는 卽名有所見이니
약견일체색시   기애증자   즉명유소견

만약 일체의 모든 대상을 볼 때 좋아하고 싫어하는 마음을 낸다면 곧 보는 바가 있
는 것이다.

有所見者는 卽是衆生眼이라 更無別眼作衆生眼也이니

유소견자　　즉시중생안　　　갱무별안작중생안야

보는 바가 있는 것은 곧 중생의 눈이니 다시 다른 눈으로 중생의 눈이라고 하는 것은 아니다.

乃至諸根도 亦復如是니라.

내지제근　　역부여시

심지어 모든 감각기관도 또한 다시 이와 같다.

問 : 旣言以智爲用者인댄 云何爲智오

문 : 기언이지위용자　　　운하위지

묻길, 이미 지혜로써 작용을 삼는다고 했는데 무엇이 지혜입니까?

答 : 知二性空[76]이 卽是解脫이오

답 : 지이성공　　　즉시해탈

답하길, 차별적인 본성이 공함을 아는 것이 곧 해탈이다.

知二性不空[77]하면 不得解脫이니

지이성불공　　　부득해탈

차별적인 본성이 공함을 알지 못하면 해탈하지 못한다.

76　二性空(이성공)은 반야사상에서 공이라고 할 경우 주로 능, 소의 二執(이집)이 모두 자성이 없어서 無自性空(무자성공)임을 주장한다. 그러나 여기서 이성공은 단지 능소의 이성만을 부정할 뿐만 아니라 자기의 마음속에서 일어나고 있는 유무, 증애, 선악 등 대립심의 본질에 실체가 없어서 공하다고 하는 주장이다. 다시 말해서 憎의 능소, 愛의 능소까지 부정하는 입장이다. 마음속에 일체의 대립심이 없으면 곧 무념의 상태가 되는데 이 무념의 상태에서만 반야지가 작용한다.

77　『大乘起信論』권1 真如者, 依言說分別有二種義. 云何爲二？ 一者, 如實空, 以能究竟顯實故. 二者, 如實不空, 以有自體, 具足無漏性功德故. (『대정장』권32, p.576, a24-26) 진여란? 언설을 분별하여 두 가지 뜻에 의지하는데 무엇이 두 가지인가? 하나는 여실공인데 구경의 실상을 드러내는 것이고, 두 번째는 여실불공으로 자체에 무루의 지혜와 공덕인 자비를 구족하고 있기 때문이다.

是名爲智며 **亦名了邪正**이며 **亦名識體用**이니라.
시명위지　역명료사정　　역명식체용

이것을 지혜라 하고 또한 삿됨과 바름을 요달했다고 하고 또한 본체와 작용을 안다
고 한다.

二性空이 **卽是體**라 **知二性空**이 **卽是解脫**이니
이성공　즉시체　지이성공　즉시해탈

상대적인 성품이 없는 것이 본체이다. 상대적인 성품의 실체가 없음을 아는 것이 해
탈이다.

更不生疑하면 **卽名爲用**이니라.
갱불생의　　즉명위용

다시 의심하지 않으면 작용이라 한다.

言二性空者는 **不生有無善惡愛憎**하면 **名二性空**이니라.
언이성공자　불생유무선악애증　　명이성공

상대적인 성품의 실체가 없다는 것은 있음과 없음, 선과 악, 사랑함과 미워함 등의
상대적인 생각을 하지 않는 것을 상대적인 성품이 공하다고 한다.

보시바라밀이 단박에 깨닫게 한다

問 : 此門은 從何而入인가
문 : 차문　종하이입

이 돈오의 문은 어디로부터 들어갑니까?

答 : 從檀波羅蜜入이니라.
답 : 종단바라밀입

답하길, 단바라밀(보시바라밀)로부터 들어간다.

問 : 佛說六波羅蜜[78]이 是菩薩行이어늘 何故로 獨說檀波羅蜜이며
문 : 불설육바라밀　　시보살행　　　하고　독설단바라밀

云何具足而得入也오
운하구족이득입야

묻길, 부처님은 육바라밀이 보살행이라고 했는데 무엇 때문에 오직 단바라밀만을 말하며 어떻게 구족하여야 들어갈 수 있습니까?

答 : 迷人은 不解五度皆因檀度生이니 但修檀度하면 卽六度悉皆 具足이니라.
답 : 미인　불해오도개인단도생　　단수단도　　즉육도실개　구족

답하길, 미혹한 사람은 다섯 바라밀이 모두 단바라밀로 인해서 생겨나는 것인 줄 모른다. 단지 단바라밀만 닦으면 육바라밀이 모두 구족되는 것이다.

78　六度(육도)라고도 하는데 度(도)는 pāramitā를 번역한 말이며 필경, 완성의 뜻이다. 육도는 보살이나 禪者(선자)의 기본적인 실천덕목이다. 이 육도의 출발은 보살이 일체의 중생을 구제하기 위하여 자기의 생활을 뒤로 미루고 남을 먼저 생각하는 마음에서부터 비롯된다.

問: 何因緣故로 名爲檀度[79]오
문 : 하 인 연 고   명 위 단 도

묻길, 어떤 인연으로 단바라밀이라 합니까?

答: 檀者는 名爲布施니라.
답 : 단 자   명 위 보 시

답하길, 단(dāna)이라는 것은 보시이다.

問: 布施何物고
문 : 보 시 하 물

묻길, 어떤 물건을 보시합니까?

答: 布施却二性[80]이니라.
답 : 보 시 각 이 성

답하길, 두 가지 성품을 보시하는 것이다.

問: 云何是二性고
문 : 운 하 시 이 성

묻길, 무엇이 두 가지 성품입니까?

79　檀(단)은 범어 dāna를 음사한 것으로 보시라 번역한다. 보시(Charity)란 주는 것이다. 모든 중생의 행복과 이익을 위하여 줄 수 있는 것은 무엇이든 모두 다 주는 것을 말한다. 단지 물질적인 것뿐만 아니라 지식과 지혜, 즉 세속적인 지식, 종교적인 지식, 정신적인 지식, 법의 지혜, 구경진실의 지혜를 준다. 이처럼 보시에는 탐심을 제거하기 위하여 불법승 삼보나 가난한 사람에게 의복과 음식 등을 나누어주는 財施(재시)가 있고 가르침을 베푸는 法施(법시)가 있다.

80　대주혜해선사가 보시의 실천을 독자적으로 관심석하고 있는 구절이다. 경전의 말을 자기의 사상에 대입하여 해석하는 관심석은 또 심관석이라고도 한다. 『대승무생방편문』에 『묘법연화경』을 관심석하고 있는 것을 보면 무엇이 묘법이고 무엇이 연화인가? 마음이 묘법이며, 몸이 연화이다. 마음이 평등하면 智(지)가 되고, 몸이 평등하면 慧(혜)가 된다. 그러므로 『묘법연화경』이란 지혜경이다.

答 : **布施却善惡性**하며 **布施却有無性**과 **愛憎性**과 **空不空性**과 **定不定性**과
답 : 보시각선악성   보시각유무성   애증성   공불공성   정부정성

답하길, 선악의 본성을 보시하고 유무의 본성을 보시하고 증애의 본성, 공과 불공의 본성, 정과 부정의 본성과

淨不淨性하야 **一切**를 **悉皆施却**하면 **即得二性空**이니라.
정부정성   일체   실개시각   즉득이성공

청정과 청정하지 않음의 본성 등 일체 모든 것을 다 보시하면 곧 상대의 본성이 실체가 없음을 체득하게 된다.

若得二性空時에 **亦不得作二性空想**이며 **亦不得作念有施想**이
약득이성공시   역부득작이성공상   역부득작념유시상

만약 상대의 본성이 없음을 체득했을 때 또한 상대의 본성이 공하다는 생각을 하지 않고 또한 보시했다는 생각도 하지 않는 것이

即是眞行檀波羅蜜이니 **名萬緣**이 **俱絶**이니라.
즉시진행단바라밀   명만연   구절

진실로 단바라밀을 행하는 것이니 여러 가지 인연이 모두 끊어지는 것이다.

萬緣이 **俱絶者**는 **即一切法性空**이 **是也**니 **法性空者**는 **即一切處無 心**이 **是**니라.
만연   구절자   즉일체법성공   시야   법성공자   즉일체처무 심   시

여러 가지 인연이 모두 끊어진다는 것은 일체 모든 법의 본성이 실체가 없음을 말하는 것이니 법의 본성에 실체가 없다는 것은 일체 모든 곳에 무심함을 말하는 것이다.

若得一切處無心時에 **卽無有一相可得**이니
약득일체처무심시   즉무유일상가득

만약 일체 모든 곳에 무심함을 체득했더라도 곧 하나의 모양을 얻을 수 있는 것은
아니다.

何以故오. **爲自性**이 **空故**로 **無一相可得**이니라
하이고   위자성   공고   무일상가득

왜냐하면 자성이 공하기 때문에 하나의 모양도 얻을 수 없는 것이다.

無一相可得者는 **卽是實相**이니 **實相者**는 **卽是如來妙色身相也**[81]라
무일상가득자   즉시실상   실상자   즉시여래묘색신상야

하나의 모양도 얻을 수 없다는 것은 곧 진실한 모양이니 진실한 모양은 여래의 불가
사의한 색신의 모습이다.

金剛經云 離一體諸相이 **卽名諸佛**[82]이라.
금강경운 리일체제상   즉명제불

『금강경』에 이르길, 제불은 일체 모든 상을 여읜 것을 제불이라 한다.

問 : 佛說六波羅蜜이어늘 **今云何說一卽能具足**고. **願說一具六法之因**하라.
문 : 불설육바라밀   금운하설일즉능구족   원설일구육법지인

묻길, 부처님은 육바라밀을 설했는데 지금 어떻게 단바라밀 하나만을 설하여 나머
지를 구족할 수 있다고 합니까? 원컨대 하나의 수행이 여섯 가지 수행법을 전부 구
족할 수 있다고 하는 이유를 설명해 주십시오.

---

81 이것은 여래의 32상을 가리킨다. 32상은 부처님의 몸에 갖추고 있는 수승한 용모와 형상 가운데 특히
현저하게 보이는 32가지를 32상이라고 한다.

82 『金剛般若波羅蜜經』권1 離一切諸相, 則名諸佛. (『대정장』권8, p.750, b9)

答 : 思益經云[83] **網明尊**이 **謂梵天**[84] **言**하되 **若菩薩**이 **捨一切煩惱**하면
답 : 사익경운   망명존   위범천   언   약보살   사일체번뇌

名檀波羅蜜이니 **即是布施**요
명단바라밀   즉시보시

답하길, 『사익경』에 망명존이 범천에게 말하길 만약 보살이 일체 모든 번뇌를 버리
면 단바라밀이라고 했는데 이것이 보시이다.

於諸法에 **無所延**가 **名尸羅**[85] **波羅蜜**이니 **即是持戒**요
어제법   무소연   명시라   바라밀   즉시지계

모든 법에 끌린 바가 없음을 시라바라밀이라고 하는데 이것이 지계이다.

於諸法에 **無所傷**이 **名羼提**[86] **波羅蜜**이니 **即是忍辱**이요
어제법   무소상   명찬제   바라밀   즉시인욕

모든 법에 상하지 않음을 찬제바라밀이라고 하는데 이것이 인욕이다.

---

83   『思益梵天所問經』권2 「問談品6」 網明言: 如汝所說, 菩薩行六波羅蜜而得受記. 梵天 ! 若菩薩捨一
切煩惱, 名為檀波羅蜜. (『대정장』권15, p.45, c1-3)

84   梵天(범천)은 범어 brahma-deva를 번역한 것이다. 범은 離欲淸淨(이욕청정)의 뜻이다. 이 하늘은 욕
계의 음욕을 여의어서 항상 깨끗하고 고요하기 때문에 범천이라 한다. 색계의 초선천을 가리킨다.

85   尸羅(시라)는 범어 śīla를 음사한 것이고 계라고 번역한다. 행위, 습관, 성격, 도덕, 경건 등의 뜻이 있다.
지계(Precepts)란 불타에 의하여 주어진 계율, 즉 도덕적 생활의 규칙을 지키는 것이다. 정해진 집이 없는 출
가자에게 규율은 승가의 질서를 유지하기 위한 것이다. 승가란 일종의 이상사회로 평화롭고 화합된 생활을
실천하는 것을 그 이상으로 삼는다.

86   羼提(찬제)는 범어 kṣānti를 음사한 것이다. 인욕이라 번역한다. 인내의 뜻이다. 인욕(Humility)은 일반
적으로 인수(忍受), 즉 괴로움을 참는 것을 의미하지만 진정한 의미는 참을성이 강하고 오직 마음을 편안하게
하고 굴욕의 행위를 참고 이겨 나가는 것이다.

於諸法離相이 **名毘離耶**[87] **波羅蜜**이니 **卽是精進**이요

어 제법리상　명비리야　바라밀　즉시정진

모든 법에 모양을 여읨을 비리야바라밀이라고 하는데 이것이 정진이다.

於諸法無所住가 **名禪**[88] **波羅蜜**이니 **卽是禪定**이요

어 제법무소주　명선　바라밀　즉시선정

모든 법에 머무름이 없음을 선바라밀이라고 하는데 이것이 선정이다.

於諸法無戱論이 **名般若波羅蜜**이니 **卽是智慧**[89]라 **是名六法**이니라.

어 제법무희론　명반야바라밀　즉시지혜　시명육법

모든 법에 사려분별함이 없음을 반야바라밀이라 하는데 곧 지혜이니 여섯 가지 법이다

今更名六法不異, 一捨 二無記 三無傷 四離相 五無住 六無戱論이니라.

금갱명육법불이　일사 이무기 삼무상 사리상 오무주 육무희론

지금 다시 육법의 이름이 다르지 않으니, 첫 번째는 버림, 두 번째는 일어나지 않음, 세 번째는 손상하지 않음, 네 번째는 모양을 여읨, 다섯 번째는 머무르지 않음, 여섯 번째는 희론이 없음이다.

87　毘離耶(비리야)는 범어 vīrya를 음사한 것이다. 기력, 정진, 부지런함이라 번역한다. 정진(Energy)은 진리에 일치하는 것에 종사하면서 언제나 정력적으로 전념하는 것이다.

88　禪(선)은 범어 dhyāna를 음략한 것이다. 靜慮(정려)라고 번역한다. 마음을 하나의 대상에 전주하여 사유하는 것을 의미한다. 즉 선정(Meditation)은 어떠한 환경에 처하더라도 마음을 상실하지 않고 그것을 유지해 나가는 것이다. 좋은 경우나 나쁜 경우나 차례대로 다가오는 역경이나 어떠한 경우에도 그것에 혼란되거나 흔들리지 않고 나아가는 것이다.

89　智慧(지혜)는 범어 prajñā를 번역한 것이며 반야라 음사한다. prajñā를 영어로 Wisdom이라고 번역하지만 이것에 꼭 맞는 영어나 유럽어는 발견할 수 없다. 왜냐하면 서양인은 반야라고 하는 것에 해당하는 특수한 경험을 갖지 못한 민족이기 때문이다. 반야란 인간이 겪는 하나의 경험이다. 이것은 가장 근본적인 의미에서 인간이 사물의 무한한 당체성을 감득하는 것이다. 이것을 심리학적으로 말하면 유한한 자아가 그 단단한 껍질을 부수고 나와서 자기가 무한한 것과 상통하는 것을 말한다. 이런 경험은 우리 인간이 갖는 개별적인 특수한 경험을 모두 초월하는 어떤 것을 당체적으로 직관하는 것이다.

如是六法은 **隨事方便**으로 **假立名字**요
여시육법　　수사방편　　　가립명자

이와 같이 여섯 가지 법은 일에 따라 방편으로 거짓의 이름을 세운 것이다.

至於妙理하야는 **無二無別**이니 **但知一捨**하면 **卽一切捨**요
지어묘리　　　　무이무별　　　단지일사　　　즉일체사

불가사의한 이치에 이르면 둘도 없고 다른 것도 없으니 다만 하나를 버리면 일체를 버리는 것임을 알아라.

無起卽一切無起어늘 **迷途不契**하야 **悉謂有差**니라
무기즉일체무기　　　미도불계　　　실위유차

한 생각이 일어나지 않으면 일체 모든 생각이 일어나지 않는데 미혹하여 도에 계합하지 못하고 모두 다르다고 한다.

愚者는 **滯其法數之中**하야 **卽長輪生死**로다.
우자　　체기법수지중　　　즉장륜생사

어리석은 사람은 그 법의 가르침에 막혀 길게 생사에 윤회한다.

告汝學人하노니 **但修檀之法**하면 **卽萬法**이 **周圓**이온
고여학인　　　　단수단지법　　　즉만법　　주원

況於五法豈不具耶아.
황어오법기불구야

그대들 도를 수행하는 사람들에게 말하노니, 다만 단바라밀 법만 수행해도 만법이 진실로 원만하니 하물며 다섯 가지의 법이 어찌 구족되지 않겠는가?

계·정·혜는 하나

問：**三學等用**[90]이라 하니 **何者是三學**이며 **云何是等用**고
문：삼학등용　　　　　하자시삼학　　운하시등용

묻길, 계정혜 삼학을 함께 작용한다고 했는데 무엇이 삼학이며 어떻게 함께 작용합니까?

90　『南宗頓教最上大乘摩訶般若波羅蜜經六祖惠能大師於韶州大梵寺施法壇經』권1 善知識！我此法門, 以定惠為本. 第一勿迷, 言惠定別, 定惠體一不二. 即定是惠體, 即惠是定用. 即惠之時定在惠, 即定之時惠在定. 善知識！此義即是定惠等, 學道之人作意, 莫言先定發惠, 先惠發定, 定惠各別. (『대정장』권48, p.338, b6-11) 여러분 남종돈교 최상대승 법문에서는 선정과 지혜로서 근본을 삼는다. 이리석어 알지도 못하면서 선정과 지혜가 다르다고 말해서는 절대 안 된다. 선정은 지혜의 본체이고 지혜는 선정의 작용인 것이다. 즉 지혜가 작용할 때 선정은 지혜에 있으며 선정의 상태에 있을 때 지혜는 선정에 있는 것이다. 여러분 이러한 의미가 바로 선정과 지혜가 평등한 것이다. 도를 배우는 사람들이 자기 마음대로 생각하여 먼저 선정에 들어가야 지혜가 발현된다고 하거나 반대로 먼저 지혜가 있어야 적정한 선정이 나올 수 있다고 생각하여 선정과 지혜가 각각 다르다고 말하지 말라.
『南宗頓教最上大乘摩訶般若波羅蜜經六祖惠能大師於韶州大梵寺施法壇經』권1 善知識！定惠猶如何等？如燈光 , 有燈即有光 , 無燈即無光. 燈是光之體 , 光是燈之用. 名即有二 , 體無兩般. 此定惠法 , 亦復如是. (『대정장』권48, p.338, b26-29) 여러분 선정과 지혜는 무엇과 같은가? 마치 등과 등불과 같다. 등이 있으면 등불이 있고 등이 없으면 등불이 없다. 등은 등불의 본체이고 등불은 등의 작용이다. 그 이름은 둘이지만 본체는 둘이 아니다. 이 정혜의 법이라는 것도 이와 마찬가지다.
『宗鏡錄』권97 即寂是自性定, 即照是自性慧. 即定是慧體, 即慧是定用. 離定無別慧, 離慧無別定. 即定之時即是慧, 即慧之時即是定, 即定之時無有定, 即慧之時無有慧. 何以故, 性自如故. 如燈光雖有二名, 其體不別. 即燈是光, 即光是燈. 離燈無別光, 離光無別燈, 即燈是光體, 即光是燈用, 即定慧雙修, 不相去離. (『대정장』권48, p.941, a18-24) 적정은 자성의 선정이고, 조견은 자성의 지혜이다. 선정은 지혜의 본체이고 지혜는 선정의 작용이다. 선정을 떠나서는 따로 지혜가 없고 지혜를 떠나서 따로 선정이 없다. 선정에 들어 있을 때가 곧 지혜가 작용하는 때이고, 지혜가 작용하고 있을 때가 곧 선정에 들어 있는 때이다. 그러나 선정에 들어 있을 때 선정도 없고 지혜가 작용할 때 지혜도 없다. 왜냐하면 자성이 여여하기 때문이다. 마치 등과 등불이 비록 그 이름은 둘일지라도 그 본체는 다르지 않다. 그러므로 등이 곧 등불이며, 등불이 곧 등이다. 등을 떠나서 따로 등불이 없고 등불을 떠나서 따로 등이 없다. 따라서 등은 등불의 본체이고 등불은 등의 작용이다. 그러므로 선정과 지혜는 같이 닦아야 하며 서로 떨어 질 수 없다.

答 : 三學者는 戒定慧是也니라.
답 : 삼학자   계정혜시야

답하길, 삼학은 계정혜이다.

問 : 其義云何是戒定慧오.
문 : 기의운하시계정혜

묻길, 그 뜻이 어떠한 것이 계정혜입니까?

答 : 清淨無染이 是戒요
답 : 청정무염   시계

답하길, 청정하여 물들지 않는 것이 계이다.

知心不動하야 對境寂然이 是定이요
지심부동   대경적연   시정

마음이 움직이지 않는 줄 알아 대상경계를 대하더라도 움직이지 않는 것이 정이다.

知心不動時에 不生不動想하며
지심부동시   불생부동상

마음이 움직이지 않는 줄을 알았을 때 움직이지 않는다는 생각도 일어나지 않아야 한다.

知心清淨時에 不生清淨想하야 乃至善惡皆能分別하여
지심청정시   불생청정상   내지선악개능분별

마음이 청정한 줄 알 때 청정하다는 생각도 내지 않고, 심지어 선악을 모두 분별하지만

於中無念에 **得自在者**해야 **是名爲慧也**니라.
어중무념   득자재자   시명위혜야

거기에 망념이 없이 자유자재함을 체득해야 혜라고 한다.

若知戒定慧體俱不可得時에 **卽無分別者**하야 **卽同一切**니
약지계정혜체구불가득시   즉무분별자   즉동일체

是名三學等用이니라.
시명삼학등용

만약 계정혜의 본체를 전부 얻지 못함을 알면 곧 분별심이 없는 것이 곧 일체 모두
같으니 이것이 삼학을 같이 쓴다고 하는 것이다.

번뇌망념이 일어나지 않는 마음

問 : 若心住淨時에 不是著淨否아
문 : 약심주정시   불시착정부

묻길, 만약 마음이 청정함에 머무를 때 청정함에 집착하는 것이 아닙니까?

答 : 得住淨時에 不作住淨想이 是不著淨이니라.
답 : 득주정시   부작주정상   시불착정

답하길, 청정함에 머무를 때 청정함에 머물렀다는 생각을 하지 않으면 청정함에 집착한 것이 아니다.

問 : 心住空時에 不是著空否아
문 : 심주공시   불시착공부

묻길, 마음이 공에 머무를 때 공에 집착한 것이 아닙니까?

答 : 若作空想하면 卽是著空이니라.
답 : 약작공상   즉시착공

답하길, 만약 공하다는 생각을 지으면 마음이 공에 집착한 것이다.

問 : 若心得住無住處時에 不是著無所處否아
문 : 약심득주무주처시   불시착무소처부

묻길, 만약 마음이 무주처에 머무른다면 없는 곳에 집착하는 것이 아닙니까?

答 : 但作空想하면 卽無有著處니
답 : 단작공상   즉무유착처

답하길, 단지 생각을 비우면 집착할 곳이 없다.

汝若欲了了識無所住心時인댄 正坐之時에 但知心하고 莫思量一切物하며
여약욕료료식무소주심시   정좌지시 단지심   막사량일체물

그대가 만약 분명하게 머무는 바 없는 마음을 알 때 바로 좌선할 때 단지 망심임을
알고 일체의 모든 것을 중생심으로 생각하지 말아야 한다.

一切善惡을 都莫思量[91]하라.
일체선악   도막사량

일체 모든 선악을 모두 중생심으로 생각하지 말아야 한다.

過去事는 已過去而莫思量하면 過去心이 自絶이니 卽名無過去事요
과거사   이과거이막사량   과거심   자절   즉명무과거사

과거의 일은 이미 지나간 것이기 때문에 사량하지 않으면 과거의 마음이 저절로 끊
어지게 되니 과거의 일이 없다고 하는 것이다.

未來事未至니 莫願莫求하면 未來心이 自絶이니 卽名無未來事요
미래사미지   막원막구   미래심   자절   즉명무미래사

미래의 일은 아직 오지 않았기에 원하지도 말고 구하지도 않으면 미래의 마음이 저
절로 끊어지게 되니 미래의 일이 없다고 하는 것이다.

---

91   『조당집』권2 「홍인화상장」에 不思善(불사선), 不思惡(불사악), '선도 생각하지 말고, 악도 생각하지 말
라.'라는 말에서 유래 한 것으로 혜능이 3품장군 혜순에게 대유령에서 법문한 내용이다. 후에 실천방법으로
『禪源諸詮集都序』권1 念起即覺, 覺之即無修行妙門唯在此也. (『대정장』권48, p.403, a5-6) 망념이 일어
나면 곧바로 망념인 줄 깨달아라. 깨달은 즉 자취와 흔적이 없어야 한다. 수행의 불가사의한 가르침은 오직
여기에 있다. 『緇門警訓』권1 一切善惡都莫思量, 念起即覺, 覺之即失, 久久忘緣自成一片, 此坐禪之要術
也. (『대정장』권48, p.1047, b28-c1) 일체선악을 전부 사량하지 말라. 망념이 일어나면 곧 바로 망념이 일어
난 사실을 깨달아라. 그러면 망념은 사라진다. 이와 같이 오래도록 하여 망념이 없어지면 저절로 만법과 하나
가 되는 것이다. 이것이 좌선의 요술이다.
『(重雕補註)禪苑清規』권8 一切善惡都莫思量, 念起即覺, 覺之即失. (『속장경』권63, p.545, a10) 일체선악
을 모두 사량하지 말라. 망념이 일어나면 곧바로 망념이 일어난 사실을 깨달아라. 그러면 망념은 사라진다.

現在事는 **已現在**라 **於一切事**에 **但知無著**이니
현재사　　이현재　　어일체사　　단지무착

현재의 일은 이미 현재이기에 일체 모든 일에 다만 집착하지 않을 줄 알아야 한다.

無著者는 **不起憎愛心**이 **卽是無著**이라 **現在心**이 **自絶**하야 **卽名無現在事**니
무착자　　불기증애심　　즉시무착　　　현재심　　자절　　즉명무현재사

집착함이 없다는 것은 증애의 마음이 일어나지 않는 것이 곧 집착함이 없는 것이며,
현재의 마음이 저절로 끊어지는 것을 현재의 일이 없다고 하는 것이다.

三世不攝이 **亦名無三世也**니라.
삼세불섭　　역명무삼세야

삼세를 잡지 않는 것이 또한 삼세가 없는 것이다.

心若起去時에 **卽莫隨去**하면 **去心**이 **自絶**이요
심약기거시　　즉막수거　　　거심　　자절

만약 마음이 일어날 때 따라가지 않으면 가는 마음은 저절로 끊어진다.

若住時에 **亦莫隨住**하면 **住心**이 **自絶**하야 **卽無住心**이니 **卽是住無住處也**니라.
약주시　　역막수주　　주심　　자절　　즉무주심　　즉시주무주처야

만약 머무를 때 또한 따라 머무르지 않으면 머무르는 마음이 저절로 끊어져 머무는
마음이 없는데 이것이 곧 무주처에 머무는 것이다.

若了了自知하야 **住在住時**에 **只物**[92] **住**요 **亦無住處**하면 **亦無無住處也**니라.
약료료자지　주재주시　지물　주　역무주처　역무무주처야

만약 분명하게 스스로 알아 머무름에 머물러 있을 때라도 단지 대상에 머무를 뿐이
요, 또한 머무를 곳이 없으면 또한 머무를 곳이 없는 곳도 없는 것이다.

若自了了知하야 **心不住一切處**하면 **卽名了了見本心也**며 **亦名了了見性也**라.
약자료료지　심부주일체처　즉명료료견본심야　역명료료견성야

만약 스스로 분명하게 알아 마음이 일체 모든 곳에 머무르지 않으면 곧 분명하게 본
래의 마음을 보았다고 하며 또한 분명하게 본성을 보았다고 한다.

只箇不住一切處心者는 **卽是佛心**이며 **亦名解脫心**이며
지개부주일체처심자　즉시불심　역명해탈심

단지 일체 모든 곳에 머무르지 않는 마음이라는 것은 불심이고, 또한 해탈심이라고
하며,

亦名菩提心이며 **亦名無生心**이며 **亦名色性空**[93]이니
역명보리심　역명무생심　역명색성공

經云[94] **證無生法忍是也**니라.
경운　증무생법인시야

또한 보리심이며 또한 무생심이라 하며 또한 색성공이라 하니 경에 무생법인을 증득
했다고 하는 것이다.

92　只物(지물)은 당나라 때 속어로 只沒(지몰), 只麼(지마)와 같다. 단지 ~~뿐이다. 란 뜻이다.

93　물질적 존재의 본질에는 실체가 없다는 의미이다.

94　여기서의 경은 어떤 특정한 경을 가리키는 것은 아니다. 무생법인이란 말은 여러 경전에서 보이는데 이
말의 뜻은 無生(空)법의 이치, 즉 불생불멸의 이치를 깨달아 알고 거기에 안주하여 움직이지 않는 것을 말한
다.

汝若未得如是之時에 **努力努力**하야 **勤加用功**하야 **功成自會**니

여약미득여시지시　노력노력　　근가용공　　공성자회

만약 그대가 아직 이와 같지 않을 때는 노력하고 노력하여 부지런히 수행하면 공이 이루어져 스스로 알게 될 것이다.

所以會者는 **一切處無心**이 **卽是會**니라.

소이회자　일체처무심　즉시회

그래서 안다는 것은 일체 모든 곳에 무심하니 곧 아는 것이다.

言無心者는 **無假不眞也**니 **假者**는 **愛憎心**이 **是也**오

언무심자　무가부진야　가자　애증심　시야

무심이라고 말하는 것은 거짓도 없고 진실도 아니니 거짓은 증애심이다.

眞者는 **無愛憎心**이 **是也**니라.

진자　무애증심　시야

진실이란 증애심이 없는 것이다.

但無愛憎心하면 **卽是二性空**이니 **二性空者**는 **自然解脫也**니라.

단무애증심　　즉시이성공　　이성공자　자연해탈야

다만 증애심이 없다면 상대의 본성이 공한 것이니 상대의 본성이 공한 것은 자연히 해탈한 것이다.

항상 불성에 머무름

問 : **爲只坐用**가 **行時**도 **亦得爲用否**아
문 : 위지좌용 행시 역득위용부

묻길, 단지 앉아있을 때 작용합니까? 다닐 때도 역시 작용하는가요?

答 : **今言用功者**는 **不獨言坐**니 **乃至行住坐臥所造運爲一切時中**에
답 : 금언용공자 부독언좌 내지행주좌와소조운위일체시중

답하길, 지금 작용한다고 말하는 것은 앉아있을 때만을 말하는 것이 아니라 심지어 일상생활에서 지어져 일체 모든 시간에 운용 되어진다.

常用無間이 **卽名常住**[95] **也**니라.
상용무간 즉명상주 야

항상 끊임없이 작용하는 것이 곧 항상 머문다고 하는 것이다.

---

95 常住(상주)는 범어 nitya-sthita를 번역한 것이다. 과거, 현재, 미래의 삼세에 걸쳐서 항상 존재하고 일체의 생멸변화가 없는 것을 말한다.

다섯 가지 법신

問 : 方廣經云[96] **五種法身**[97]**은 一實相法身**[98]**이 二功德法身**이요 **三法性法身**이요
문 : 방광경운　오종법신　　일실상법신　　이공덕법신　　삼법성법신

묻길, 『방광경』에 다섯 가지 법신은 첫째 실상법신이고, 둘째는 공덕법신이며, 셋째 법성법신이요

四應化法身이요 **五虛空法身**이라하니 **於自己身**에 **何者是**오
사응화법신　　오허공법신　　　어자기신　　하자시

네 번째 응화법신이요, 다섯째 허공법신이라 하니 자기의 몸에 어떤 것입니까?

答 : 知心不壞가 **是實相法身**이요
답 : 지심불괴　시실상법신

답하길, 마음은 허물어지지 않음을 아는 것이 실상법신이다.

96　『大通方廣懺悔滅罪莊嚴成佛經』권2 何等為五, 一者實相法身, 二者功德法身, 三者法性法身, 四者應化法身, 五者虛空法身. (『대정장』권85, p.1348, c18-20) 어떤 것이 다섯인가? 첫째 실상법신, 둘째 공덕법신, 셋째 법성법신, 넷째 응화법신, 다섯째 허공법신이다.
『讚禪門詩』권1 有五種法身(出大通方廣經中卷末) 一實相法身相, 無所相故.　二功德法身, 離念為功, 顯理為德.　三法性法身, 諸法性離. 四應化法身, 六根無染也.　五虛空法身, 等虛空界. (『대정장』권85, p.1292, a25-29) 오종법신이 있는데 첫째 실상법신이란 그 모양을 나타낼 수 없는 것이다. 둘째 공덕법신이란 망념을 여읜 것을 공이라 하며 이치를 드러내는 것을 덕이라 한다. 셋째 법성법신이란 모든 법의 본성과 이치를 나타내는 것이다. 넷째 응화법신이란 육근이 오염되지 않는 것이다. 다섯째 허공법신이란 허공계와 같은 것이다.

97　화엄종에서 주장하는 부처의 다섯 가지 眞身(진신), 즉 五身(오신)을 말한다. 즉 존재의 본질로부터 생한 佛身(불신)인 법성법신과 많은 수행의 공덕으로 인하여 생한 불신인 공덕법신과 중생의 기근에 응하여 현현한 불신인 응화법신과 허공에 편만한 불신인 허공법신과 그리고 어떠한 형상도 없고 불생불멸하는 법신인 실상법신 등이다.

98　법신에는 여러 가지 설이 있지만 대승불교에서는 常住(상주), 진실, 보편, 평등의 理體(리체)인 진여법성을 가리키며 여래장을 세워서 법신이라 한다. 여기에 보신과 응신을 더하면 삼신이 된다.

知心含萬像이 **是功德法身**이요 **知心無心**이 **是法性法身**이요
지심함만상　　시공덕법신　　　지심무심　　시법성법신

마음이 일체 모든 모습을 품음을 아는 것이 공덕법신이요, 마음은 무심함을 아는 것이 법성법신이다.

隨根應說이 **是應化法身**이요 **知心無形**하야 **不可得**이 **是虛空法身**이니
수근응설　　시응화법신　　　지심무형　　　불가득　　시허공법신

근기에 따라 응하여 설법하는 것이 응화법신이요, 마음은 형상이 없어서 얻지 못함을 아는 것이 허공법신이니

若了此義者는 **卽知無證也**니라.
약료차의자　　즉지무증야

만약 이러한 뜻을 요달한 자라면 곧 증득함이 없음을 아는 것이다.

無得無證者는 **卽是證佛法**이요 **法身**을 **若有證有得**을
무득무증자　　즉시증불법　　　법신　　약유증유득

얻을 것도 없고 증득할 것도 없다는 것은 곧 불법을 증득하는 것이다. 법신을 만약 증득할 것이 있고 얻을 것이 있어서

以爲證者는 **卽邪見增上慢人也**며 **名爲外道**[99]니라
이위증자　　즉사견증상만인야　　명위외도

증득한다면 곧 삿된 견해로 증상만인이며 외도라고 한다.

---

[99] 外道(외도)는 인도에서는 불교 이외의 가르침을 펴는 사람을 가리켰으나 후세에는 邪法(사법), 邪義(사의)의 뜻을 가진 폄칭으로 쓰였다.

何以故오 **維摩經云**[100] **舍利弗**이 **問天女曰 汝何所得**이며
하이고　유마경운　사리불　문천녀왈 여하소득

何所證하야 **辯乃得如是**오
하소증　　변내득여시

왜냐하면 『유마경』에 사리불이 천녀에게 묻길, 그대가 무엇을 얻었고 무엇을 증득하였길래 이와 같은 변재를 체득했는가?

天女答曰 我無得無證하야 **乃得如是**라하니
천녀답왈 아무득무증　　내득여시

천녀가 대답하길, 저는 얻은 것도 없고 증득한 것도 없는데 이와 같은 변재를 얻었다.

若有得有證하면 **卽於佛法中**에 **爲增上慢人也**니라.
약유득유증　　즉어불법중　위증상만인야

만약 얻을 것이 있고 증득할 것이 있다면 불법에서 증상만인이 된다.

100　『維摩詰所說經』권2「觀眾生品7」舍利弗言: 善哉善哉! 天女! 汝何所得? 以何爲證? 辯乃如是! 天
日: 我無得無證, 故辯如是. 所以者何? 若有得有證者, 卽於佛法爲增上慢. (『대정장』권14, p.548, a18-21)

등각과 묘각

問 : 經云 等覺[101]妙覺[102]이라 하니 云何是等覺이며 云何是妙覺고
문 : 경운 등각 묘각 운하시등각 운하시묘각

묻길, 경에 등각과 묘각이라고 하는데 무엇이 등각이고 무엇이 묘각입니까?

答 : 卽色卽空이 名爲等覺이요 二性空故로 名爲妙覺이라
답 : 즉색즉공 명위등각 이성공고 명위묘각

답하길, 현상적인 물질이 되고 근본에서는 텅 비어 공하게 되는 것을 등각이라고 하고, 상대의 본성은 실체가 없기 때문에 묘각이라 한다.

又云 無覺無無覺이 名爲妙覺이니라.
우운 무각무무각 명위묘각

또 깨달음도 없고 깨달음이 없음도 없는 것을 묘각이라 한다.

問 : 等覺與妙覺이 爲別가 爲不別가
문 : 등각여묘각 위별 위불별

묻길, 등각과 묘각은 다릅니까, 다르지 않습니까?

---

101 等覺(등각)은 보살의 52수행계위 가운데 51위를 가리킨다. 두루하고 바르며 보편타당성이 있는 깨달음이란 뜻으로 正覺, 正等覺, 等正覺이라고도 한다. 즉 진리를 널리 깨달아 모든 불타의 깨달음과 동등하다는 의미이다. 내용적으로는 불타의 깨달음과 동등하고 실제로는 불타의 한 발 앞에 있는 자를 가리킨다.

102 妙覺(묘각)은 보살수행의 52위인 佛果의 무상정각을 말한다. 등각이 一轉하면 묘각이 된다. 이 위에서 自覺覺他와 覺行圓滿이 이루어진다.

答 : **爲隨事方便**으로 **假立二名**이라

답 : 위수사방편   가립이명

답하길, 일에 따라서 방편으로 임시로 두 가지 이름을 세웠을 뿐이다.

本體是一이요 **無二無別**이니 **乃至一切法**이 **皆然也**니라.

본체시일   무이무별   내지일체법   개연야

그 본체는 하나이지 둘이 아니며, 다르지도 않으며 심지어 일체의 모든 법이 다 그러

하다.

설법이란

問 : 金剛云 無法可說이 **是名說法**[103]이라 하니 **其義云何**오
문 : 금강운 무법가설　시명설법　　　　기의운하

묻길, 『금강경』에 법 없음을 설하는 것이 설법이라고 하는데 그 뜻이 어떠합니까?

答 : 般若體畢竟淸淨하야 **無有一物可得**이 **是名無法可說**이요
답 : 반야체필경청정　　무유일물가득　시명무법가설

답하길, 반야의 본체는 필경에 청정하여 하나의 물건도 얻을 수 없는 것이 법 없음을 설하는 것이라 한다.

卽於般若空寂體中[104]에 **具恒沙之用**하야 **卽無事不知是名說法**이라
즉어반야공적체중　　구항사지용　　즉무사부지시명설법

반야의 공적한 본체에는 항하사의 불가사의한 지혜작용을 갖추고 있어서 알지 못하는 일이 없는 것을 설법이라 한다.

故云無法可說이 **是名說法**이니라.
고운무법가설　　시명설법

그러므로 법 없음을 설하는 것을 설법이라 한다.

103　『金剛般若波羅蜜經』권1 說法者, 無法可說, 是名說法. (『대정장』권8, p.751, c14-15)

104　여기에서 말하는 반야의 공적한 본체에 항사의 묘용을 갖추고 있어서 무엇이든지 모르는 것이 없다는 것은 하택신회의 『남양화상문답잡징의』에 '般若波羅蜜體自有智, 照見不可得體. 湛然常寂, 而有恒沙之用.' 반야바라밀의 '본체에는 본래 지혜가 있어서 얻을 수 없는 본체를 조견하며 담연히 항상 적정하지만 항사와 같은 묘용이 있다.'와 같은 말이다. 여기서 自有智는 본래부터 갖추어져 있는 지혜로서 自然智, 根本智, 無師智와 같은 말이다.

금강경의 업신여김

問 : **若有善男子善女人**[105]이 **受持讀誦此經**하야 **若爲人輕賤**하면
문 : 약유 선남자 선녀인   수지독송차경   약위인경천

묻길, 만약 선남자 선여인이 이 경전을 받아 지니고 읽고 외웠음에도 만약 다른 사람에게 경멸과 천대를 받았다면

是人은 **先世罪業**[106]으로 **應墮惡道**어늘 **以今世人輕賤故**로
시인   선세죄업   응타악도   이금세인경천고

이 사람은 전생의 죄업으로 마땅히 악한 세상에 떨어져야 하겠지만 금생에 남에게 업신여김을 받았으므로

105　『金剛般若波羅蜜經』권1「능정업장분」復次 , 須菩提！善男子 , 善女人 , 受持讀誦此經 , 若為人輕賤 , 是人先世罪業 , 應墮惡道 , 以今世人輕賤故 , 先世罪業則為消滅 , 當得阿耨多羅三藐三菩提. (『대정장』권8, p.750, c24-27) 또 수보리야! 선남자 선여인이 이 경을 받아 지니고 읽고 외우기 때문에 만일 남에게 업신여김을 받는다면 이 사람은 전세의 죄업으로 마땅히 악한 세상에 떨어질 것이지만 금세에 남에게 업신여김을 당함으로써 곧 전세의 죄업이 소멸되어 마땅히 아뇩다라삼먁삼보리를 얻게 되는 것이다. 『법화경』권6「상불경보살품」에도 경천사상이 나온다.

106　業(업)은 범어 karman을 번역한 것으로써 조작의 뜻이다. 선악의 업을 지으면 그것에 상응하는 고락의 과보가 생기는데 이것을 業因에 의한 業果라고 한다. 非善非惡의 無記業은 과를 끄는 힘이 없다. 이 업인과 업과의 관계를 有部에서는 다음과 같이 주장하고 있다. 업은 삼세에 실재하는 것으로서 업이 현재에 있을 때 이것이 인이 되어서 어떠한 미래의 과를 끌 것인가를 결정하게 되고 업이 지나가 버림으로부터 과에 힘을 주어서 과를 현재에 이끌어 낸다고 한다.

先世罪業이 **卽爲消滅**하야 **當得阿耨多羅三藐三菩提**[107]라하니 **其義云何**오

선세죄업　즉위소멸　당득아뇩다라삼막삼보리　　　기의운하

전생의 죄업이 소멸되어 마땅히 아뇩다라삼먁삼보리를 얻을 것이라고 했는데 그 뜻이 어떠합니까?

答 : 只如有人이 **未遇大善知識**하야 **唯造惡業**하야

답 :　지여유인　미우대선지식　　유조악업

답하길, 예를 들어 어떤 사람이 아직 훌륭한 선지식을 만나지 못하여 오직 악업만 짓고

淸淨本心이 **被三毒**[108] **無明所覆**하야 **不能顯了**라.

청정본심　피삼독　무명소부　　불능현료

청정한 본래의 마음이 삼독의 무명에 덮여 드러나지 않았다.

故云爲人輕賤也요

고운위인경천야

그래서 다른 사람이 업신여긴다고 한 것이다.

以今世人輕賤者는 **卽是今日**에 **發心求佛道**하야 **爲無明**이 **滅盡**하야

이금세인경천자　즉시금일　발심구불도　　위무명　멸진

금생에 사람들에게 업신여김을 받는다는 것은 지금 발심하여 불도를 구하면 무명이 다 소멸하고

107　阿耨多羅三藐三菩提(아뇩다라삼먁삼보리)는 범어 anuttara-samyak-sambodhi를 음사한 것으로서 無上正等覺의 뜻이다. 위없이 높고 바르고 평등하고 원만하기 때문에 무상정등각이라 한다. 부처님의 깨달음을 가리킨다.

108　三毒(삼독)은 탐욕, 진에, 우치 의 세 가지 번뇌. 이것이 모든 악의 근원이기 때문에 三不善根이라고도 한다.

三毒이 不生하야 卽本心이 明朗하야 更無亂念하고 諸惡이 永滅이라.
삼독 불생 즉본심 명랑 갱무난념 제악 영멸

삼독이 생하지 않아서 곧 본래의 마음이 밝고 맑아서 다시는 어지러운 생각이 일어나지 않고 모든 악이 영원히 소멸할 것이다.

故以今世人輕賤也요 無明이 滅盡하야 亂念이 不生하면 自然解脫이라.
고이금세인경천야 무명 멸진 란념 불생 자연해탈

그렇기 때문에 금생의 사람이 업신여긴다고 한 것이다. 무명이 모두 소멸되고 어지러운 생각이 일어나지 않으면 자연히 해탈하는 것이다.

故云當得菩提니 卽發心時名爲今世요 非隔生[109] 也니라.
고운당득보리 즉발심시명위금세 비격생 야

그렇기 때문에 마땅히 깨달음을 체득하니 곧바로 발심할 때를 이름하여 금생이라 하며 다른 생이 아니다.

---

109 격생이란 양자가 격리된 세계에서 따로따로 살고 있는 것을 말한다. 『龐居士語錄』권1 普濟一日訪居士, 土曰, 憶在母胎時, 有一則語, 擧似阿師, 切不得作道理主持. 濟曰, 猶是隔生也. (『속장경』권69, p.132, b16-18) 보제가 어느 날 거사를 방문했다. 거사가 말하길, 어머니 태속에 있었을 때의 한마디를 기억하고 있습니다. 그것을 스님에게 말씀드리겠으니 부디 이치를 가려 받아들이는 일이 없어야 합니다. 보제가 말하길, 그래도 아직 다른 차원의 이야기군요. 『趙州和尚語錄』권2 問, 如何是本來身. 師云, 自從識得老僧後, 只者漢更不別. 云, 與麼卽與和尚隔生去也. 師云, 非但今生, 千生萬生, 亦不識老僧. (『가흥장』권24, p.364, c21-23) 묻길, 무엇이 본래의 몸입니까? 스님께서 이르길, 나와 안면이 있는 후부터는 다름 아닌 그 녀석은 나와 전혀 다른 사람이 아니다. 묻길, 그렇다면 나의 미래인은 스님과 별도의 차원으로 사는 것이 됩니다. 답하길, 금생뿐만 아니라 천생만생까지도 나와 안면이 있게 되지는 못하는 거야.

여래의 다섯 가지 눈

又云 如來五眼[110] **者何오**
우운 여래오안   자하

또 묻길, 여래의 오안은 어떤 것입니까?

答 : 見色清淨이 名爲肉眼이요 見體清淨이 名爲天眼이요
답 : 견색청정   명위육안   견체청정   명위천안

답하길, 물질의 청정함을 보는 것을 육안이라 한다. 본체의 청정함을 보는 것을 천안이라 한다.

110　五眼(오안)은 범어는 pañca-cakṣus이고 팔리어는 pañca-cakkhu이다. 『金剛般若波羅蜜經』권1 須菩提！於意云何？如來有肉眼不？如是 , 世尊！如來有肉眼. 須菩提！於意云何？如來有天眼不？如是 , 世尊！如來有天眼. 須菩提！於意云何？如來有慧眼不？如是 , 世尊！如來有慧眼. 須菩提！於意云何？如來有法眼不？如是 , 世尊！如來有法眼. 須菩提！於意云何？如來有佛眼不？如是 , 世尊！如來有佛眼. (『대정장』권8, p.751, b13-20) 수보리야! 너는 어떻게 생각하느냐? 여래가 육안이 있느냐? 그러하옵니다. 세존이시여 여래는 육안이 있습니다. 수보리야 너는 어떻게 생각하느냐? 여래가 천안이 있느냐? 그러하옵니다. 세존이시여, 여래는 천안이 있습니다. 수보리야, 너는 어떻게 생각하느냐? 여래는 혜안이 있느냐? 그러하옵니다. 세존이시여, 여래는 혜안이 있습니다. 수보리야, 너는 어떻게 생각하느냐? 여래가 법안이 있느냐? 그러하옵니다. 세존이시여, 여래는 법안이 있습니다. 수보리야, 너는 어떻게 생각하느냐? 여래는 불안이 있느냐? 그러하옵니다. 세존이시여, 여래는 불안이 있습니다.
『妙法蓮華經文句』권1 「序品」 觀心者, 觀因緣生善心, 即肉眼.. 觀因緣生心空, 即天眼. 觀因緣生心假, 即法眼, 即中即佛眼. (『대정장』권34, p.16, a3-5) 관심이란, 인연으로 생한 마음이 착한 줄 아는 것을 아는 것은 육안이라 한다. 인연으로 생한 마음이 공한 줄 아는 것을 천안이라 한다. 인연으로 생한 마음이 거짓인 줄 아는 것을 법안이라 한다. 중도에 아는 것을 불안이라 한다.

於諸色境乃至善惡에 悉能微細分別하야 無所染著하고 於中에 自在名爲慧眼이요
어 제색경 내지 선악   실능미세분별   무소염착   어중   자재명위혜안

모든 물질적인 대상과 나아가 선악에 다 미세하게 분별하지만 염착되지 않아서 자
유로운 것을 혜안이라 한다.

見無所見이 名爲法眼이요 無見無無見이 名爲佛眼이니라.
견무소견   명위법안   무견무무견   명위불안

보지만 본 바가 없는 것을 법안이라 하고 보는 것도 없고 보는 것이 없는 것까지도
없는 것을 불안이라 한다.

대승과 최상승

又云 大乘最上乘[111] 其義云何오
우운 대승최상승　기의운하

또 묻길, 대승과 최상승의 뜻이 무엇입니까?

答 : 大乘[112] 者는 是菩薩乘이요 最上乘者[113]는 是佛乘이니라.
답 : 대승　자　시보살승　　최상승자　　시불승

111　『南宗頓教最上大乘摩訶般若波羅蜜經六祖惠能大師於韶州大梵寺施法壇經』권1 見聞讀誦是小乘, 悟法解義是中乘, 依法修行是大乘. 萬法盡通, 萬行俱備, 一切不離, 但離法相, 作無所得, 是最上乘, 最上乘是最上行義, 不在口諍, 汝須自修, 莫問吾也.(『대정장』권48, p.343, a11-15) 보고, 듣고 읽고 외는 것을 소승, 법을 깨닫고 뜻을 아는 것을 중승, 법에 의지해서 수행하는 것을 대승, 만법이 모두 통하고 만 가지 행이 다 구비되어 일체 모든 것을 여의지 않고 다만 법상을 여의고 얻을 바 없음을 짓는 것이 최상승이다. 최상승이 최상행의 뜻이니 입으로 다툼에 있지 않으니 그대는 반드시 스스로 수행해야지 나에게 묻지 말라.

112　大乘(대승)은 범어 mahāyāna를 번역한 말로서 摩訶衍那(마하연나), 摩訶衍(마하연)이라 음역한다. 광대한 乘物(승물)이란 뜻이다. 上衍, 上乘이라고도 하고 소승(hīna-yāna)을 성문승이라고 하는 것에 대하여 菩薩乘, 佛乘이라고도 한다. 乘은 타는 것(수레)이란 뜻으로 미혹의 此岸으로부터 깨달음의 彼岸에 이르게 하는 교법을 가리킨다. 소승은 自利를 목적으로 하여 4성제나 8정도를 닦아 아라한이 되는 것이지만 대승은 自利와 利他를 겸비한 6바라밀을 실천덕목으로 하여 부처가 되는 것이다. 그러나 대승의 보살은 부처가 되는 것이 목적이 아니고 이타의 보살행을 실천하는 것이 그들의 목적이다. 그렇기 때문에 그들은 자기를 제도하기 전에 남을 먼저 제도하는 것의 보살심을 일으켜 스스로 惡趣에 들어가기도 한다. 즉 대승은 열반의 적극적인 의미를 살려 자리와 이타의 양면을 동시에 실천하는 보살도이다.

113　最上乘(최상승)은 선종에서는 달마가 직접 전한 불법의 本義라는 뜻으로 사용되고 있는데 대승보다 위에 있는 가장 우수한 교법이란 뜻이다. 『金剛般若波羅蜜經』권1 須菩提！以要言之, 是經有不可思議, 不可稱量, 無邊功德. 如來為發大乘者說, 為發最上乘者說.(『대정장』권8, p.750, c12-14) 수보리야 요컨대 이 경은 불가사의하고 헤아릴 수 없고 한량없는 공덕이 있다. 여래께서는 대승심을 낸 사람을 위하여 설했으며 최상승심을 낸 사람을 위하여 설했다. 『妙法蓮華經』권3「藥草喻品5」若諸菩薩, 智慧堅固, 了達三界, 求最上乘, 是名小樹, 而得增長.(『대정장』권9, b13-15) 만약 모든 보살이 지혜가 견고하여 삼계를 요달하고 최상승을 구하는 것을 작은 나무라 하고 증장이 된다. 『大佛頂如來密因修證了義諸菩薩萬行首楞嚴經』권7 求最上乘決定成佛.(『대정장』권19, p.133, a18) 최상승은 결정코 부처를 이룬다. 『禪源諸詮集都序』권1 若頓悟自心本來清淨, 元無煩惱. 無漏智性本自具足. 此心即佛, 畢竟無異, 依此而修者, 是最上乘禪.(『대정장』권48, p.399, b16-19) 만약 자신의 마음이 본래 청정하고 원래 번뇌망념이 없으며 무루의 지혜를 본래 스스로 구족하고 있고, 이 마음이 곧 부처로서 결국 조금도 다름이 없다는 사실을 돈오하여 이것에 의거하여 수행한다면 이것이 최상승선이다.

답하길, 대승이란 보살승이고, 최상승은 불승이다.

又問 云何修而得此乘고
우문 운하수이득차승

또 묻길, 어떻게 수행해야 이 불법을 체득할 수 있습니까?

答 : 修菩薩乘者는 **卽是大乘**이라
답 : 수보살승자   즉시대승

답하길, 보살의 가르침을 수행하는 것이 대승이다.

證菩薩乘하야 **更不起觀**[114]하고 **至無修處**하야 **湛然常寂**하야
증보살승   갱불기관   지무수처   담연상적

보살의 가르침을 증득하여 다시 관할 생각을 일으키지 않고 수행할 곳이 없는 데에
이르러서 담연히 상적하여

不增不減이 **名最上乘**이니 **卽是佛乘也**니라
부증불감   명최상승   즉시불승야

늘어남도 줄어듦도 없는 것이 최상승이니 이것이 곧 불승이다.

---

114 觀(관)에는 두 가지 뜻이 있다. vicāra의 뜻이 있고, vipaśyanā의 뜻이 있다. 전자는 분석적인 사유작
용을 의미하고, 후자는 妄惑과 진리의 보편성을 관찰하여 체득하는 행법을 가리킨다.

선정과 지혜는 하나

問 : 涅槃經云 定多慧少[115]하면 不離無明이요
문 : 열반경운 정다혜소   불리무명

묻길, 『열반경』에 선정이 많고 지혜가 적으면 무명에서 벗어나지 못하고,

定少慧多하면 增長邪見이요 定慧等故로 卽名解脫이라하니 其義云何오.
정소혜다   증장사견   정혜등고   즉명해탈   기의운하

선정은 적고 지혜가 많으면 사견을 증장한다. 선정과 지혜가 동시에 작용하기 때문에 해탈이라 하는데 그 뜻이 무엇입니까?

答 : 對一切善惡하야 悉能分別이 是慧요
답 : 대일체선악   실능분별   시혜

답하길, 일체 모든 선악에 대하여 모두 분별하는 것은 지혜이다.

於所分別之處에 不起愛憎하며 不隨所染이 是定이니 卽是定慧等用也니라.
어소분별지처   불기애증   불수소염   시정   즉시정혜등용야

분별하는 곳에서 애증을 일으키지 않아 물듦에 따르지 않는 것이 선정이니 곧 선정과 지혜가 같이 작용하는 것이다.

---

115   『大般涅槃經』권30「師子吼菩薩品11」十住菩薩, 智慧力多, 三昧力少, 是故不得明見佛性. 聲聞緣覺, 三昧力多, 智慧力少, 以是因緣不見佛性. 諸佛世尊, 定慧等故, 明見佛性, 了了無礙, 如觀掌中菴摩勒果. (『대정장』권12, p.547, a12-16) 십주보살은 지혜의 힘이 강하고 삼매의 힘이 약하기 때문에 결코 명확히 불성을 볼 수 없다. 성문과 연각은 삼매의 힘이 강하고 지혜의 힘이 약하다. 이런 이유 때문에 불성을 볼 수 없다. 제불세존은 선정과 지혜가 평등하기 때문에 명확히 불성을 볼 수 있는 것이 분명하고 분명하게 걸림이 없는 것이 손바닥에 암마륵과(菴甘子)를 보는 것과 같다.

거울에 비친 모습과 선정 지혜

又問 : 無言無說이 卽名爲定이라 하니 正言說之時에 得名定否아.
우문 : 무언무설　즉명위정　　　정언설지시　득명정부

또 묻길, 말도 없고 설함도 없는 것을 선정이라 하니 바로 말하고 설할 때에 선정이라 합니까?

答 : 今言定者는 不論說與不說常定이니
답 : 금언정자　불론설여불설상정

답하길, 지금 선정이라 한 것은 설할 때나 설하지 않을 때를 막론하고 항상 선정인 것이다.

何以故오 爲用定性일새 言說分別時에 卽言說分別도 亦定이니라.
하이고　위용정성　언설분별시　즉언설분별　역정

왜냐하면 선정의 본성이 작용하고 있기에 말하거나 분별할 때 말하거나 분별도 또한 선정이다.

若以空心으로 觀色時엔 卽觀色時도 亦空이며
약이공심　관색시　즉관색시　역공

만약 마음을 비우고 물질을 관찰할 때 곧 물질을 관찰하는 것도 역시 공이다.

若不觀色不說不分別時도 亦空이며 乃至見聞覺知도 亦復如是니라.
약불관색불설부분별시　역공　내지견문각지　역부여시

만약 물질을 관찰하지도 않고 설하지도 않고 분별하지도 않을 때도 역시 공이며 심지어 보고 듣고 깨달아 알 때도 역시 그렇다.

何以故오 爲自性空하야 卽於一切處悉空이니
하이고　위자성공　　즉어일체처실공

왜냐하면 자성이 공하면 일체 모든 곳에서도 전부 공한 것이다.

空卽無著이요 無著이 卽是等用이라.
공즉무착　　무착　즉시등용

공하면 집착이 없고 집착이 없으면 선정과 지혜가 동시에 작용한다.

爲菩薩이 常用如是等空之法하야 得至究竟이니 故云定慧等者는 卽名解脫也니라.
위보살　상용여시등공지법　　득지구경　　고운정혜등자　즉명해탈야

보살은 이와 같이 항상 허공과 같이 법을 사용하기 때문에 구경각에 이르게 된다. 그러므로 선정과 지혜를 동등하게 쓰는 것을 해탈이라 한다.

今更爲汝譬喩顯示하야 令汝惺惺得解斷疑하리라.
금갱위여비유현시　　령여성성득해단의

지금 다시 그대를 위하여 비유를 들어 보여 그대로 하여금 분명하게 깨달아 알게 하여 의심이 끊어지도록 하겠다.

譬如明鏡照像之時에 其明이 動否아 不也니라.
비여명경조상지시　기명　동부　불야

비유하면 마치 밝은 거울에 대상이 비칠 때 그 밝음이 움직이는가? 움직이지 않는다.

不照時에 亦動否아 不也니라.
부조시　역동부　불야

비추지 않을 때 또한 움직이는가? 움직이지 않는다.

何以故오 **爲明鏡**[116] **用**하되 **無情**[117] **明照**일새

하이고　위명경　용　무정　명조

왜냐하면 밝은 거울의 작용은 생각 없이 밝게 비추기 때문이다.

所以照時도 **不動**이며 **不照**하야도 **亦不動**이니라.

소이조시　부동　부조　역부동

그러므로 비출 때도 움직이지 않고 비추지 않을 때도 또한 움직이지 않는다.

何以故오 **爲無情之中**에 **無有動者**며 **亦無不動者**니라

하이고　위무정지중　무유동자　역무부동자

왜냐하면 분별의 생각이 없는 데도 움직이는 것이 없기에 또한 움직이지 않는 것도 없다.

又如日光이 **照世之時**에 **其光**이 **動否**아 **不也**니라.

우여일광　조세지시　기광　동부　불야

또 마치 태양의 빛이 세상을 비출 때 그 빛이 움직이는가? 움직이지 않는다.

116　밝은 거울의 작용을 우리의 마음에 비유한 것이다. 거울의 두 가지 작용 가운데 하나는 대상을 있는 그대로 분별하지 않고 비추어 주는 것이고, 또 하나는 거울의 비추는 작용은 대상이 앞에 나타날 때만 비추는 것이 아니라 대상의 유무에 상관하지 않고 항상 비추는 것이다. 대상이 앞에 나타날 때 그 대상을 비추는 것은 당연하지만 대상이 없을 때도 항상 그 비추는 작용이 如如한 것을 거울의 묘용이라 한다. 또 이와 같이 신령스럽게 작용하는 거울을 靈鏡이라고 한다. 『大乘起信論』권1 復次, 覺體相者, 有四種大義, 與虛空等, 猶如淨鏡. (『대정장』권32, p.576, c20-21) 다시 또 깨달음의 본체의 모습이란 4가지 큰 뜻이 있으니 허공과 같아서 비유하면 맑은 거울과 같다.

117　유정은 마음을 가지고 있는 것이라고 한다면 무정은 마음의 작용이 없는 초목 산하대지 등의 물질적 존재를 말한다. 그러나 대주혜해는 무정을 이와 같은 의미로 쓴 것이 아니고 분별의식이 없는 의미로 무정을 독특하게 사용하고 있다. 즉 그는 분별의 번뇌망념이 없는 無心과 같은 의미로 쓴 것이다. 거울의 비추는 작용이 변함이 없는 것은 무정하게 비추기 때문이다. 動과 不動을 초월한 상태를 무정으로 본 것이다.

若不照時에 **動否**아 **不也**니라.
약부조시   동부   불야

만약 비추지 않을 때 움직이는가? 움직이지 않는다.

何以故오 **爲光無情故**로 **用無情光照**일새 **所以不動**이며 **不照亦不動**이니라.
하이고   위광무정고   용무정광조   소이부동   부조역부동

왜냐하면 빛은 생각이 없는 까닭으로 생각이 없이 비추는 작용을 하니 그래서 움직이지 않는 것이며 비추지 않을 때도 또한 움직이지 않는다.

照者는 **是慧**요 **不動者**는 **是定**이니
조자   시혜   부동자   시정

비추는 것은 지혜요, 움직이지 않는 것은 선정이다.

菩薩이 **用是定慧等法**하야 **得三菩提**이라
보살   용시정혜등법   득삼보리

보살이 선정과 지혜를 같이 법을 쓰면 삼보리를 체득하는 것이다.

故云定慧等用이 **卽是解脫也**니 **今言無情者**는 **無凡情**이요 **非無聖情也**니라.
고운정혜등용   즉시해탈야   금언무정자   무범정   비무성정야

그러므로 선정과 지혜가 동시에 작용하는 것을 해탈이라 한다. 지금 생각이 없다는 것은 범부의 생각이 없다는 것이지 성인의 생각이 없는 것은 아니다.

問 : **云何是凡情**이며 **云何是聖情**고
문 : 운하시범정   운하시성정

묻길, 무엇이 범부의 생각이고 무엇이 성인의 생각입니까?

答 : 若起二性하면 卽是凡情이요 二性空故로 卽是聖情이니라.
답 : 약기이성　　즉시범정　　이성공고　　즉시성정

답하길, 만약 상대적인 다른 견해를 일으키면 범부의 생각이고 상대적인 다른 견해
가 없으므로 성인의 생각이다.

언어가 끊어지고 번뇌망념이 없어짐

問 : 經云[118] 言語道斷心行處滅[119]이라 하니 其義如何오
문 : 경운　언어도단심행처멸　　　　　기의여하

묻길, 경에 언어의 길이 끊어지고 마음이 작용하는 곳이 없다고 했는데 그 뜻이 무엇입니까?

答 : 以言顯義에 得義言絶[120]하야 義卽是空이요 空卽是道라
답 : 이언현의　득의언절　　　의즉시공　　　공즉시도

답하길, 말로써 뜻을 나타냄에 뜻을 얻으면 말이 끊어져야 뜻은 곧 공이고 공이 곧 도이다.

道卽是絶言하여 故云言語道斷이니라.
도즉시절언　　　고운언어도단

도는 곧 말이 끊어졌기에 그러므로 언어의 길이 끊어졌다고 한다.

---

118 『大智度論』권1 「序品1」過一切語言道, 心行處滅. (『대정장』권25, p.61, b7-8). 『菩薩瓔珞本業經』권2 「因果品6」心行處滅其處難量. (『대정장』권24, p.1019, c23-24)

119　이 두 구는 주로 성구를 이루는데 그 취지는 진리는 깊고도 오묘하여 말할 수 없고 생각할 수도 없는 것이라는 뜻이다. 즉 우주의 진리는 말길이 끊어졌으므로 말할 수 없고 사량분별로써 미칠 바가 아니기 때문에 생각이 멸했다는 것이다. 환언하면 언어도단이란 깨달음의 세계는 언어나 사량분별 상에는 없고 체험에 의해서만 가능하다는 뜻이고 심행처멸이란 마음의 흔적조차도 없다는 의미이다. 『黃檗山斷際禪師傳心法要』권1 默契而已, 絶諸思議. 故曰言語道斷心行處滅. (『대정장』권48, p.380, b13-14) 묵연히 계합할 뿐이며 모든 사량이 끊어져 있다. 그러므로 언어의 길이 끊어졌다고 하고 마음의 작용이 멸했다고 한다.

120　『장자』「외물편」에 의미를 얻으면 말을 잊는다(得意忘言)고 했고 왕필의 『周易略例』「明象」에 뜻을 얻으면 형상을 잊어야 한다(得意在忘象), 형상을 얻으면 말을 잊어야 한다(得象在忘言)고 했으며, 『주역』에 말은 그 뜻을 다 드러내지 못하고(言不盡意), 모양을 세워 의미를 다 한다(立象盡義)고 한 말이 있다.

心行處滅은 **謂得義實際更不起觀**이니 **不起觀故**로 **卽是無生**이라

심행처멸　위득의실제갱불기관　　불기관고　즉시무생

마음의 작용이 없다는 것은 의미의 실상을 체득했기에 다시 관찰하는 마음을 내지 않는 것이니 관찰하는 마음이 일어나지 않는 까닭으로 곧 생함이 없는 것이다.

以無生故로 **卽一切色性空**이니 **色性空故**로 **卽萬緣**[121]이 **俱絶**이요

이무생고　즉일체색성공　　색성공고　즉만연　　구절

생함이 없는 까닭으로 모든 물질의 본질이 공한 것이니 물질의 본성이 공한 까닭으로 만 가지 인연이 모두 끊어지는 것이다.

萬緣俱絶者는 **卽是心行處滅**이니라.

만연구절자　즉시심행처멸

만 가지 인연이 다 끊어졌다는 것은 곧 마음이 작용하는 곳이 없다는 것이다.

121　緣(연)은 心과 心所가 對境을 향하여 작용하면서 그 모습을 취하는 것을 緣한다. 攀緣한다, 고 한다. 즉 마음이 반연하여 분별하는 心의 緣慮를 의미한다. 이 때 심식은 스스로 緣하기 때문에 能緣이라 하고 대상은 심식에 의하여 반연되어 지는 것이기 때문에 所緣이라 한다.

여여란

問 : 如如[122]**者는 云何오**
문 : 여여 자 운하

묻길, 여여는 무엇입니까?

---

122 『勝天王般若波羅蜜經』권2 「法界品3」勝天王白佛 : 世尊！何等為法界？佛告勝天王言 : 大王！即
是如實. 世尊！云何如實？大王！即不變異. 世尊！云何不異？大王！所謂如如. 世尊！云何如如？大
王！此可智知, 非言能說. 何以故？過諸文字, 離語境界, 口境界故. 無諸戲論, 無此無彼, 離相無相遠離
思量, 過覺觀境無想無相, 過二境界, 過諸凡夫, 離凡境界, 過諸魔事, 能離障惑, 非識所知, 住無處所. (『대
정장』권8, p.694, a7-15)
승천왕이 부처님께 사뢰길, 세존이시여, 어떻게 법계와 같이 될 수 있습니까? 부처님께서 승천왕에게 말씀하
시길, 대왕이여, 바로 여실하면 됩니다. 세존이시여, 여실한 것이 어떤 것입니까? 대왕이여, 변하지 않는 것입
니다. 세존이시여, 무엇이 변하지 않는 것입니까? 대왕이여, 말하자면 여여한 것입니다. 세존이시여, 무엇이
여여한 것입니까? 대왕이여, 이것은 지혜로써 알 수 있는 것일 뿐 언어로써 설명할 수 있는 것이 아닙니다. 왜
냐하면 여여는 모든 문자를 초월해 있고 피차가 없으며, 相과 無相을 떠나 있고, 사량을 멀리하고 각관의 경
계까지도 초월하고 생각도 모양도 없으며, 두 가지 경계를 초월했으며, 모든 범부를 초월했고, 범부의 경계도
여의였으며 모든 마구니 일도 초월했으며 의혹의 장애도 여의었고, 인식으로 아는 바가 아니고 머무는 처소
도 없는 것입니다.

答 : 如如是不動義¹²³니 心眞如¹²⁴ 故名如如也니라.

답 : 여여시부동의　　　심진여　　고명여여야

답하길, 여여는 부동의 뜻으로 마음의 진여이기 때문에 여여라 한다.

是知過去諸佛行此行하야 亦得成道며 現在佛行此行하야 亦得成道며

시지과거제불행차행　　　역득성도　　현재불행차행　　　역득성도

과거의 모든 부처들도 이 행을 행하여 도를 이루었으며 현재의 부처도 이 행을 행하여 또한 도를 이루었음을 알라.

未來佛行此行하야 亦得成道니 三世所修證道無異니 故名如如也니라

미래불행차행　　　역득성도　　삼세소수증도무이　　고명여여야

미래의 부처도 이 행을 행하여 역시 불도를 이루었으니 삼세를 닦아서 증득한 바의 도가 다르지 않기 때문에 여여라 한다.

123　여여는 범어 tathatā를 번역한 것이다. 그와 같은 것, 본래 그러한 것의 의미를 가진 말로서 사물의 진실된 실상을 가리킨다. 如는 만유제법의 이체는 평등하고 동일하다는 뜻이다. 『金剛般若波羅蜜經』권1 云何為人演說? 不取於相, 如如不動, 何以故? 一切有爲法, 如夢幻泡影, 如露亦如電, 應作如是觀. (『대정장』권8, p.752, b26-29) 어떻게 하면 사람을 위하여 연설하는 것입니까? 모양에 취하지 않고 여여하여 움직이지 않는 것이다. 왜냐하면 일체 모든 유위법은 꿈, 허깨비, 물거품, 그림자와 같고, 이슬과 같으며 또한 번개와 같기에 응당히 이와 같이 관찰해야 한다.

124　『大乘起信論』권1 心眞如者, 即是一法界大總相法門體. 所謂心性不生不滅. (『대정장』권32, p.576, a8-9) 마음의 진여는 근원적인 실상세계의 본체이다. 이른바 그 심성은 생함도 없고 멸함도 없다.
『大乘起信論』권1 是故一切法從本已來, 離言說相, 離名字相, 離心緣相, 畢竟平等, 無有變異, 不可破壞. 唯是一心故名眞如. (『대정장』권32, p.576, a10-13) 모든 법은 본래부터 말로 설명할 수 없고, 이름을 붙일 수 없으며, 분별을 떠나 있고, 구경에 평등하며, 변화가 없고, 파괴할 수 없으며, 오직 근원적인 한 마음이기 때문에 진여라 한다.

維摩經云[125] **諸佛**도 **亦如也**며 **至於彌勒**도 **亦如也**며
유마경운　제불　역여야　지어미륵　역여야

乃至一切衆生도 **悉皆如也**니
내지일체중생　실개여야

『유마경』에 모든 부처님도 또한 그러하며, 미륵불에 이르기까지 또한 그러하며 심지어 일체중생도 모두 다 그러하다고 했다.

何以故오 **爲佛性**이 **不斷有性故也**니라.
하이고　위불성　부단유성고야

왜냐하면 불성이 끊어지지 않는 본성이 있기 때문이다.

125　『維摩詰所說經』권1「菩薩品4」一切衆生皆如也. 一切法亦如也. 衆聖賢亦如也. 至於彌勒亦如也.
若彌勒得受記者, 一切衆生亦應受記. 所以者何？夫如者不二不異, 若彌勒得阿耨多羅三藐三菩提者, 一
切衆生皆亦應得. (『대정장』권14, p.542, b12-16) 일체중생도 그러하고, 일체법도 그러하며, 여러 현성도 또
한 그러하며, 미륵에 이르기까지 또한 그러하다. 만약 미륵이 수기를 받으면 일체중생도 또한 마땅히 수기를
받는다. 왜냐하면 대저 여란 둘이 아니고 다르지 않기에 만약 미륵이 아뇩다라삼먁삼보리를 체득했으면 일체
중생도 모두 또한 아뇩다라삼먁삼보리를 응당 체득하는 것이다.

색에 즉하고 공에 즉함

問 : 卽¹²⁶色卽空하고 卽凡卽聖이 是頓悟否아
문 : 즉 색즉공 즉범즉성 시돈오부

묻길, 물질도 둘이 아니고 공도 둘이 아니며 범부도 둘이 아니고 성인도 둘이 아닌 것이 돈오입니까?

答 : 是니라.
답 : 시

답하길, 그렇다.

問 : 云何是卽色卽空이며 云何是卽凡卽聖고
문 : 운하시즉 색즉공 운하시즉범즉성

묻길, 어떤 것이 물질에 둘도 아니고 공도 둘이 아니며 어떤 것이 범부도 둘이 아니고 성인도 둘이 아닌 것입니까?

---

126 사명지례(960-1028)의 『十不二門指要鈔』권2에 현상계인 事와 본체계인 理가 둘이 아니고 하나인 것을 卽이라 하고, 사와 이가 다른 것을 離라 한다. 고 한다. 『十不二門指要鈔』권1 應知今家明卽永異諸師, 以非二物相合, 及非背面相翻, 直須當體全是方名爲卽. (『대정장』권46, p.707, a28-29) 이 종파에서 모든 스승들이 영원히 다름을 밝혀 놓은 것을 알아야 한다. 두 가지 물질을 서로 합해놓은 것도 아니고, 뒤와 앞을 서로 뒤집어 놓은 것도 아니고, 곧바로 전체이여서 바야흐로 즉이라 한다. 길장(549-623)의 『大乘玄論』권1 第一義諦卽是世諦, 此直道卽作不相離. (『대정장』권45, p.21, c8-9) 제일의제는 곧 세제인데 이는 곧바로 즉을 말하는데 서로 여의지 않음이다.

答：**心有染**이 **卽色**이요 **心無染**이 **卽空**이며 **心有染**이 **卽凡**이요
답：심유염　즉색　　심무염　즉공　　심유염　즉범

心無染이 **卽聖**이니라.
심무염　즉성

답하길, 마음에 물듦이 있으면 색이고, 마음에 물듦이 없으면 공이다. 마음에 물듦이 있으면 범부이고, 마음에 물듦이 없으면 성인이다.

又云 眞空妙有故[127]로 **卽色**이요 **色不可得故**로 **卽空**이니
우운 진공묘유고　　즉색　색불가득고　즉공

또 이르길, 진공묘유이기 때문에 색이고, 색은 얻지 못하는 까닭으로 공이다.

127　천태지의 『仁王護國般若經疏』권3 「觀空品2」 問, 眞空妙有云何. 答, 動卽寂眞空也. 寂卽動妙有也. 眞空故非常, 妙有故非斷. 眞空不住生死, 妙有不住涅槃. 妙有故能起大悲, 眞空故能生大慈. (『대정장』권 33, p.265, c18-21) 묻길, 진공묘유는 어떠합니까? 답하길, 움직임이 고요하면 진공이다. 고요하면 묘유가 움직인 것이다. 진공은 그러므로 항상하지 않고 묘유는 단절되지 않는다. 진공은 생사에 머물지 않고 묘유는 열반에도 머물지 않는다. 묘유는 대비심을 일으키고 진공은 대자비심을 낸다. 『銷釋金剛經科儀會要註解』 권9 眞空妙有者無量義經云, 顯示一事一理, 一動一靜之中, 莫不具無量義. 五蘊卽涅槃, 妙有卽眞空也. 涅槃卽五蘊眞空卽妙有也. (『속장경』권24, p.753, b6-9) 진공묘유란 『무량의경』에 이르길, 하나의 일에 하나의 이치를 나타내 보이고 하나의 움직임과 하나의 조용함 가운데 무량의를 갖추지 않음이 없다. 오온이 곧 열반이고 묘유가 곧 진공이다. 열반이 곧 오온의 진공이고 묘유이다. 『五敎章通路記』권23에 진공묘유란 여러 가지 조건에 의존하기 때문에 실체가 없는 공인 동시에 공하기 때문에 임시로 존재하는 有로서 그 존재성을 인정한다. 고 한다. 즉 진공이기 때문에 연기의 제법이 宛然하고 묘유이기 때문에 인과의 만법이 一如하다는 입장을 취한 것이다. 또 진공은 마음의 본체가 공적한 것을 가리키고 묘유는 공적체상에 항사의 묘용, 즉 불성의 지혜가 작용하고 있는 것을 가리킨다. 대주는 진공과 묘유 중에서 묘유에 중점을 두고 있다.

今言空者는 **是色性**이 **自空**이요 **非色滅空**[128]이며
금언공자　시색성　자공　　비색멸공

지금 말하는 공이라는 것은 물질의 본성 그 자체가 공한 것이지 물질이 없어져 공한 것은 아니다.

今言色者는 **是空性自色**이요 **非色能色也**[129]니라.
금언색자　시공성자색　　비색능색야

지금 말하는 색이라는 것은 공한 성질 그 자체가 색이지 색이 색인 것은 아니다.

128　『維摩詰所說經』권2「入不二法門品9」喜見菩薩曰 : 色, 色空為二. 色即是空, 非色滅空, 色性自空. (『대정장』권14, p.551, a19-20) 희견보살이 말하길, 물질과 물질의 공이 둘이지만 물질이 곧 공인 것이지 물질이 멸하여 공이 되는 것은 아니며 물질의 본성 그 자체가 공한 것이다.

129　『肇論』권1「不真空論」夫言色者, 但當色即色, 豈待色色而後為色哉？此直語色不自色, 未領色之 非色也. (『대정장』권45, p.152, a17-19) 대저 색이란 것은 다만 색이 바로 색인 것이지 어찌 색이 색으로 인 식되기를 기다린 후에 색이 되겠는가? 이는 색이 스스로 색이라고 여기지 않는 것만 직선적으로 말했을 뿐 색 그 자체가 색이 아님을 알지 못하였다.

다함과 다함이 없음

問 : 經云[130] **盡無盡法門如何**오
문 : 경운　진무진법문여하

묻길, 경에 다함과 다함이 없음의 법문은 무슨 뜻입니까?

答 : 爲二性空故로 **見聞無生**[131]이 **是盡**이니 **盡者**는 **諸漏**[132] **盡**이요
답 : 위이성공고　견문무생　　시진　　진자　　제루　진

답하길, 상대의 성품이 공하기 때문에 보고 들음이 생기지 않는 것이 다함이니 다함이란 모든 번뇌가 다한 것이다.

無盡者는 **於無生體中**에 **具恒沙妙用**[133]하야 **隨事應現**하야
무진자　어무생체중　구항사묘용　　　수사응현

悉皆具足하야
실개구족

---

130 『維摩詰所說經』권3 「菩薩行品11」 佛告諸菩薩 : 有盡無盡解脫法門, 汝等當學. 何謂爲盡? 謂有爲法, 何謂無盡? 謂無爲法. 如菩薩者, 不盡有爲, 不住無爲. (『대정장』권14, p.554, b3-6) 부처님이 여러 보살에게 말씀하시길, 다하고 다하지 않는 해탈법문이 있다. 그대들은 마땅히 이 법문을 배워야 한다. 무엇을 다함이라 하는가? 유위법을 말하는 것이다. 무엇을 다하지 않음이라 하는가? 무위법을 말하는 것이다. 보살들은 유위법에도 다하지 않아야 하고 무위법에도 머무르지 않아야 한다.

131 견문각지의 지각작용이 전부 실체가 없어서 공하다는 뜻이다.

132 漏(루)는 범어 āsrava를 번역한 것으로 漏泄(루설)의 뜻이다. 번뇌의 다른 이름이다. 범부는 항상 6식의 감각기관으로부터 번뇌가 새어 나오기 때문에 번뇌를 漏라고 한다.

133 『大乘起信論』권1 眞如者, 依言說分別有二種義. 云何爲二? 一者, 如實空, 以能究竟顯實故. 二者, 如實不空, 以有自體, 具足無漏性功德故. (『대정장』권32, p.576, a24-26) 진여란, 언설에 의하여 분별하면 두 가지의 뜻이 있다. 무엇이 두 가지 인가? 하나는 진실공이다. 이는 능히 구경에 실상(공적)을 드러내기 때문이다. 다른 하나는 여실불공이다. 이는 자체에 무루성의 공덕을 구족하고 있기 때문이다.

다함이 없는 것은 생함이 없는 본체에 항하사와 같은 불가사의한 지혜작용을 갖추고 있어 일에 따라 응하여 나타나 모두 다 구족하고 있지만

於本體中에 **亦無損減**이 **是名無盡**이니 **卽是盡無盡法門也**니라.
어 본 체 중   역 무 손 감   시 명 무 진   즉 시 진 무 진 법 문 야

본체에는 또한 감소함이 없으니 다함이 없음이라 하니 곧 다함과 다함이 없는 법문이다.

問 : **盡與無盡**이 **爲一**가 **爲別**가
문 : 진 여 무 진   위 일   위 별

묻길, 다함과 다함이 없음은 하나입니까, 다릅니까?

答 : **體是一**이나 **說卽有別**이니라.
답 : 체 시 일   설 즉 유 별

답하길, 본체는 하나이나 설명하면 곧 다르다.

問 : **體旣是一**인댄 **云何說別**고
문 : 체 기 시 일   운 하 설 별

묻길, 본체가 이미 하나인데 무엇이 다르다고 말씀하십니까?

答 : **一者**는 **是說之體**요 **說是體之用**이니 **爲隨事應用故**로 **云體同說別**이니라.
답 : 일 자   시 설 지 체   설 시 체 지 용   위 수 사 응 용 고   운 체 동 설 별

답하길, 하나는 본체를 말하는 것이요, 말하는 것은 본체의 작용이니 일에 따라 응하여 작용하는 까닭으로 본체는 하나이고 말할 때는 다르다고 하는 것이다.

喩如天上一日下에 置種種盆器盛水하면 一一器中에 皆有於日하야
유여천상일일하　치종종분기성수　　일일기중　　개유어일

비유하면 하늘 위 하나의 태양 아래 여러 가지 그릇에 물을 담아 두면 하나하나의
그릇 속에 모두 태양이 있는 것과 같이

諸器中日이 悉皆圓滿하야 與天上日로 亦無差別이라 故云體同이요
제기중일　　실개원만　　여천상일　　역무차별　　고운체동

모든 그릇 속에 태양이 모두 다 충분히 가득 차 하늘 위 태양과 또한 차별이 없다.
그러므로 본체가 하나라고 하는 것이다.

爲隨器立名하야 卽有差別일새 所以有別이니라.
위수기립명　　즉유차별　　소이유별

그릇에 따라 이름을 세우니 곧 차별이 있기에 그러므로 차별이 있다고 한다.

故云體同이나 說卽有別이라
고운체동　　설즉유별

그러므로 본체는 하나나 말하면 차별이 있다고 하는 것이다.

所現諸日이 悉皆圓滿하야 於上本日에 亦無損滅이라 故云無盡也니라.
소현제일　　실개원만　　어상본일　　역무손멸　　고운무진야

그릇에 나타난 모든 태양이 모두 다 원만하여 하늘의 본래 태양과 역시 줄어 없어짐
이 없다. 그러므로 다함이 없다고 하는 것이다.

나지도 없어지지도 않음

問 : 經云[134] **不生不滅**[135] 이라 하니 **何法不生**이며 **何法不滅**고
문 : 경운　　불생불멸　　　　　하법불생　　　하법불멸

묻길, 경에 생겨나지도 않고 없어지지도 않는다고 했는데 어떤 법이 생겨나지도 않고 어떤 법이 없어지지도 않습니까?

答 : **不善**이 **不生**이요 **善法**이 **不滅**이니라.
답 : 불선　　불생　　선법　　불멸

답하길, 좋지 않음이 생겨나지 않으며, 좋은 법이 없어지지 않는다.

問 : **何者善**이며 **何者不善**고
문 : 하자선　　　하자불선

묻길, 무엇이 좋은 법이며, 무엇이 좋지 않은 법입니까?

答 : **不善者**는 **是染漏心**이요 **善法者**는 **是無染漏心**이니
답 : 불선자　　시염루심　　　선법자　　시무염루심

답하길, 좋지 않은 법은 물들어 새는 마음이고, 좋은 법은 물들어 새지 않는 마음이다.

134　『維摩詰所說經』권2 「觀衆生品7」 又問 : 欲除煩惱, 當何所行？ 答曰 : 當行正念. 又問 : 云何行於正念？ 答曰 : 當行不生不滅. 又問 : 何法不生？ 何法不滅？ 答曰 : 不善不生, 善法不滅. (『대정장』권14, p.547, c13-16) 또 문수가 묻길, 번뇌를 없애고자 하면 마땅히 어떤 행을 행하여야 합니까? 유마힐 말하길, 올바른 생각을 행해야 한다. 또 묻길, 어떻게 하는 것이 올바른 생각을 행하는 것입니까? 답하길, 마땅히 나지도 않고 없어지지도 않는 행을 행하는 것이다. 또 묻길, 어떤 법이 나지도 않으며 어떤 법이 멸하지도 않는 것입니까? 답하길, 나쁜 법이 나지 않고 좋은 법이 멸하지 않는 것이다.

135　『반야경』에서 말하는 불생불멸은 모든 존재는 근원적으로 공하기 때문에 생하지도 않고 멸하지도 않는다고 한다. 또 모든 존재에는 고정불변한 실체가 없기 때문에 불생불멸이라고도 한다. 즉 無自性空이기 때문에 불생불멸한다는 뜻이다.

但無染無漏하면 **卽是不善不生**이며
단무염무루　　즉시불선불생

다만 물듦도 없고 샘도 없으면 곧 좋지 않은 법이 생겨나지도 않는다.

得無染無漏時에 **卽淸淨圓明**하야 **湛然常寂**하야 **畢竟不遷**[136]일새
득무염무루시　　즉청정원명　　담연상적　　필경불천

是名善法不滅也니
시명선법불멸야

물듦도 없고 샘도 없을 때 청정하고 원명하며 담연히 상적하여 필경에 옮겨가지 않는 것이 좋은 법이 없어지지 않는다고 한다.

此卽是不生不滅이니라.
차즉시불생불멸

이것이 곧 생겨나지도 않고 없어지지도 않는 것이다.

136　『肇論』권1 道行云 : 諸法本無所從來, 去亦無所至.《中觀》云 : 觀方知彼去, 去者不至方. 斯皆卽動 而求靜, 以知物不遷, 明矣. (『대정장』권45, p.151, a20-22)『도행반야경』에 이르길, 모든 법은 본래 과거에 서 현재로 흘러 온 유래가 없으며 현재가 과거로 흘러간다 해도 도달할 대상이 없다고 했으며, 『중관』에 이르 길, 갈 방향을 관찰하고 그가 간다는 것을 알지만 가는 사람은 끝내 그 방향에 이르지 못한다. 라고 했다. 이는 모두가 제법의 움직임에 나아가서 고요함을 찾은 것이다. 이로써 사물은 천류하지 않는다는 것을 분명히 알 수 있다.

부처님의 계는 청정한 마음

問 : 菩薩戒云[137] 衆生이 受佛戒하면 即入諸佛位라
문 : 보살계운　중생　수불계　　즉입제불위

묻길, 『보살계(범망경)』에 중생이 부처님의 계를 수지하면 곧 모든 부처님의 지위에 들어가니

位同大覺[138] 已하야 眞是諸佛子라하니 其義云何오
위동대각　　이　진시제불자　　　기의운하

지위가 대각과 같아서 진실로 모든 부처님의 아들이다, 라고 했는데 그 뜻이 어떠합니까?

答 : 佛戒者는 淸淨心[139]이 是也니 若有人이
답 : 불계자　청정심　　시야　약유인

답하길, 부처님의 계라는 것은 청정한 마음이니 만약 어떤 사람이

---

137 『梵網經』권2 一切有心者, 皆應攝佛戒, 衆生受佛戒, 即入諸佛位. (『대정장』권24, p.1004, a19-21) 일체의 모든 마음 있는 것은 모두 응당히 부처님의 계를 섭수하니 중생이 부처의 계를 받으면 제불의 자리에 든다.

138 大覺(대각)은 자신도 깨닫고 남도 깨닫게 하는 (自覺覺他) 부처의 깨달음을 말한다.

139 淸淨心(청정심)은 번뇌가 없는 공적심을 가리킨다. 주객이 완전히 끊어져 無二智를 가진 마음이다.

發心하야 **修行清淨行**하야 **得無所受**[140] **心者**[141]는 **名受佛戒也**니라.
발심   수행청정행   득무소수   심자   명수불계야

발심하여 청정한 행을 닦아서 받은 바 없는 마음을 체득하면 부처님의 계를 받았다
고 한다.

過去諸佛이 **皆修淸淨無受行**하야 **得成佛道**하니
과거제불   개수청정무수행   득성불도

과거의 모든 부처님들도 다 청정히 받은 바 없는 행을 닦아서 불도를 이루었다.

今有에 **時人**이 **發心修無受淸淨行者**는 **卽與佛功德等用**하야 **無有異也**니라.
금유   시인   발심수무수청정행자   즉여불공덕등용   무유이야

지금 어떤 사람이 발심하여 받음이 없는 청정한 행을 닦으면 부처님의 공덕과 같이
작용하여 다름이 없다.

故云入諸佛位也니 **如是悟者**는 **與佛悟同**이라
고운입제불위야   여시오자   여불오동

그러므로 모든 부처님의 지위에 들어간다고 한 것이다. 이와 같이 깨달은 자는 부처
님의 깨달음과 한가지다.

故云位同大學已하야 **眞是諸佛子**라하니
고운위동 대학 이   진시제불자

그러므로 지위가 대각과 같아서 진실로 모든 부처님의 아들이라 한 것이다.

---

140   受(수)는 범어 vedanā를 번역한 말이다. 심소중의 하나이며 오온중의 하나이다. 외계의 대상을 받아들
여 고락과 快不快 등의 감수작용을 하는 것을 수라 한다. 여기서는 마음의 작용을 말하고 있다.

141   받은 바가 없는 마음은 곧 반야의 無二智心이다. 뒤에 나오는 淸淨無所行과 無受淸淨行은 같은 의미
이다.

從清淨心生智[142]**하야 智淸淨이 名爲諸佛子며 亦名此佛子**[143]니라.

종 청정심생지   지청정   명위제불자   역명차불자

청정한 마음으로부터 지혜가 생기며 지혜가 청정하면 모든 부처님의 아들이라 하고
또한 이를 부처님의 아들이라 한다.

---

142 『大方廣圓覺修多羅了義經』권1 辯音汝當知, 一切諸菩薩, 無礙淸淨慧, 皆依禪定生. (『대정장』권
17, p.919, a20-22) 변음 그대는 마땅히 알아라. 일체의 모든 보살은 걸림이 없는 청정한 지혜는 모두 선정에
의지해서 생긴다.

143 여기서 此는 부처님의 아들임을 강조하는 조사이다.

부처가 먼저인가, 법이 먼저인가

問 : 只是佛之與法이 爲是佛在先가 爲是法在先[144]가
문 : 지시불지여법　위시불재선　위시법재선

묻길, 예를 들어 부처와 법에서 부처가 먼저입니까, 법이 먼저입니까?

若法在先이면 法是何佛所說이며 若佛在先이면 承何敎而成道오.
약법재선　　법시하불소설　　약불재선　　승하교이성도

만약 법이 먼저라면 법은 어떤 부처님이 설하신 것이며, 만약 부처가 먼저라면 어떤 가르침을 이어서 도를 이루었습니까?

答 : 佛은 亦在法先이며 亦在法後니라.
답 : 불　역재법선　　역재법후

답하길, 부처는 또한 법보다 먼저 있기도 하고 또한 법보다 뒤에 있기도 한다.

問 : 因何佛法先後오
문 : 인하불법선후

묻길, 어떤 인연으로 부처와 법에 앞뒤가 있습니까?

144　『圓覺經大疏釋義鈔』권5 涅槃云, 諸佛之師 所謂法也. 以法常故, 諸佛亦常. (『속장경』권9, p.574, a20-21) 『대반열반경』에 이르길, 제불의 스승은 법을 이르는 바이다. 법이 항상함으로 제불 또한 항상하다.

答 : 若據寂滅法[145]이면 是法先佛後요

답 : 약 거 적멸법   시법 선불후

답하길, 만약 적멸법에 의거하면 법이 먼저이고 부처가 뒤이다.

若據文字法이면 是佛先法後니

약 거 문자법   시불 선법후

만약 문자법에 의거하면 부처가 먼저이고 법이 뒤이다.

何以故오 一切諸佛이 皆因寂滅法而得成佛일새 即是法先佛後니

하이고   일체제불   개인적멸법이득성불   즉시법선불후

왜냐하면 일체의 모든 부처님이 다 적멸법을 인연하여 성불할 수 있었기에 법이 먼저이고 부처가 뒤이다.

經云[146] 諸佛所師는 所爲法也니라.

경운   제불소사   소위법야

경에 제불의 스승은 그래서 법이라고 했다.

---

145   적멸을 줄여서 滅이라고 하는데 범어 nirvāṇa 팔리어 nibbāṇa를 번역한 것이다. 『大智度論』권55 「幻人聽法品28」 滅三毒及諸戲論故, 名寂滅. (『대정장』권25, p.450, a25-26) 탐진치 삼독과 모든 희론이 없어졌기 때문에 적멸이라 한다. 『維摩詰所說經』권1 「弟子品3」 法本不然, 今則無滅, 是寂滅義. (『대정장』권14, p.541, a20-21) 법은 본래 그러한 것이 아니며 지금도 소멸함이 없는 것이 적멸의 뜻이다. 『中論』권2 「觀三相品7」 若法衆緣生, 即是寂滅性, 是故生生時, 是二俱寂滅. (『대정장』권30, p.10, c11-12) 만약 법이 여러 가지 인연에 의하여 생겨난다면 이것은 적멸상이다. 그러므로 생함과 생할 때 이 두 가지는 모두 적멸이다.

146   『大般涅槃經』권4 「如來性品4」 諸佛所師, 所謂法也. (『대정장』권12, p.387, c15) 『돈오입도요문』에서는 所謂를 所爲로 나와 있다.

得成道已하야 **然始廣說十二部經**[147]하야 **引化衆生**하니

득성도이　　연시광설십이부경　　　　인화중생

도를 이루고 나서 비로소 널리 십이부경을 설하여 중생을 인도하고 교화하니

衆生이 **承佛法敎**하야 **修行得成佛**일새 **卽是法先佛後也**니라.

중생　　승불법교　　　수행득성불　　　즉시법선불후야

중생이 불법의 가르침을 이어받아 수행하여 성불하였으니 곧 법이 먼저이고 부처가
뒤이다.

147　十二部經(십이부경)은 十二分經(십이분경)이라고도 한다. 모든 경전의 형태를 형식과 내용에 따라 12
가지 종류로 나누어 놓은 것을 말한다. 즉 일체의 모든 경을 가리키는 말이다.

설법에도 통하고 종지에도 통함

問 : 云何是說通宗不通[148]고
문 : 운하시설통종불통

묻길, 어찌 설법에는 통하고 종지에는 통하지 않습니까?

答 : 言行相違卽是說通宗不通이니라.
답 : 언행상위즉시설통종불통

답하길, 말과 행동이 어긋나면 설법은 통하지만 종지는 통하지 않는다.

問 : 云何是宗通說亦通고
문 : 운하시종통설역통

묻길, 어찌하여 종지에도 통하고 설법에도 통합니까?

答 : 言行無差가 卽是說通宗亦通이니라.
답 : 언행무차   즉시설통종역통

답하길, 말과 행동이 서로 어긋나지 않으면 설법에도 통하고 종지에도 역시 통하는
것이다.

---

148 『楞伽阿跋多羅寶經』권3「一切佛語心品」佛告大慧 : 一切聲聞, 緣覺, 菩薩, 有二種通相, 謂 : 宗通
及說通. (『대정장』권16, p.499, b27-28) 부처님께서 대혜에게 말하길, 일체 모든 성문, 연각, 보살에게 두 가
지 상에 통함이 있어야 하는데 종통과 설통이다. 『永嘉證道歌』권1 宗亦通說亦通, 定慧圓明不滯空. (『대정
장』권48, p.396, a5-6) 종지에도 통하고 설법에도 통하여 선정과 지혜가 두렷이 밝아져 공에 막히지 않다네.
『宗鏡錄』권29 說通宗不通, 如日被雲矇, 宗通說亦通, 如日處虛空. (『대정장』권48, p.584, a12-13) 설법에
는 통하지만 종통에 통하지 않으면 해가 구름에 덮인 것과 같고 종통과 설통에도 통하면 해가 허공에 뜬 것과
같다.

이르되 이르지 아니함

問 : 經云 到不到 不到到之法云何[149]오
문 : 경운 도부도 부도도 지법운하

묻길, 경에 이르되, 이르렀지만 이르지 못한 것과 이르지 않지만 이르는 법은 무엇입니까?

答 : 說到行不到가 名爲到不到요 行到說不到가 名爲不到到요
답 : 설도행부도 명위도부도 행도설부도 명위부도도

답하길, 말은 이르지만 행은 이르지 못함이 이르렀지만 이르지 못한 것이요, 행은 이르렀지만 말은 이르지 못한 것이 이르지 않지만 이른 것이라고 한다.

行說俱到가 名爲到到니라.
행설구도 명위도도

행동과 말이 모두 이르는 것을 이르고 이른 것이라고 한다.

---

149 『大般涅槃經』권21 「光明遍照高貴德王菩薩品10」 善男子! 有不聞聞, 有不聞不聞, 有聞不聞, 有聞聞. 善男子! 如不生生, 不生不生, 生不生, 生生, 如不到到, 不到不到, 到不到, 到到. (『대정장』권12, p.490, a27-b1) 선남자여, 듣지 않고도 듣고, 듣지 않고도 듣지 않고, 들음이 있어도 듣지 않고 들음이 있어도 듣는다. 선남자여, 생하지 않고 생하는 것과 같고 생하지 않고도 생하지 않으며, 생하면서 생하지 않고 생하면서도 생한다. 이르지 않고도 이르고, 이르지 않고도 이르지 않으며, 이르고도 이르지 않고 이르면서도 이르는 것과 같다.

유위도 다하지 아니하고 무위에도 머물지 않음

問：佛法은 不盡有爲[150]며 不住無爲[151]하니 何者是不盡有爲며
문 : 불법　부진유위　　　부주무위　　　　하자시부진유위

何者是不住無爲오
하자시부주무위

묻길, 불법에는 유위에도 다하지 않고 무위에도 머무르지 않는다고 했는데 무엇이
유위에도 다하지 않고 무엇이 무위에도 머무르지 않는 것입니까?

150　『維摩詰所說經』권3 「菩薩行品11」 佛告諸菩薩, 有盡無盡解脫法門, 汝等當學. 何謂爲盡？謂有爲
法, 何謂無盡？謂無爲法, 如菩薩者, 不盡有爲, 不住無爲. (『대정장』권14, p.554, b3-6) 부처님께서 여러
보살에게 말씀하시길, 다함이 있고 다함이 없는 해탈법문을 그대들은 응당히 배워라. 무엇이 다함이 있는 것
인가? 유위법이다. 무엇이 다함이 없는 것인가? 무위법이다. 보살들은 유위에도 다하지 않아야 하고 무위에
도 머무르지 않아야 한다.

151　유위는 범어 saṃskṛta 팔리어 saṅkhata를 번역한 말로 유위법이란 뜻이다. 유위는 爲作이고 造作
되어진 것이란 의미이다. 『阿毘達磨大毘婆沙論』권23 云何緣起法, 謂一切有爲法. (『대정장』권27, p.117,
b23-24)

무엇이 연기법인가? 말하자면 일체 모든 유위법이다. 『瑜伽師地論』권100 言有爲者, 謂有生滅繫屬因緣.
與此相違, 應知無爲. (『대정장』권30, p.880, a11-12) 유위법이란, 생멸과 속박과 인연이 있는 것을 말한다.
반대인 것이 무위법인 줄을 마땅히 알아야 한다. 무위는 범어 asaṃskṛta 팔리어 asaṅkhata를 번역한 것이
다. 『永嘉證道歌』권1 絕學無爲閑道人, 不除妄想不求眞. (『대정장』권48, p.395, c9-10) 배울 것을 다 배워
할 일이 없는 한가한 도인은 망상을 제거하려고도 하지 않고 진실을 구하려고도 하지 않는다.

『妙法蓮華經玄義』권8 若此間莊老, 無爲無欲, 天眞虛靜, 息諸誇企, 棄聖絕智等, 直是虛無其抱, 尚不出
單四見外，何關聖法？(『대정장』권33, p.780, c4-6) 만약 여기에서 노장의 무위와 무욕이 천진하고 비어 고
요하기 때문에 모든 기도를 쉬고 성스러움을 버리고 지혜를 끊었다고 한다면 이는 바로 허무로서 오히려 사
견 밖을 벗어날 수 없다. 어찌 성인의 법과 관련 있는가?

答 : 不盡有爲者는 從初發心으로 至菩提樹 下成等正覺하야
답 : 부진유위자　　종초발심　　　지보리수 하성등정각

답하길, 유위를 다하지 않는 것은 처음 발심한 때부터 보리수 아래서 등정각을 이루고

後至雙林入般涅槃¹⁵²하여 於中에 一切法을 悉皆不捨卽是不盡有爲也오
후지쌍림입반열반　　　　　어중　　일체법　　실개불사즉시부진유위야

후에 쌍림에 이르러 완전한 열반에 들 때까지 거기에 일체의 법을 모두 다 버리지 않
는 것이 곧 유위를 다하지 않는 것이다.

不住無爲者는 雖修無念이나 不以無念으로 爲證하며
부주무위자　　수수무념　　　불이무념　　　위증

무위에 머무르지 않는다는 것은 비록 무념을 닦을지라도 무념으로써 깨달음을 삼지
않는 것이다.

152　菩提樹(보리수)는 범어 bodhidruma, bodhivṛkṣa, 팔리어 bodhi. bodhirukkha를 번역한 말이다.
覺樹, 思惟樹, 道場樹, 道樹, 聖樹라고 부른다. 왜냐하면 불타가 이 나무 아래서 보리(깨달음)를 성취하고 성
도하였기 때문이다. 석존의 보리수는 畢鉢羅樹(범어pippala, 팔리어 pipphala)이다. 이 나무의 열매를 畢
鉢羅라고 부르기 때문에 畢鉢羅樹라고 하는 것이다. 이 나무는 無花果와 흡사하여 뽕나무과에 속하는 상록
수로 힌두교도들도 예부터 이 나무를 신성시했다고 한다. 『南宗頓敎最上大乘摩訶般若波羅蜜經六祖惠能
大師於韶州大梵寺施法壇經』권1 身是菩提樹, 心如明鏡臺』『대정장』권48, p.337, c1) 몸은 보리수이고 마
음은 밝은 거울과 같다. 라는 말이 있고, 이와 반대로 무명을 뿌리로 하는 번뇌의 나무라는 뜻으로 無明樹라
는 말이 『鎭州臨濟慧照禪師語錄』권1 爾一念心歇得處 , 喚作菩提樹, 爾一念心不能歇得處, 喚作無明樹.
(『대정장』권47, p.500, c19-21) 그대들의 한 생각의 마음을 쉰 곳을 보리수라 부르고, 그대들의 한 생각의 마
음이 쉬지 않는 곳을 무명수라 부른다.

雖修空[153]이나 **不以空爲證**하여 **雖修菩提涅槃無相無作**이나
수수공   불이공위증   수수보리열반무상무작

비록 공을 닦으나 공으로써 깨달음을 삼지 아니하고, 비록 보리, 열반, 무상, 무작을 닦을지라도

不以無相無作으로 **爲證**이 **卽是不住無爲也**니라.
불이무상무작   위증   즉시부주무위야

무상과 무작으로써 깨달음을 삼지 않는 것이 곧 무위에 머무르지 않는 것이다.

---

153 『維摩詰所說經』권3 「菩薩行品11」 何謂菩薩不住無爲? 謂修學空, 不以空爲證, 修學無相, 無作, 不以無相, 無作爲證; ~~~ 修如此法, 是名菩薩不住無爲. (『대정장』권14, p.554, c3-15) 보살은 무위에 머물러서도 안 된다. 공을 닦지만 공으로써 깨달음을 삼아서도 안 되며, 무상과 무작을 닦지만 무상과 무작으로써 깨달음을 삼아서도 안 된다. ~~~ 이와 같이 법을 닦는 것을 보살이 무위에도 머무르지 않는 것이라고 한다. 『鎭州臨濟慧照禪師語錄』권1 祇爲我見處別, 外不取凡聖, 內不住根本, 見徹更不疑謬. (『대정장』권47, p.498, a13-15) 다만 나의 견해는 다르다. 왜냐하면 밖으로는 범부와 성인에도 집착하지 않고 안으로는 근본에도 머무르지 않으며 깨달음이 철저하여 다시 의심하거나 그릇됨이 없기 때문이다.

지옥은 있는가, 없는가

問：爲有地獄가 爲無地獄가
문 : 위유지옥   위무지옥

묻길, 지옥이 있습니까, 지옥이 없습니까?

答：亦有亦無니라.
답 : 역유역무

답하길, 있기도 하고 또한 없기도 한다.

問：云何亦有亦無오
문 : 운하역유역무

묻길, 어찌 있기도 하고 또한 없기도 합니까?

答：爲隨心所造[154] 一切惡業이 卽有地獄이요
답 : 위수심소조   일체악업   즉유지옥

답하길, 마음이 지은 일체 모든 악업에 따르면 지옥은 있고,

若心無染하면 自性이 空故로 卽無地獄이니라.
약심무염   자성   공고   즉무지옥

만약 마음이 물듦이 없으면 자성이 공한 까닭으로 지옥은 없다.

---

154 마음이 지은 것, 즉 마음의 작용에 의하여 조성된 악업을 가리킨다. 대주의 지옥관은 실재적으로 지옥
이 존재하는 것이 아니라 마음의 작용에 따라서 지옥은 있기도 하고 없기도 한다는 것이다.

죄를 지은 중생도 불성은 있는가

問：受罪衆生도 有佛性否[155]아
문：수죄중생　유불성부

묻길, 죄를 지은 중생도 불성이 있습니까?

答：亦有佛性이니라.
답：역유불성

답하길, 역시 불성이 있다.

問：旣有佛性인댄 正入地獄時에 佛性도 同入否아
문：기유불성　정입지옥시　불성　동입부

묻길, 이미 불성이 있다면 바로 지옥에 들어갈 때 불성도 같이 들어갑니까?

答：不同入이니라.
답：불동입

답하길, 같이 들어가지 않는다.

問：正入之時에 佛性이 復在何處오
문：정입지시　불성　부재하처

묻길, 바로 들어갈 때 불성은 다시 어디에 있습니까?

155　『大般涅槃經』권7「여래성품제4」一切衆生皆有佛性. (『대정장』권12, p.404, c4-5) '일체 모든 중생들은 다 불성이 있다.'에 근거를 둔 질문이다.

答 : **亦同入**이니라.
답 : 역동입

답하길, 역시 같이 들어간다.

問 : **旣同入**이면 **正入時衆生**이 **受罪**에 **佛性**도 **亦同受罪否**아
문 : 기동입   정입시중생   수죄   불성   역동수죄부

묻길, 이미 같이 들어간다면 바로 중생이 죄를 받을 때 불성도 또한 같이 죄를 받습니까?

答 : **佛性**이 **雖隨衆生同入**이나 **是衆生**이 **自受罪苦**요 **佛性**은 **元來不受**니라.
답 : 불성   수수중생동입   시중생   자수죄고   불성   원래불수

답하길, 불성은 비록 중생을 따라 들어가더라도 이 중생은 스스로 죄의 괴로움을 받지만 불성은 원래 죄를 받지 않는다.

問 : **旣同入**인댄 **因何不受**오
문 : 기동입   인하불수

묻길, 이미 같이 들어간다면 어떤 인연으로 죄를 받지 않습니까?

答 : **衆生者**는 **是有相**[156]이나 **有相者**는 **卽有成壞**요
답 : 중생자   시유상   유상자   즉유성괴

답하길, 중생은 모양이 있는 것인데 모양이 있는 것은 곧 이루어지고 무너짐이 있음이다.

---

156 형상이나 모양이 있는 것, 즉 생멸변화하는 유위법을 말한다. 이에 비해 無相은 有相에 상대적인 말이지만 유상의 상을 초월한 공 그 자체의 실상, 즉, 무위법을 말한다.

佛性者는 **是無相**이니 **無相者**는 **即是空性也**라.
불 성 자 시 무 상   무 상 자 즉 시 공 성 야

불성이란 모양이 없으니 모양이 없는 것은 곧 공한 성품이다.

是故로 **眞空之性**은 **無有壞者**니라.
시 고 진 공 지 성 무 유 괴 자

그러므로 진실한 공의 성품은 허물어짐이 없는 것이다.

喩如有人이 **於空**에 **積薪**하면 **薪自受壞**요 **空不受壞也**니 **空喩佛性**이오
유 여 유 인 어 공 적 신   신 자 수 괴   공 불 수 괴 야 공 유 불 성

비유하면 마치 어떤 사람이 허공에 장작을 쌓으면 장작 스스로 무너지는 것이지 허
공이 무너지는 것은 아닌 것과 같으니 허공은 불성에 비유한 것이다.

薪喩衆生이니 **故云同入而不同受也**니라
신 유 중 생   고 운 동 입 이 부 동 수 야

장작은 중생을 비유한 것이니 그러므로 같이 들어가나 같이 받지 않는 것이라고 말
한 것이다.

네 가지 지혜가 삼신을 이룸

問 : 轉八識[157] 成四智[158] 하며 束四智成三身[159] 이라 하니
문 : 전팔식　　성사지　　　　속사지성삼신

묻길, 여덟 가지 식을 전환하여 네 가지 지혜를 이루며 네 가지 지혜를 묶어서 삼신을 이루는데

幾箇識이 共成一智며 幾箇識이 獨成一智오
기개식　　공성일지　　기개식　　독성일지

몇 개의 식이 함께 하나의 지혜를 이루며 몇 개의 식이 홀로 하나의 지혜를 이룹니까?

答 : 眼耳鼻舌身의 此五識이 共成成小作智요
답 : 안이비설신　　차오식　　공성성소작지

답하길, 안식, 이식, 비식, 설식, 신식의 전 오식이 함께 성소작지를 이룬다.

157　八識(팔식)은 유식의 교학에서는 인식의 주체를 8가지로 나누고 있다. 안식, 이식, 비식, 설식, 신식을 前五識이라 하고, 여기에 제6의식과 말나식, 아뢰야식을 더하여 8식이라 한다. 말나식은 사량하는 것을 그 주된 임무로 하는 식으로서 아뢰야식은 見分을 향하여 항상 나라고 집착하기 때문에 아집의 근본이 되는 식이다. 아뢰야식은 含藏識이라고 하듯이 저장하는 뜻을 가지고 있다. 七轉識의 세력은 모두 아뢰야식에 저장된다.

158　四智(사지)는 유식학에서 번뇌의 8식을 轉回하여 얻은 4가지 지혜를 말한다. 성소작지는 여러 가지 변화하는 일을 보여 모든 중생을 이익되게 하는 지혜이고, 묘관찰지는 모든 대상을 관찰하여 장애가 없도록 하고 자유자재로 설법하여 의심을 끊어 주는 지혜이며, 평등성지는 자타와 피차가 평등한 사실을 깨닫고 대자비를 베푸는 지혜이고 대원경지는 거울이 영상을 비추는 것과 같이 모든 것을 있는 그대로 비추어 주는 가장 원만한 지혜이다.

159　三身(삼신)은 법신, 보신, 화신(응신)을 말한다. 진여의 이체를 법신이라 하고 肉身의 生身을 응신이라 하며 양자의 사이에 보신이 있는데 이것은 수행의 과보로 받은 불신이다. 이 삼신의 상호관계는 마치 달의 본체와 빛과 그림자 같다. 이것을 一月三身이라 한다. 즉 법신의 理體가 유일하고 상주불변한 것은 달의 본체에 해당하고 보신의 지혜가 법신의 이체로부터 생하여 모든 것을 비추는 것은 달의 빛에 해당하며 응신이 여러 가지로 변화하여 중생들의 기연에 따라 응하는 것은 달의 그림자가 물에 비치는 것에 해당한다.

第六이 **是意**니 **獨成妙觀察智**요 **第七心識**은 **獨成平等性智**요
제육　시의　독성묘관찰지　제칠심식　독성평등성지

제6식은 의인데 홀로 묘관찰지를 이룬다. 제7 심식은 홀로 평등성지를 이룬다.

第八含藏識은 **獨成大圓鏡智**니라.
제팔함장식　독성대원경지

제8 함장식은 홀로 대원경지를 이룬다.

問 : 此四智爲別가 **爲同**가
문 : 차사지위별　위동

묻길, 이 네 가지 지혜는 다릅니까, 같습니까?

答 : 體同名別이니라.
답 : 체동명별

답하길, 본체는 같지만 이름이 다르다.

問 : 體旣同인댄 **云何名別**이며 **旣隨事立名**인댄 **正一切之是**에
문 : 체기동　운하명별　기수사립명　정일체지시

何者是大圓鏡智오
하자시대원경지

묻길, 본체가 이미 같다면 어찌 이름이 다릅니까? 이미 일에 따라 이름을 세웠다면 바로 하나의 본체일 때 무엇이 대원경지입니까?

答 : 湛然空寂하야 **圓明不動**이 **卽大圓鏡智**요
답 : 담연공적　원명부동　즉대원경지

답하길, 담연히 공적하여 둥글고 밝아 움직이지 않는 것이 대원경지이다.

能對諸塵하야 不起愛憎이 卽是二性空이니 二性空者는 卽平等性智요
능대제진　　불기애증　즉시이성공　　이성공자　　즉평등성지

모든 육진의 대상을 대하지만 애증을 일으키지 않는 것이 곧 이성공이니 상대적인 성품이 공한 것이 평등성지이다.

能入諸根境界하야 善能分別하되 不起亂想而得自在가 卽是妙觀察智요
능입제근경계　　　선능분별　　불기난상이득자재　　즉시묘관찰지

모든 육근의 경계에 들어가지만 잘 분별하여 어지러운 생각을 일으키지 않아서 자유로운 것이 묘관찰지이다.

能令諸根으로 隨事應用하야 悉入正受[160]하야 無二相者는 卽是成所作智니라.
능령제근　　　수사응용　　실입정수　　　무이상자　즉시성소작지

모든 육근으로 하여금 일에 따라 작용하여 모두 바르게 받아들여 두 가지 차별상이 없는 것을 성소작지라 한다.

問 : 束四智成三身者는 幾箇智共成一身이며 幾箇智獨成一身고
문 : 속사지성삼신자　기개지공성일신　　기개지독성일신

묻길, 네 가지 지혜를 묶어서 삼신을 이룬다고 했는데 몇 개의 지혜가 함께 하여 하나의 몸을 이루고 몇 개의 지혜가 홀로 하나의 몸을 이룹니까?

答 : 大圓鏡智는 獨成法身이요 平等性智는 獨成報身이요
답 : 대원경지　독성법신　　평등성지　독성보신

답하길, 대원경지는 홀로 법신을 이루고, 평등성지는 홀로 보신을 이룬다.

160　正受(정수)는 범어 samāpatti를 번역한 것이다. 三摩鉢底(삼마발지)라 음사하고 그 뜻은 等至, 三昧, 正受이다.

妙觀察智與成所作智는 **共成化身**이니

묘관찰지여성소작지   공성화신

묘관찰지와 성소작지는 함께 화신을 이루니

此三身은 **亦假立名字分別**하야 **只令未解者看**이라

차삼신   역가립명자분별   지령미해자간

이 삼신도 역시 임시로 이름을 세워 분별하여 다만 알지 못하는 자로 하여금 살펴보게 했을 뿐이다.

若了此理하면 **亦無三身應用**이니

약료차리   역무삼신응용

만약 이 도리를 깨달으면 또한 삼신으로 응하여 작용함이 필요 없다.

何以故오 **爲體性**이 **無相**하야 **從無住本而立**하야 **亦無無住本**[161]이니라.

하이고   위체성   무상   종무주본이립   역무무주본

왜냐하면 본체의 성품은 모양이 없어서 무주를 근본으로부터 세우기에 또한 무주의 근본도 없는 것이다.

---

161   『維摩詰所說經』권2「觀眾生品7」又問 : 無住孰爲本 ? 答曰 : 無住則無本. 文殊師利 ! 從無住本, 立一切法. (『대정장』권14, p.547, c20-22) 또 묻길, 무주는 무엇을 근본으로 하는가? 답하여 가로되, 무주는 곧 근본이 없다. 문수사리야! 무주의 근본으로부터 일체 모든 법을 건립했다.

부처의 참된 모습

問 : 云何是見佛眞身[162]**고**

문 : 운 하 시 견 불 진 신

묻길, 어떻게 부처의 참된 모습을 친견할 수 있습니까?

答 : 不見有無卽是見佛眞身이니라.

답 : 불 견 유 무 즉 시 견 불 진 신

답하길, 있음과 없음을 보지 않아야 곧바로 부처의 참된 모습을 친견할 수 있다.

問 : 云何不見有無卽是見佛眞身고

무 : 운 하 불 견 유 무 즉 시 견 불 진 신

묻길, 어떻게 있음과 없음을 보지 않고 곧바로 부처의 참된 모습을 친견할 수 있습니까?

答 : 有因無立[163]**이요 無因有顯**이라

답 : 유 인 무 립   무 인 유 현

답하길, 있음은 없음을 인연하여 세워진 것이요, 없음은 있음을 인연하여 나타나는 것이다.

162　법신을 如如身, 法性身, 自性身 또는 眞身이라 한다. 『대지도론』에서는 보신을 진신이라고 한 용례가 보인다. 대주가 주장하는 眞身觀은 유무 등의 분별심이 없는 마음이 그대로 부처의 참된 진신이라는 뜻이다.

163　이것은 불교의 근본원리인 연기법을 연상케 하는 일절이다. 즉 모든 법은 서로 인연이 되어 생기하는 것을 말한다. 이것이 있기 때문에 저것이 있고 이것이 생기기 때문에 저것이 생한다. 는 연기의 가르침을 보여 주고 있다.

本不立有면 **無亦不存**이니 **旣不存無**라 **有從何得**이리오
본불립유　　무역부존　　　기부존무　　유종하득

본래 있음을 세우지 않으면 없음 또한 존재하지 않으니 이미 없음이 존재하지 않으니 있음이 어디에 있겠는가?

有之與無相因始有하니 **旣相因而有**일새 **悉是生滅也**라
유지여무상인시유　　　기상인이유　　　실시생멸야

있음과 없음은 서로 인연하여 비로소 있는 것이니 이미 서로 인연이 있으니 모두 생멸인 것이다.

但離此二見하면 **卽是見佛眞身**이니라.
단리차이견　　　즉시견불진신

다만 이 두 가지 견해를 여의면 곧 부처의 참된 모습을 친견할 수 있다.

問 : 只如有無도 **尙不可交**이어늘 **建立眞身**이 **復從何而立**고
문 : 지여유무　　상불가교　　　건립진신　　부종하이립

묻길, 예를 들어 있음과 없음도 오히려 오고 가지 않는데 부처의 참된 모습을 건립한다고 하니 다시 어디에 세운다는 것입니까?

答 : 爲有問故니 **若無問時**엔 **眞身之名**도 **亦不可立**이니라.
답 : 위유문고　　약무문시　　진신지명　　역불가립

답하길, 질문이 있기 때문이니 만약 질문이 없을 때 부처의 참된 모습이라는 이름 또한 세우지 못한다.

何以故오 譬如明鏡164이 若對物像時엔 卽現像하나
하이고   비여명경   약대물상시   즉현상

若不對物像時엔 終不見像이니라.
약부대물상시   종불견상

왜냐하면 비유하면 밝은 거울이 만약 형상을 대할 때엔 곧 형상이 나타나나 만약
형상을 대하지 않을 때엔 끝내 형상을 보지 못하는 것과 같다.

---

164   『楞伽阿跋多羅寶經』권1「一切佛語心品」大慧! 譬如明鏡, 持諸色像, 現識處現, 亦復如是. (『대정
장』권16, p.483, a17-18) 대혜여! 비유하면 밝은 거울과 같아서 모든 색의 모습을 지니고 현재 식이 나타나
는 곳이 또한 다시 이와 같다. 『大智度論』권10「序品1」又能令一切眾生知死此生彼因緣本末, 譬如明鏡
見其面像. (『대정장』권25, p.134, a10-11) 일체 모든 중생들이 죽음을 알고 이 저 인연의 본말을 생하는 것
이 마치 밝은 거울과 같아서 그 얼굴을 보는 것이다. 『大般涅槃經』권25「光明遍照高貴德王菩薩品10」善
男子! 譬如明鏡照人面像, 無不明了. (『대정장』권12, p.512, a13-14) 선남자여! 비유하면 밝은 거울과 같아
서 사람의 얼굴을 비추는 것이 밝고 분명하지 않은 것이 없다.

항상 부처를 여의지 않음

問 : 云何是 常不離佛고
문 : 운하시 상불리불

묻길, 어떤 것이 항상 부처를 여의지 않는 것입니까?

答 : 心無起滅하고 對境寂然하야 一切時中에 畢竟空寂[165]하면 卽是常不離佛이니라.
답 : 심무기멸   대경적연   일체시중 필경공적   즉시상불리불

답하길, 마음에 일어나고 사라짐이 없어서 대상을 대하지만 적연하여 언제 어디서나 완전히 공적하면 곧 항상 부처를 여의지 않는 것이다.

---

165   필경은 究極, 至極, 최종의 뜻이다. 절대의 공을 필경공이라 한다.

함이 없는 법

問 : 何者是無爲法고
문 : 하자시무위법

묻길, 무엇이 무위법입니까?

答 : 有爲是니라
답 : 유위시

답하길, 유위법이다.

問 : 今問無爲法이어늘 **因何答有爲是**오
문 : 금문무위법　　　인하답유위시

묻길, 지금 무위법을 물었는데 어떤 인연으로 유위법이라 답하십니까?

答 : 有因無立이요 **無因有顯**이라
답 : 유인무립　　　무인유현

답하길, 있음은 없음을 인연하여 세워지고, 없음은 있음을 인연하여 나타난다.

本不立有면 **無從何生**고
본불립유　　무종하생

본래 있음을 세우지 않으면 없음은 어디서부터 나겠는가?

若論眞無爲者인댄 **卽不取有爲**며 **亦不取無爲 是眞無爲法也**니라.
약론진무위자　　　즉불취유위　　역불취무위 시진무위법야

만약 참된 무위를 말하자면 곧 유위도 취하지 않고 또한 무위도 취하지 않는 것이 참된 무위법이다.

何以故오 **經云**[166] **若取法相**하면 **卽著我人**이요 **若取非法相**하야도 **卽著我人**이니
하이고   경운   약취법상   즉착아인   약취비법상   즉착아인

왜냐하면 경에 만약 법의 모양을 취하면 곧 아상과 인상에 집착하게 된다. 만약 법의 모양이 아닌 것을 취하여도 곧 아상과 인상에 집착하게 된다.

是故로 **不應取法**이며 **不應取非法**이라 하니 **卽是取眞法也**니라
시고   불응취법   불응취비법   즉시취진법야

그러므로 응당히 법도 취하지 말고 법 아닌 것도 취하지 말아야 하니 곧 참된 법을 취하는 것이다.

若了此理하면 **卽眞解脫**이며 **卽會不二法門**[167]이니라.
약료차리   즉진해탈   즉회불이법문

만약 이러한 이치를 요달하면 곧 참된 해탈이며 곧 둘 아닌 법문을 알게 되는 것이다.

---

166   『金剛般若波羅蜜經』권1 若取法相, 即著我, 人, 眾生, 壽者. 何以故？若取非法相, 即著我, 人, 眾生. 壽者, 是故不應取法, 不應取非法. (『대정장』권8, p.749, b7-10) 만약 법의 모양에 떨어지면 아상, 인상, 중생상, 수자상에 집착하게 된다. 왜냐하면 법이 아닌 모양을 취해도 아상, 인상, 중생상, 수자상에 떨어지기 때문이다. 그러므로 마땅히 법을 취해서도 안 되며 법이 아닌 것을 취해서도 안 된다.

167   不二法門(불이법문)은 상대적이고 차별적인 것 즉 主客, 善惡, 是非, 有無, 去來, 能所, 斷常, 憎愛 등을 초월한 절대평등의 진리를 나타내는 가르침이다. 『維摩詰所說經』권2「入不二法門品9」文殊師利曰 : 如我意者, 於一切法無言無說, 無示無識. 離諸問答, 是為入不二法門, 於是文殊師利問維摩詰 : 我等各自說已, 仁者當說何等是菩薩入不二法門？時維摩詰默然無言. 文殊師利歎曰 : 善哉！善哉！乃至無有文字, 語言, 是真入不二法門. (『대정장』권14, p.551, c18-24) 문수사리가 말하되, 내 생각으로는 모든 법에는 말도 없고 말할 것도 없고 보이는 것도 없고 알 것도 없어서 모든 문답을 떠나 있는 것이 불이법문에 들어가는 것이라고 하겠나이다. 곧 바로 문수사리가 유마힐에게 물었다. 우리들이 각자 말을 하였으니 그대여 어떤 것이 불이법문에 들어가는 것인지를 말씀해 주십시오. 이 때 유마힐은 묵연히 말이 없었다. 문수사리보살이 찬탄하여 말하길, 훌륭하다, 훌륭하다. 글자도 없고 말까지도 없는 것이 진실로 불이법문에 들어가는 것이다.

중도란

問 : 何者是中道¹⁶⁸義오
문 : 하자시중도   의

묻길, 어떤 것이 중도의 뜻입니까?

答 : 邊¹⁶⁹義是니라.
답 : 변   의시

답하길, 가장자리의 뜻이다.

問 : 今問中道어늘 因何答邊義是오
문 : 금문중도   인하답변의시

묻길, 지금 중도를 물었는데 무엇 때문에 가장자리의 뜻이 중도라고 합니까?

答 : 邊因中立이오 中因邊生이라 本若無邊하면 中從何有이오
답 : 변인중립   중인변생   본약무변   중종하유

답하길, 가장자리는 중간을 인연으로 세웠고 중간은 변을 인연하여 생겨난다. 본래 만약 변이 없다면 중간은 어디서부터 있겠는가?

---

168 中道(중도)는 범어 madhyamakā-pratipad를 번역한 말이다. 『中論』권4 「觀四諦品24」 離有無二邊 故名為中道. (『대정장』권30, p.33, b18) 유와 무의 양변을 떠나 있기 때문에 중도라 한다.

169 가장자리는 중간을 전제로 한 말로 중간이 존재하지 않으면 변은 있을 수 없다. 반대로 중간이라는 것은 양변을 전제로 한 말이다. 양변이 없으면 중간도 또한 존재할 수 없다. 이와 같이 내가 존재한다는 생각이 있으면 피차가 있고 증애 등의 二見도 있으며 동서남북과 사유상하가 있지만, 내가 존재한다는 생각이 없으면 피차가 있을 수 없고 증애 등의 二見도 있을 수 없으며 동서남북과 사유상하 등이 있을 수 없다. 양변을 초월하고 자기가 존재한다는 중심마저도 없어진 상태가 중도의 세계이고 만법과 하나가 된 경지이다. 그러므로 참된 중도는 양변을 모두 초월하는 것은 물론이고 고정된 중심까지도 없어야 한다.

今言中者는 **因邊始有**이라 **故知中之與邊**이 **相因而立**일새 **悉是無常**이니
금언중자　　인변시유　　　고지중지여변　　상인이립　　　실시무상

지금 말한 중간을 말하는 것은 가장자리를 인연하여 비로소 있는 것이다. 그러므로
중간과 가장자리는 서로 인연되어 세워졌기에 모두 항상함이 없음을 알라.

色受想行識도 **亦復如是**니라.
색수상행식　　역부여시

색·수·상·행·식의 오온도 또한 이와 같다.

오음이란

問 : 何名五陰[170] 等고
문 : 하 명 오 음　　등

묻길, 무엇이 오음과 같은 것입니까?

答 : 對色染色하야 **隨色受生[171]**이 **名爲色陰**이요
답 : 대 색 염 색　　수 색 수 생　　명 위 색 음

답하길, 물질을 대하여 물질에 물들어 물질을 따라 생겨나는 것을 색음이라 한다.

爲領納入八風[172]하야 **好集邪信**하야 **卽隨領受中生**이 **名爲受陰**이요
위 령 납 입 팔 풍　　호 집 사 신　　즉 수 령 수 중 생　　명 위 수 음

팔풍을 받아들이기 때문에 삿된 믿음을 즐겁게 모아 그것을 받아들임에 따라 생겨
남을 받아들이는 것을 수음이라 한다.

170　오음은 五蘊(오온)이라고도 한다. 온은 범어 skandha을 번역한 것이다. 모이다의 뜻이다. 오온은 色
蘊(물질), 受蘊(인상감각), 想蘊(지각, 표상), 行蘊(의지), 識蘊(분별심)을 총칭한다. 이 중 색은 물질을, 수상행
식은 마음의 작용을 각각 지칭하는 것이기 때문에 결국 오온은 물질계와 정신계의 양면을 총합하는 유위법을
가리키는 말이다. 색은 범어 rūpa를 번역한 것이다. 색은 넓은 의미에서 보면 물질적 존재를 총칭하는 것이
다. 예를 들면 안이비설신의 오근과 색성향미촉의 오경과 그리고 法處所攝色(의식의 대상에 포함되는 색법)
의 11종의 색법이 있다. 수는 범어 vedanā를 번역한 말이다. 痛, 覺이란 뜻이다. 외계의 대상을 받아들여서
감수하는 고락, 불쾌, 쾌 등의 印象이나 감각을 가리킨다. 상은 범어 saṁjñā를 번역한 것이다. 대경을 마음에
떠올려서 구사하고 그리는 일종의 표상작용이다. 이 상은 현실의 감각을 통합하는 과정이라고 볼 수 있다.
오온 중에서 가장 어려운 말인 행은 범어 saṁskāra를 번역한 것이다. 명사로서의 뜻은 능동성, 형성, 합성물
등의 의미가 있고 또 爲作이란 뜻도 있다. 동사로서의 뜻은 모으다 이다. 명사와 동사의 뜻을 종합하면 작용
의 집합이란 의미가 本義에 가깝다고 볼 수 있다. 식은 범어 vijñāna를 번역한 것이다. 대상을 식별하는 작용
을 한다. 여기서 대주혜해선사는 독자적인 관심석을 하고 있다.

171　受生(수생)은 생로병사의 괴로움을 받는 것을 말한다.

172　『大乘無生方便門』권1 八風者利衰毁譽稱譏苦樂. (『대정장』권85, p.1274, c6-7) 팔풍이란, 이익과
손실, 헐뜯음과 높이 기림, 칭찬함과 나무람, 괴로움과 즐거움이다.

迷心取想하야 **隨想受生**이 **名爲想陰**이요
미심취상　　수상수생　　명위상음

미혹한 마음이 생각에 집착하여 그 생각에 따라 생겨남을 받는 것을 상음이라 한다.

結集諸行하야 **隨行受生**이 **名爲行陰**이요
결집제행　　수행수생　　명위행음

모든 행을 결집하여 그 행에 따라 생겨남을 받는 것을 행음이라 한다.

於平等體에 **妄起分別繫著**하야 **虛識受生**이 **名爲識陰**이라 **故云五陰**이니라.
어평등체　　망기분별계착　　허식수생　　명위식음　　고운오음

평등한 본체에서 망령되게 분별심을 일으켜 얽어 붙어서 허망한 의식이 생겨남을
받는 것을 식음이라 한다. 그러므로 오음이라 한다.

스물 다섯 가지의 세계

問：經云 二十五有[173]라 하니 何者是오
문 : 경운 이십오유   하자시

묻길, 경에 이십오유라고 했는데 무엇입니까?

答：受後有身이 是也니 後有[174] 身者는 卽六道[175] 受生也라
답 : 수후유신   시야   후유   신자   즉육도   수생야

답하길, 뒤의 몸을(來世) 받는 것이 이십오유이니 뒤의 몸을 받는 것은 육도에 생을 받는 것이다.

爲衆生이 現世心迷하야 好結諸業하야 後卽隨業受生이라 故云後有也니라.
위중생   현세심미   호결제업   후즉수업수생   고운후유야

중생은 현세에 마음이 미혹하기 때문에 모든 업을 즐겁게 모아 뒤에 업에 따라 생을 받는다. 그러므로 뒤에 있다 한다.

---

173 二十五有(이십오유)의 有는 범어 bhava를 번역한 말이다. 유정이 생존하는 공간이란 뜻이다. 이것을 25가지로 분류한 것이 25유이다. 여기서도 대주의 독자적인 관심석을 하고 있는데 전통적인 불교 교리는 다음과 같다. 25유는 욕계, 색계, 무색계 등 삼계의 내용을 세분해 놓은 것이다. 즉 삼계를 전개하는 것을 25유라 한다. 욕계는 지옥, 아귀, 축생, 아수라의 4惡趣와 東勝身州, 南閻浮州, 西牛貨州, 北俱盧州의 4주와 사왕천, 야마천, 도리천, 도솔천, 화락천, 타화자재천의 6욕천 등을 합하면 욕계에 14유가 있고 색계는 초선천, 대범천, 제2선천, 제3선천, 제4선천, 무상천, 五淨居天의 7유가 있으며 무색계는 공무변처천, 식무변처천, 무소유처천, 비상비비상처천의 4유가 있다. 이상 전부 합하면 25유가 된다.

174 後有(후유)는 열반의 깨달음을 체득하지 못한 자가 미래에 받는 미혹한 생존을 말한다.

175 六道(육도)의 도는 범어 gati를 번역한 것이다. 趣(취), 즉 갈래라는 뜻이다. 중생 자신이 지은 행위, 즉 업에 의하여 이끌려서 생존하는 형태, 또는 그 세계를 말한다. 즉 업으로 인하여 죽어서 머무르는 장소를 道라 한다.

世若有人이 **志修究竟解脫**하야 **證無生法忍者**는 **卽永離三界**하야
세약유인　지수구경해탈　　증무생법인자　즉영리삼계

不受後有하나니
불수후유

세간에 만약 어떤 사람이 수행하여 구경에 해탈하는 뜻을 두고 무생법인을 증득하게 되면 영원히 삼계를 여의어 뒤에 있음을 받지 않게 된다.

不受後有者는 **卽證法身**이오 **法身者**[176]는 **卽是佛身**이니라.
불수후유자　즉증법신　　법신자　　즉시불신

뒤의 있음을 받지 않는 것은 법신을 증득한 것이다. 법신이란 곧 불신이다.

問 : 二十五有名을 **云何分別**고
문 : 이십오유명　운하분별

묻길, 이십오유의 이름을 어떻게 분별합니까?

答 : 本體是一이어늘 **爲隨用立名**하야 **顯二十五有**니
답 : 본체시일　　위수용립명　　현이십오유

답하길, 본체는 하나이지만 작용에 따라 이름을 세워 25유를 나타내는 것이니

二十五有는 **十惡十善**과 **五陰**이 **是**니라.
이십오유　십악십선　오음　시

이십오유는 십악과 십선과 그리고 오음이다.

176　『維摩詰所說經』권1「方便品2」是身如毒蛇, 如怨賊, 如空聚, 陰界諸入所共合成. 諸仁者！ 此可患厭, 當樂佛身. (『대정장』권14, p.539, b28-29) 이 몸은 독사와 같고 원수와 도적과 같으며 빈 마을과 같다. 왜냐하면 이 몸은 5음과 18계와 12입이 모여서 이루어졌기 때문이다. 여러분, 이 몸은 짜증스럽고 걱정거리이므로 마땅히 부처님의 몸을 좋아해야 할 것이다. 왜냐하면 부처님의 몸은 곧 법신이기 때문이다.

問 : 云何是十惡十善고
문 : 운하시십악십선

묻길, 무엇이 십악이고 십선입니까?

答 : 十惡은 煞盜婬과 妄言綺語兩說惡口와 乃至貪瞋邪見이　此名十惡이요
답 : 십악　살도음　망언기어양설악구　　내지탐진사견　　차명십악

답하길, 십악은 살생, 도둑질, 음행, 거짓말, 아첨, 이간질, 악담 그 밖에 탐냄, 성냄, 삿된 견해 등이 십악이다.

十善者는 但不行十惡하면 卽是也니라.
십선자　단불행십악　　즉시야

십선은 다만 십악을 행하지 않으면 곧 10선이다.

무념과 돈오 그리고 진여란

問 : 上說無念하되 由未盡決이로다.
문 : 상설무념   유미진결

묻길, 앞에서 무념을 설했는데 오히려 다 해결하지 못했다.

答 : 無念者는 一切處에 無心이 是니 無一切境界하야 無餘思求是며
답 : 무념자   일체처   무심   시   무일체경계   무여사구시

답하길, 무념이란, 일체 모든 곳에서 무심한 것이다. 일체 모든 경계가 없다는 것은 남은 생각으로 구함이 없는 것이다.

對諸境色하야 永無起動이 卽是無念이니라.
대제경색   영무기동   즉시무념

모든 경계와 물질을 대하지만 영원히 몸을 일으키어 움직임이 없는 것이 무념이다.

無念者는 是名眞念也니 若以念爲念者[177]는 卽是邪念이요 非爲正念이니
무념자   시명진념야   약이념위념자   즉시사념   비위정념

무념이란, 참된 생각이다. 만약 생각으로써 생각을 삼으면 곧 삿된 생각이요 바른 생각은 아니다.

---

177   『黃檗山斷際禪師傳心法要』권1 心自無心, 亦無無心者, 將心無心, 心却成有. (『대정장』권48, p.380, b12-13) 마음 그 자체는 무심이며, 또 무심이라는 것도 없으며 마음을 가지고 마음을 없애려고 하면 도리어 마음이 남게 된다. 『黃檗山斷際禪師傳心法要』권1 使佛覓佛, 將心捉心, 窮劫盡形終不能得. (『대정장』권48, p.379, c24-25) 부처로 하여금 부처를 찾게 하거나 마음을 가지고 마음을 잡으려고 하면 겁이 다하고 이 몸이 다하도록 하여도 끝내 부처와 마음을 얻을 수 없다.

何以故오. **經云 若敎人六念**[178]하면 **名爲非念**이라 하니
하이고   경운 약교인육념   명위비념

왜냐하면 경에 만약 사람들에게 육념을 가르치면 생각이 아니라고 했기 때문이다.

有六念하면 **名爲邪念**이요 **無六念者**는 **卽眞念**이니라
유육념   명위사념   무육념자   즉진념

육념이 있으면 삿된 생각이라 하고, 육념이 없으면 진실한 생각이다.

經云[179] **善男子**야 **我等**이 **住於無念法中**하야
경운   선남자   아등   주어무념법중

得如是金色三十二相[180]하야 **放大光明**하야
득여시금색삼십이상   방대광명

경에 선남자야, 우리들이 무념법에 머물러서 이와 같은 금색의 삼십이상을 체득하
여 훌륭한 광명을 내어

---

178 六念(육념)은 念佛(염불), 念法(염법), 念僧(염승), 念戒(염계), 念施(염시), 念天(염천) 등을 말한다.

179 『小品般若波羅蜜經』권「薩陀波崙品27」善男子！是爲般若波羅蜜, 所謂於諸法無所念. 我等住於 無念法中, 得如是金色之身, 三十二相, 大光明不可思議智慧, 諸佛無上三昧, 無上智慧, 盡諸功德邊. 如 是功德, 諸佛說之猶不能盡, 況聲聞, 辟支佛. (『대정장』권8 p.581, c19-24) 선남자여, 반야바라밀이라는 것 은 모든 법에 대하여 생각을 하지 않는 것이다. 우리들이 무념의 법에 있으면 금색의 몸과 32상과 대광명과 불가사의한 지혜와 여러 부처님의 위없는 삼매와 위없는 지혜와 그밖에 여러 가지 공덕을 얻을 수 있다. 이 러한 공덕은 여러 부처님이 그것을 설해도 오히려 다 말할 수 없거늘 하물며 성문과 벽지불이 그 공덕을 설할 수 있겠는가?

180 三十二相(삼십이상)은 부처님의 육신과 전륜성왕의 몸에 구족하고 있는 수승한 용모와 형상 가운데 특히 현저하게 보이는 32가지의 모양을 선발한 것이 32상이다. 이것을 또 세분한 것이 80종호이다. 32상과 80종호를 합하여 相好라 한다.

照無餘世界하나니 **不可思義功德**은 **佛說之**하야도 **猶不盡**이온대
조무여세계 　 　 불가사의공덕 　 불설지 　 　 유부진

何況餘乘能知也리오
하황여승능지야

남음이 없는 세계를 비춘다면 불가사의한 공덕은 부처가 설하여도 오히려 다하지 못하는데 하물며 나머지 성문, 벽지불이 어찌 알 수 있겠는가? 라고 했다.

得無念者[181]는 **六根**이 **無染故**로 **自然得入諸佛知見**이니
득무념자 　 육근 　 무염고 　 자연득입제불지견

무념을 체득하면 육근이 대상에 오염되지 않기에 자연스럽게 모든 부처님의 지견에 득입할 수 있는 것이다.

得如是者는 **卽名佛藏**이며 **亦名法藏**이라 **卽能一切佛一切法**이니
득여시자 　 즉명불장 　 역명법장 　 즉능일체불일체법

이와 같이 체득하면 불장이라 하고 또한 법장이라 하니 곧 일체 모두가 부처이고 일체 모두가 법이다.

何以故오 **爲無念故**로 **經云**[182] **一切諸佛等**이 **皆從此經出**이라
하이고 　 위무념고 　 경운 　 일체제불등 　 개종차경출

왜냐하면 무념이기 때문이다. 경에 일체 모든 부처님들이 모두 이 경으로부터 나왔다고 했다.

---

181 『南宗頓教最上大乘摩訶般若波羅蜜經六祖惠能大師於韶州大梵寺施法壇經』권1 悟無念法者, 萬法盡通, 悟無念法者, 見諸佛境界, 悟無念頓法者, 至佛位地. (『대정장』권48, p.340, c24-26) 무념의 법을 깨닫는 사람은 만법에 모두 통한다. 무념의 법을 깨달은 사람은 모든 부처님의 경계를 본다. 무념의 돈법을 깨달은 사람은 부처님의 지위에 이른다.

182 『金剛般若波羅蜜經』권1 須菩提! 一切諸佛, 及諸佛阿耨多羅三藐三菩提法, 皆從此經出. (『대정장』권8, p.749, b23-24) 수보리야! 일체의 모든 부처님과 모든 부처님의 아뇩다라삼먁삼보리은 모두 이 경에서 나왔다.

問 : 旣稱無念하야 入佛知見이라 復從何立고
문 : 기칭무념   입불지견   부종하립

묻길, 이미 무념이라고 한다면 부처의 지견에 득입하고 다시 무엇으로부터 세웁니까?

答 : 從無念立이니 何以故오 經云[183] 從無住本하야 立一切法이라
답 : 종무념립   하이고   경운   종무주본   입일체법

답하길, 무념으로부터 세울 수 있다. 왜냐하면 경에 무주를 근본으로부터 일체법을
세운다고 했기 때문이다.

又云喻如明鑑이라 鑑中에 雖無像而能現萬像이니
우운유여명감   감중   수무상이능현만상

또 비유하면 밝은 거울과 같아서 거울에 비록 모양이 없어도 만 가지 모양을 나타내
는 것과 같기 때문이다.

何以故오 爲鑑明故로 能現萬像이니라.
하이고   위감명고   능현만상

왜냐하면 거울이 밝은 까닭으로 만 가지 모양을 나타낼 수 있다.

學人이 爲心無染故로 妄念이 不生하고 我人心이 滅하야
학인   위심무염고   망념   불생   아인심   멸

학인의 마음이 물듦이 없기 때문에 망념이 생기지 않으면 아상, 인상의 마음이 없어져

---

183 『維摩詰所說經』권2 「觀眾生品7」又問, 無住孰為本? 答曰, 無住則無本. 文殊師利! 從無住本, 立
一切法. (『대정장』권14, p.547, c20-22) 또 묻길, 무주는 무엇을 근본으로 하는가? 무주는 근본이 없다. 문수
사리야, 무주의 근본으로부터 일체 모든 법을 세우는 것이다.

畢竟淸淨하니 **以淸淨故**로 **能生無量知見**이니라.
필경청정   이청정고   능생무량지견

필경에는 청정하니 청정한 까닭으로 한량없는 지견을 낼 수 있는 것이다.

頓悟者는 **不離此生**하고 **卽得解脫**이니 **何以知之**오
돈오자   불리차생   즉득해탈   하이지지

돈오란, 이생을 여의지 않고 곧바로 해탈하는 것이다. 어떻게 알 수 있는가?

譬如師子兒 初生之時에 **卽眞師子**라 **修頓悟者**도 **亦復如是**하야
비여사자아 초생지시   즉진사자   수돈오자   역부여시

卽修之時에 **卽入佛位**[184]니라.
즉수지시   즉입불위

비유하면 마치 사자의 새끼가 처음 태어날 때도 진짜 사자인 것과 같다. 돈오를 수행하는 것도 또한 다시 이와 같아서 곧 수행할 때 곧바로 부처의 지위에 득입한다.

如竹春生筍하야 **不離於春**하고 **卽與母齊**하야 **等無有異**니
여죽춘생순   불리어춘   즉여모제   등무유리

何以故오 **爲心空故**니라.
하이고   위심공고

마치 대나무가 봄에 죽순을 낼 때 봄을 여의지 않고 곧 큰 대나무와 같아서 다르지 않는 것과 같다. 왜냐하면 마음이 공하기 때문이다.

---

184   『大般涅槃經』권38 「迦葉菩薩品12」 發心畢竟二不別, 如是二心先心難, 自未得度先度他, 是故我禮初發心. (『대정장』권12, p.590, a21-23) 초발심 내는 것과 필경에 성불함이 두 가지가 다르지 않도다. 이와 같이 두 가지 마음 중에 초발심 내는 것이 어렵네. 스스로 아직 제도되지 못했어도 남을 먼저 제도하나니, 이런 고로 초발심 내는 이에게 나는 간절히 예배하도다. 『大方廣佛華嚴經』권8 「梵行品12」 初發心時便成正覺. (『대정장』권9, p.449, c14) 처음 발심한 때가 바로 정각을 이룬 때다. 『永嘉證道歌』권1 一超直入如來地. (『대정장』권48, p.396, a18-19) 한 생각 깨달음에 의해서 여래의 자리에 이른다.

修頓悟者도 **亦復如是**하야 **爲頓除妄念**하고 **永絶我人**하야 **畢竟空寂**하야
수돈오자   역부여시   위돈제망념   영절아인   필경공적

돈오를 수행하는 것도 또한 다시 이와 같아서 단박에 망념을 제거하고 영원히 아상
과 인상을 끊어버렸기에 필경에 공적한 것이다.

卽與佛齊하야 **等無有異**이라 **故云卽凡卽聖也**니라
즉여불제   등무유이   고운즉범즉성야

이러하면 부처와 같아서 조금도 다름이 없다. 그러므로 범부가 곧 성인이라고 하는
것이다.

修頓悟者는 **不離此身**하고 **卽超三界**니
수돈오자   불리차신   즉초삼계

돈오를 수행하면 이 몸을 여의지 않고 곧 바로 삼계를 뛰어 넘는다.

經云[185] **不壞世間而超世間**하며 **不捨煩惱而入涅槃**이라 하니라.
경운   불괴세간이초세간   불사번뇌이입열반

경에 세간을 파괴하지 않고 세간을 초월하며 번뇌를 버리지 않고 열반에 들어간다
고 했다.

不修頓悟者는 **猶如野干**[186]이 **隨逐師子**하야 **經百千劫**하야도 **終不得成師子**니라.
불수돈오자   유여야간   수축사자   경백천겁   종부득성사자

돈오를 수행하지 않으면 비유하면 들 여우가 사자를 쫓아 따르지만 백천 겁이 지날
지라도 끝내 사자가 될 수 없는 것과 같다.

---

185 『維摩詰所說經』권1「弟子品3」 不斷煩惱而入涅槃, 是為宴坐. (『대정장』권14, p.539, c25) 번뇌를
끊지 않고 열반에 들어가니, 이것이 좌선이다. 『永嘉證道歌』권1 無明實性即佛性, 幻化空身即法身. (『대정
장』권48, p.395, c10) 무명의 진실한 성품은 곧 불성이며, 허깨비의 빈 몸이 곧 법신이다.

186 野干(야간)은 들 여우, 이리의 일종이라 하는데, 밤에 돌아다니면서 사람을 잡아먹는다고 함.

又問 眞如之性은 爲實空가 爲實不空가 若言不空이면 卽是有相이오
우문 진여지성　위실공　위실불공　약언불공　　즉시유상

또 묻길, 진여의 본성은 진실로 공합니까, 공하지 않습니까? 만약 공하지 않으면 곧 모양이 있는 것입니까?

若言空者인댄 卽是斷滅이니 一切衆生이 當依何修而得解脫고.
약언공자　　즉시단멸　　일체중생　　당의하수이득해탈

만약 공하다고 한다면 이는 단멸이니 일체 모든 중생들은 마땅히 무엇을 의지하여 닦아야 해탈할 수 있습니까?

答 : 眞如之性은 亦空亦不空이라
답 : 진여지성　역공역불공

답하길, 진여의 본성은 공하기도 하고 또한 공하지 않기도 하다.

何以故오 眞如妙體는 無形無相하야 不可得也일새 是名亦空이라
하이고　진여묘체　무형무상　　불가득야　　시명역공

왜냐하면 진여의 불가사의한 본체는 형상이 없어서 얻을 수 없기에 또한 공하다고 하는 것이다.

然이나 於空無相體中에 具足恒沙之用하야 卽無事不應일새 是名亦不空이니라.
연　　어공무상체중　구족항사지용　　즉무사불응　　시명역불공

그러나 공하여 모양이 없는 본체에 항하사와 같은 불가사의한 작용을 구족하여 응하지 않는 일이 없기에 또한 공하지 않다고 한다.

經云[187] 解一卽千從이오 迷一卽萬惑이라 하니
경운   해일즉천종   미일즉만혹

경에 하나를 알면 천 가지가 따라오고 하나를 미혹하면 만 가지가 미혹하다고 했다.

若人이 守一[188] 하면 萬事畢이니 是悟道之妙也니라
약인   수일   만사필   시오도지묘야

만약 사람이 하나를 지키면 만 가지 일이 끝나는데 이것이 도를 깨달은 불가사의함이다.

經云 森羅及萬像[189]이 一法之所印이라하니 云何一法中而生種種見고
경운 삼라급만상   일법지소인   운하일법중이생종종견

경에 삼라만상이 하나의 법의 도장 찍힌 바라 했는데 어떻게 하나의 법에 갖가지 견해를 낼 수 있는가?

如此功業은 由行爲本이니 若不降心하고 依文取證하면 無有是處라
여차공업   유행위본   약불항심   의문취증   무유시처

이와 같은 공업은 행함으로 말미암아 근본이 되니 만약 마음을 항복하지 않고 문자에 의지하여 깨달음을 얻고자 한다면 옳지 않다.

---

187 『楞伽師資記』권1「道信章」一解千從, 一迷萬惑. (『대정장』권85, p.1288, a12-13) 근본을 알면 천 가지를 알고 근본에 미혹하면 만 가지가 미혹하게 된다.

188 『楞伽師資記』권1 守一不移, 動靜常住, 能令學者, 明見佛性, 무入定門. (『대정장』권85, p.1288, a20-21) 근본을 굳게 지켜 어지럽게 않고 동정일여가 되면 도를 배우는 사람은 분명히 불성을 깨달아 빨리 선정의 문에 들어갈 수 있다.

189 『法句經』권1「普光問如來慈偈答品11」森羅及萬象, 一法之所印, 云何一法中, 如生種種見. (『대정장』권85, p.1435, a23-24)

自誑誑他하야 **彼此俱墜**이라 **努力努力**하고 **細細審之**하라.
자광광타　　　피차구추　　　노력노력　　　세세심지

스스로 속이고 남도 속이는 행동은 피차가 함께 악도에 떨어진다. 노력하고 또 노력하여 자세히 살펴보아야 한다.

只是事來不受하면 **一切處**에 **無心**이니 **得如是者**는 **卽入涅槃**하야
지시사래불수　　　일체처　　무심　　　득여시자　　즉입열반

證無生法忍이니라.
증무생법인

다만 일이 올 때 받아들이지 않으면 일체 모든 곳에 무심하니 이러한 도리를 체득한 자는 곧 열반에 들어가서 무생법인을 증득한다.

亦名不二法門이며 **亦名無諍**이며 **亦名一行三昧**[190]니
역명불이법문　　　역명무쟁　　　역명일행삼매

또한 불이법문이라 하고, 또한 무쟁이라 하며, 또한 일행삼매라 한다.

190　一行三昧(일행삼매)는 범어 ekavyūha-samādhi를 번역한 말로 一相三昧, 眞如三昧라고도 한다. 일행삼매를 최초로 설한 경전은 『문수설반야경』이다. 『文殊師利所說摩訶般若波羅蜜經』권2 文殊師利言, 世尊！云何名一行三昧? 佛言, 法界一相, 繫緣法界, 是名一行三昧. (『대정장』권8, p.731, a25-27) 문수사리가 말하길, 세존이시여, 일행삼매란 무엇입니까? 부처님께서 말씀하시길, 법계의 일상이 법계를 묶는 것, 법계와 하나 되는 것이 일행삼매라 한다. 『楞伽師資記』권1 又依文殊說般若經, 一行三昧, 卽念佛心是佛, 妄念是凡夫. (『대정장』권85, p.1286, c22-24) 또 문수설반야경에 의거하면 일행삼매는 곧 부처의 마음이 곧 부처이고 망념은 범부라고 생각하는 것이다. 『南宗頓教最上大乘摩訶般若波羅蜜經六祖惠能大師於韶州大梵寺施法壇經』권1 一行三昧者, 於一切時中, 行住坐臥, 常行直心是. (『대정장』권48, p.338, b15-16) 일행삼매란, 일체 모든 생활에서 항상 직심을 행하는 것이다. 『大乘起信論』권1 謂一切諸佛法身與眾生身平等無二, 卽名一行三昧. (『대정장』권32, p.582, b1-3) 일체제불의 법신은 중생신과 평등하여 다르지 않는 것을 일행삼매라 한다.

何以故오 **畢竟淸淨**하야 **無我人故**니라 **不起愛憎**이 **二性空**이며
하이고　　필경청정　　　무아인고　　　불기애증　　이성공

왜냐하면 필경에 청정하여 아상과 인상이 없는 까닭으로 애증이 일어나지 않는 것이 두 가지 견해가 공한 것이며

是無所見이니 **卽是眞如無得**[191] **之辯**이니라.
시무소견　　　즉시진여무득　　　지변

보는 바가 없는 것이니 곧 진여의 얻음이 없음의 변론이다.

191　진여는 공하기도 하고 공하지 않기도 하다고 했는데 공한 측면(공진여)은 진여의 본성을 두고 한 말이고, 공하지 않는 측면(불공진여)은 공적체상에 항사의 묘용, 즉 무한한 불성의 지혜가 작용하고 있는 것을 두고 한 말이다. 이 공한 측면은 불가설의 세계이기 때문에 얻을 수 없는 것이고, 걸림이 없는 것이다.

중생 스스로 제도함

此論은 **不傳無信**[192] 이요 **唯傳同見同行**[193]이니
차론　부전무신　　　유전동견동행

이 논은 믿음이 없으면 전하지 않아야 하고 오직 같이 보고 같이 행하는 이에게만 전해야 한다.

當觀前人하야 **有誠信心**하야 **堪任不退者**니 **如是之人**은
당관전인　　　유성신심　　　감임불퇴자　　　여시지인

乃可爲說하야 **示之令悟**니라.
내가위설　　　시지령오

마땅히 앞의 사람이 성실하고 신심이 있어 감당하여 물러나지 않는지 관찰하고 이와 같은 사람에게 이를 설명하고 보여서 깨닫게 해야 한다.

吾作此論은 **爲有緣人**이요 **非求名利**니라.
오작차론　　　위유연인　　　비구명리

내가 이 논을 지은 것은 인연이 있는 사람을 위함이지 명예와 이익을 구함이 아니다.

192　信(신)은 근본(불성)을 철저하게 믿는 信으로 신앙의 대상으로 믿는 것은 아니다. 『대승기신론』 4信은 佛, 法, 僧 삼보와 자신의 불성을 믿는(信)을 말한다.

193　『南宗頓教最上大乘摩訶般若波羅蜜經六祖惠能大師於韶州大梵寺施法壇經』권1 善知識! 將此頓教法門, 同見同行, 發願受持, 如是佛教, 終身受持而不退者, 欲入聖位. (『대정장』권48, p.340, c27-29) 여러분, 이 돈교의 가르침을 가지고 같이 깨닫고 같이 수행하여 수지할 것을 발원해야 하니 이것이 불교의 가르침이니 몸이 끝날 때까지 수지하여 물러나지 않는 자는 성인의 지위에 득입할 것이다.

只如諸佛所說千經萬論은 只爲衆生이 迷故로 心行不同하야

지여제불소설천경만론   지위중생   미고   심행부동

예를 들어 제불이 설한 수많은 경론은 단지 중생이 미혹한 까닭으로 마음과 행동이 같지 않아

隨邪應說하야 卽有差別이나 如論究竟解脫理者인댄 只是事來不受하고

수사응설   즉유차별   여론구경해탈리자   지시사래불수

삿됨을 따라 응하여 설하면 차별이 있지만 구경해탈의 이치에서 말한 것과 같이 단지 일이 와도 받아들이지 않는다면

一切處無心하야 永寂如空하야 畢竟淸淨하야 自然解脫이니라

일체처무심   영적여공   필경청정   자연해탈

일체 모든 곳에 무심하여 영원히 고요하여 허공과 같아서 필경에 청정하여 자연히 해탈하게 될 것이다.

汝莫求虛名하야 口說眞如하되 心似猿猴이면

여막구허명   구설진여   심사원후

그대는 헛된 명예를 구하지 말라. 입으로 진여를 말하지만 마음은 원숭이와 같다면

卽言行이 相違하야 名爲自誑이니 當墮惡道니라

즉언행   상위   명위자광   당타악도

곧 말과 행동이 서로 어긋나고 명예는 자신을 속이는 것이니 당연히 악도에 떨어지게 된다.

莫求一世虛名快樂하라. **不覺長劫受殃**이니 **努力努力**이어다.
막구일세허명쾌락　　　불각장겁수앙　　　노력노력

일생을 헛되이 명리와 쾌락을 구하지 말라. 자신도 모르는 사이에 오랜 세월 동안 재
앙을 받게 될 것이니 노력하고 또 노력하라.

衆生自度[194]요 **佛不能度**니
중생자도　　　불불능도

중생은 스스로 제도하는 것이지 부처가 중생을 제도하는 것이 아니다.

若佛能度衆生時엔 **過去諸佛**이 **如微塵數**하야 **一切衆生**을 **總應度盡**이어늘
약불능도중생시　　과거제불　　여미진수　　　일체중생　　총응도진

만약 부처가 중생을 제도할 때엔 과거의 제불이 미진 수만큼 많았기에 일체 모든
중생들을 모두 마땅히 다 제도해야 한다.

何故로 **我等**은 **至今流浪生死**하야 **不得成佛**고
하고　　아등　　지금유랑생사　　　부득성불

무슨 까닭으로 우리들은 지금에 이르기까지 생사에 유랑해서 성불하지 못하는가?

當知衆生이 **自度**요 **佛不能度**니라. **努力努力**하라.
당지중생　　자도　　불불능도　　　노력노력

마땅히 중생이 스스로 제도해야지 부처가 제도하지 못하는 것을 알아야 한다. 노력
하고 또 노력하라.

---

194 『楞伽師資記』권1「慧可章」是知衆生識心自度, 佛不度衆生. 佛若能度衆生過去逢無量恒沙諸佛,
何故我不成佛. (『대정장』권85, p.1285, c22-24) 중생이 자신의 마음을 알고 스스로 제도하는 것일 뿐, 결코
부처님이 중생을 제도하는 것은 아니다. 만약 부처님이 중생을 제도할 수 있다면 과거에 항하사와 같은 수많
은 부처님을 만났는데도 불구하고 무엇 때문에 우리들이 성불하지 못했는가?

自修莫倚他佛力이니 **經云**[195] **夫求法者**는 **不著佛求**라 하니라.
자수막의타불력　　경운　부구법자　불착불구

스스로 닦을 뿐 다른 부처의 힘에 기대지 말라. 경에 대저 법을 구하는 자는 부처에
집착하여 구하지 않는다고 하였다.

195　『佛說維摩詰經』권1「諸法言品5」夫求法者 , 不著佛求 , 不著法求 , 不著眾求. (『대정장』권14,
p.526, c27-28) 법을 구하고자 하는 사람은 부처에 집착해서 법을 구해서도 안 되며, 법에 집착해서 법을 구
해서도 안 되며, 승가에 집착해서 법을 구해서도 안 된다.

같은 곳에 함께 머물지 않음

問 : 於來世中에 **多有雜學**[196] **之徒**어니 **云何共住**오
문 : 어래세중　다유잡학　지도　　운하공주

묻길, 오는 세상에 잡학을 배우는 무리가 많이 있을 것인데 어떻게 함께 살아야 합니까?

答 : 但和其光[197]이오 **不同其業**이라.
답 : 단화기광　　　부동기업

답하길, 다만 그 빛을 온화하게 할 뿐 그 업은 같이 하지 않으니

同處不同位니 **經云**[198] **隨流而性常也**라 하니라
동처부동위　경운　수류이성상야

같은 곳에 있으나 자리는 같이 하지 않는 것이니, 경에 흐름을 따르나 본성은 항상 하다고 하였다.

196　雜學(잡학)은 불도를 배우는 것 이외에 잡다한 외전을 공부하는 것을 말한다. 뒤에 나오는 未學과 같이 연결하여 생각해 보자.

197　和光(화광)은 和光同塵(화광동진)을 줄인 말로서 『노자』 상편 제4장과 하편 제56장에 나오는 말이다. 빛을 감추고 俗塵과 함께 한다는 뜻이다. 불교에서는 불보살이 중생을 제도하기 위하여 거짓으로 깨달음의 지혜광명을 감추고 번뇌의 속진에 섞여 세속에 태어나 중생들과 인연을 맺고 그들을 차츰차츰 불법으로 인도하는 것을 말한다.

198　『華嚴經行願品疏』권7 體性云何湛然不遷. 云過生死, 用性云何隨流性常. 故 不變壞. (『속장경』권5, p.141, a21-22) 본체의 성품이 어떻게 담연하여 옮겨가지 않습니까? 생사를 벗어나 성품은 작용한다. 어떻게 흐름을 따르지만 본성은 항상하는가? 그러므로 변하여 파괴되지 않는다.

只如學道者는 **自爲大事因緣解脫之事**니 **俱勿輕未學**하야 **敬學如佛**하며
지여학도자   자위대사인연해탈지사   구물경미학   경학여불

예를 들어 도를 배우는 사람은 스스로 일대사 인연인 생사해탈의 일만 위하니 모두 경미한 배움이라 하지 말고 배우는 자를 공경하기를 부처와 같이 해야 한다.

不高己德하고 **不嫉彼能**하며 **自察於行**하고 **不擧他過**하면
불고기덕   부질피능   자찰어행   불거타과

자기의 덕을 높이지 말고 남의 능력을 질투하지 말며 스스로 행동을 관찰하고 남의 허물을 들추어내지 말고

於一切處에 **悉無妨礙**하며 **自然快樂也**니라.
어일체처   실무방애   자연쾌락야

일체 모든 곳에서 모두 방해와 걸림이 없으면 자연히 쾌락할 것이다.

重說偈云 忍辱이 **第一道**이니 **先須除我人**이니
중설게운 인욕   제일도   선수제아인

거듭 게송으로 말하면, 인욕이 깨달음의 첫 번째 길이니, 먼저 반드시 아상과 인상을 제거해야 한다.

事來에 **無所受**하야 **卽眞菩提身**이로다.
사래   무소수   즉진보리신

일이 옴에 받아들이지 않으니 곧 참된 깨달음의 몸이다.

일체 모든 곳에 무심함

金剛經云[199] 菩薩이 無我法者는 如來說名眞是菩薩이라.
금강경운   보살   무아법자   여래설명진시보살

『금강경』에 보살이 아상 법상이 없으면 여래께서 참된 보살이라고 말씀하셨다.

又云 不取即不捨하야 永斷於生死하야 一切處에 無心하면 即名諸佛子니라.
우운 불취즉불사   영단어생사   일체처 무심   즉명제불자

또 취하지 않고 버리지도 않기에 영원히 생사가 끊어져서 일체 모든 곳에 무심하면
제불의 아들이라고 했다.

涅槃經云[200] 如來證涅槃하야 永斷於生死라 하니라. 偈曰
열반경운   여래증열반   영단어생사   게왈

『열반경』에 여래가 열반을 증득하여 영원히 생사를 끊었다고 한다. 게송으로 말하면

我今意況大好하야 他人罵是無惱하며 無言不說是非하야 涅槃生死同道로다.
아금의황대호   타인매시무뇌   무언불설시비   열반생사동도

내가 지금 뜻이 너무 좋아서 남들이 욕을 할 때도 괴로움이 없고, 말없이 옳고 그름
을 말하지 않으니 열반과 생사가 같은 길이로다.

---

199 『金剛般若波羅蜜經』권1 須菩提！若菩薩通達無我法者, 如來說名真是菩薩. (『대정장』권8, p.751,
b11-12) 수보리야! 만약 보살이 아상 법상을 통달했다면 여래는 그 사람을 참된 보살이라 할 것이다.

200 『大般涅槃經』권22「光明遍照高貴德王菩薩品10」如來證涅槃, 永斷於生死, 若有至心聽, 常得無量
樂. (『대정장』권12, p.497, b9-10) 여래께서 열반을 증득하여 영원히 생사를 끊으면 만약 마음을 들음에 이
름에 있으면 항상 무량의 즐거움을 체득한다.

識達自家本宗하야 猶來無有靑皂하나 一切妄想分別은 將知世人不了로다.
식달자가본종　　유래무유청조　　일체망상분별　장지세인불료

자기 집의 본래 종지를 통달하여 알아 오히려 푸름과 검음도 없음이나 일체 모든 망상분별을 장차 세상 사람들이 분명하게 알지 못하는 것을 알았다.

寄言凡夫末代하노니 除却心中藁草라하니 我今意況大寬하야 不語無事心安하니
기언범부말대　　제각심중고초　　아금의황대관　　불어무사심안

말세의 범부들에게 말하노니 마음속의 마른 풀을 제거하라. 내가 지금 뜻이 너무 관대하여 말을 하지 않고 잡다한 일이 없어서 마음이 편안하니

從容²⁰¹ 自在解脫이라 東西²⁰² 去易不難이로다. 終日無言寂寞하야
종용　　자재해탈　　동서　　거이불난　　종일무언적막

念念向理事看하니
념념향리사간

침착하고 덤비지 않고 자유자재한 해탈이라 어디를 가든지 쉬워 어려움이 없다. 종일토록 말없이 적막하여 생각 생각마다 이치와 현상을 살펴보니

自然逍遙見道하야 生死定不相干이로다. 我今意況大奇하야 不向世上侵欺라
자연소요견도　　생사정불상간　　아금의황대기　　불향세상침기

자연히 유유자적하고 도를 깨달으니 생사가 결코 서로 방해하지 않는다. 내가 지금 뜻이 너무 기특하여 세간의 침범과 속임을 당하지 않는다.

---

201 從容(종용)은 침착(沈着)하고 덤비지 않는다는 말로, 誘導(유도), 勸奬(권장)의 의미와 같다. 『祖堂集』권5「雲嵒曇晟章」師伯問：師弟有什摩事？ 洞山曰：啓師伯, 得個先師從容之力. (『대장경보유』권3, p.398, a9-10) 사백이 묻길, 사제는 무슨 일이 있는가? 동산이 말하길, 사백님께 여쭈겠습니다, 돌아가신 스승님께서는 어떤 잘 설명하고 달래어 권하는 힘을 체득했습니까?

202 東西(동서)는 집을 나가 돌아다니는 것. 때로는 타국을 방랑하는 뜻으로도 사용된다. 東東西西라고도 한다.

榮華總是虛誑이니 **幣衣麤食充飢**로다. **道逢世人懶語**하니 **世人咸說我癡**[203] 라
영화총시허광　　　폐의추식충기　　　도봉세인라어　　　세인함설아치

부귀영화가 모두 헛되고 속임수이니 헤진 옷을 입고 거친 음식으로 주린 배를 채운
다. 길에서 세상 사람을 만나 말을 게을리하니 세상 사람들은 모두 나를 어리석다고
말하네.

外現瞪瞪[204] **暗鈍**이요 **心中明若琉璃**하야 **黙契羅睺**[205] **密行**하니 **非如凡夫所知**로다.
외현징징　　암둔　　　심중명약유리　　　묵계라후　　밀행　　　비여범부소지

겉으로 나타난 것을 힐끗힐끗 보면 암둔해 보이지만 마음은 밝기가 유리와 같아서
묵연히 라훌라의 밀행에 계합하니 범부들이 알 바 아니다.

吾恐汝等이 **不會了眞解脫理**일새 **再示汝等**하노라.
오공여등　　　불회료진해탈리　　　재시여등

나는 그대들이 분명하게 참된 해탈의 이치를 알지 못할까 두려워 다시 그대들에게
보이노라.

203　『永嘉證道歌』권1 調古神淸風自高, 貌領骨剛人不顧. (『대정장』권48, p.395, c26) 정신은 청정하고
가풍은 절로 높아, 앙상히 마른 골격 사람들은 보지 않네.
『黃檗斷際禪師宛陵錄』권1 如今但一切時中行住坐臥但學無心, 亦無分別亦無依倚, 亦無住著, 終日任運
騰騰, 如癡人相似. 世人盡不識爾, 爾亦不用教人識不識, 心如頑石頭都無縫罅, 一切法透汝心不入, 兀然
無著. 如此始有少分相應. (『대정장』권48, p.386, c4-9) 지금 다만 언제든지 오직 무심을 배워 익혀서 분별
도 없고 의지함도 없고 머무름도 없고 온 종일 본성에 따라 걸림이 없게 하여 마치 어리석고 바보 같은 사람
이 되라. 세상 사람들이 그대를 알아 볼 수 없게 하며 그대도 역시 세상 사람들에게 알려지지 않도록 하여 모
든 법이 그대의 마음에 들어오거나 나가지 않게 하라. 올연히 그 어디에도 주착함이 없게 하라 이렇게 할 때
비로소 진리와 약간의 상응이 있을 것이다.
204　瞪瞪(징징)은 말똥말똥, 힐끗힐끗 보는 것.
205　羅睺는 글자의 수를 맞추기 위하여 羅睺羅를 줄인 것이다. 석존의 嫡子이다. 라훌라의 밀행이라는 것
은 『유마경』권3의 注에 라집의 말이라고 하여 '라훌라는 성문법 중에 밀행제일'이라고 한 것을 가리킨다.

궁극의 청정함

問 : 維摩經云²⁰⁶ 欲得淨土인댄 當淨其心이라 하니 云何是淨心고
문 : 유마경운   욕득정토   당정기심   운하시정심

묻길, 『유마경』에 정토를 얻고자 한다면 마땅히 그 마음을 청정하게 해야 한다고 했
는데 어떻게 그 마음을 청정하게 합니까?

答 : 以畢竟淨²⁰⁷으로 爲淨이니라.
답 : 이필경정   위정

답하길, 필경의 청정으로써 청정함을 삼는다.

問 : 云何是畢竟淨으로 爲淨고
문 : 운하시필경정   위정

묻길, 어떻게 필경의 청정으로 청정함을 삼는 것입니까?

答 : 無淨無無淨이 卽是畢竟淨이니라.
답 : 무정무무정   즉시필경정

답하길, 청정함도 없고 청정함이 없는 것도 없으면 이것이 필경의 청정이다.

---

206 『維摩詰所說經』권1「佛國品1」是故寶積! 若菩薩欲得淨土, 當淨其心, 隨其心淨, 則佛土淨. (『대정
장』권14, p.538, c4-5) 그러므로 보적이여, 만약 보살이 정토를 얻고자 한다면 마땅히 그 마음을 청정히 해야
한다. 그 마음이 청정함에 따라 불토도 청정해진다.

207 번뇌를 떠난 절대 청정한 진리, 열반, 실상, 공성 등을 가리키는 말이다. 청정은 공적이나 공과 같은 뜻
이다. 모두 상대적인 二見을 동시에 초월하고 또 초월했다는 생각까지도 없어야 진공의 상태가 된다고 주장
하는 것과 같다.

問 : 云何是無淨無無淨고
문 : 운하시무정무무정

문길, 어떤 것이 청정함도 없고 청정함이 없는 것도 없는 것입니까?

答 : 一切處無心이 是淨이니 得淨之時에 不得作淨想이 卽名無淨也며
답 : 일체처무심　　시정　　　득정지시　　부득작정상　　즉명무정야

답하길, 일체 모든 곳에서 무심한 것이 청정이며, 청정함을 얻었을 때 청정함을 얻었다는 생각도 하지 않는 것을 청정함이 없다고 하는 것이다.

得無淨時에 亦不得作無淨想이 卽是無無淨也니라.
득무정시　　역부득작무정상　　즉시무무정야

청정함이 없음을 얻었을 때 역시 청정함이 없다는 생각까지도 하지 않는 것이 청정함이 없음도 없는 것이다.

궁극의 깨달음

問 : **修道者**는 **以何爲證**고
문 : 수 도 자　　이 하 위 증

묻길, 불도를 닦는다는 것은 무엇을 깨달음으로 삼습니까?

答 : **畢竟證**이 **爲證**이니라.
답 : 필 경 증　　위 증

답하길, 필경의 깨달음으로써 깨달음으로 삼는다.

問 : **云何是畢竟證**고
문 : 운 하 시 필 경 증

묻길, 무엇이 필경의 깨달음입니까?

答 : **無證無無證**이 **是名畢竟證**이니라.
답 : 무 증 무 무 증　　시 명 필 경 증

답하길, 깨달음도 없고 깨달음이 없음도 없는 것이 필경의 깨달음이다.

問 : **云何是 無證**이며 **云何是無無證**고
문 : 운 하 시 무 증　　　운 하 시 무 무 증

묻길, 어떤 것이 깨달음도 없는 것이며 어떤 것이 깨달음이 없음도 없는 것입니까?

答 : **於外**에 **不染色聲等**하고 **於內**에 **不起妄念心**하야
답 : 어 외　　불 염 색 성 등　　　어 내　　불 기 망 념 심

답하길, 밖으로는 물질과 소리 등의 육경에 물들지 않고 안으로는 망령스러운 생각의 마음을 일으키지 말아야

得如是者는 **卽名爲證**이니 **得證之時**에 **不得作證想**이 **卽名無證也**며
득여시자　즉명위증　　득증지시　부득작증상　즉명무증야

이러한 도리를 체득한 것을 깨달음이라고 하는 것이며 깨달음을 체득했을 때 깨달음을 체득했다는 생각도 하지 않는 것을 깨달음도 없다고 하는 것이다.

得此無證之時에 **亦不得作無證想**이 **是名無證**이며 **卽名無無證也**니라.
득차무증지시　역부득작무증상　시명무증　　즉명무무증야

이 깨달음이 없음을 체득했을 때 역시 깨달음이 없다는 생각마저도 하지 않는 것을 깨달음이 없다고 하고 깨달음이 없음도 없다고 하는 것이다.

참된 해탈

問 : **云何是解脫心**고
문 : 운 하 시 해 탈 심

묻길, 어떤 것이 해탈한 마음입니까?

答 : **無解脫心**하며 **亦無無解脫心**이 **卽名眞解脫也**니
답 : 무 해 탈 심　　　역 무 무 해 탈 심　　　즉 명 진 해 탈 야

답하길, 해탈한 마음도 없고 또한 해탈한 마음이 없음도 없는 것을 참된 해탈이라
한다.

經云[208] **法尙應捨**는 **何況非法也**이리오 하니
경 운　　　법 상 응 사　　　하 황 비 법 야

경에 법도 오히려 마땅히 버려야 하거늘 어찌 하물며 법이 아닌 것을 말해서 무엇하
랴? 하였다.

法者는 **是有**요 **非法**은 **是無也**니
법 자　　　시 유　　　비 법　　　시 무 야

법이란 있음이고 법 아님은 없음이다.

但不取有無하면 **卽眞解脫**이니라.
단 불 취 유 무　　　즉 진 해 탈

다만 있음, 없음을 취하지 않으면 참된 해탈이다.

---

208 『金剛般若波羅蜜經』권1 汝等比丘, 知我說法, 如筏喩者. 法尙應捨, 何況非法. (『대정장』권8, p.749,
b10-11) 그대 비구들은 나의 설법은 마치 뗏목과 같은 줄을 알아야 한다. 법도 오히려 마땅히 버려야 하는데
어찌 하물며 법 아닌 것이겠는가?

궁극의 얻음

問 : **云何得道**오
문 : 운하득도

묻길, 어떻게 불도를 체득합니까?

答 : **以畢竟得**으로 **爲得**이니라.
답 : 이필경득   위득

답하길, 필경에 체득함으로써 얻음을 삼는다.

問 : **云何是畢竟得**고
문 : 운하시필경득

묻길, 무엇이 필경의 체득하는 것입니까?

答 : **無得無無得**이 **是名畢竟得**이니라.
답 : 무득무무득   시명필경득

답하길, 얻음도 없고 얻음이 없음도 없는 것을 필경의 얻음이라고 한다.

궁극의 공함

問 : 云何是畢竟空고
문 : 운하시필경공

묻길, 무엇이 필경공입니까?

答 : 無空無無空이 **卽名畢竟空**이니라.
답 : 무공무무공　즉명필경공

답하길, 공함도 없고 공함이 없음도 없는 것을 필경공이라 한다.

진여의 선정

問 : 云何是眞如定[209]고
문 : 운하시진여정

묻길, 무엇이 진여의 선정입니까?

答 : 無定無無定이 即名眞如定이니
답 : 무정무무정　즉명진여정

답하길, 선정도 없고 선정이 없음도 없는 것을 진여의 선정이라 한다.

經云[210] 無有定法名阿耨多羅三藐三菩提며 亦無定法如來可說이니라
경운　무유정법명아녹다라삼막삼보리　역무정법여래가설

경에 고정된 법이 없음이 아녹다라삼막삼보리라 하며 또한 고정된 법이 없음을 여래께서 설한 것이다.

209　眞如定(진여정)은 定과 無定을 초월한 구극의 선정을 가리킨다.

210　『金剛般若波羅蜜經』권1 須菩提言, 如我解佛所說義, 無有定法名阿耨多羅三藐三菩提, 亦無有定法, 如來可說. (『대정장』권8, p.749, b13- 15) 수보리가 말하길, 제가 여래께서 설하신 것을 이해하기는 고정된 법이 없는 것을 아녹다라삼막삼보리라 하고 또 고정된 법이 없는 것을 여래께서 설했다.

經云[211] **雖修空**이 **不以空爲證**이라 하니 **不得作空想**이 **卽是也**며
경운　수수공　불이공위증　　　　부득작공상　즉시야

경에 비록 공을 닦을지라도 공으로써 깨달음을 삼지 않는다고 하니 공이라는 생각을 하지 않는 것이 곧 이것이다.

雖修定이나 **不以定爲證**하야 **不得作定想**이 **卽是也**며
수수정　　불이정위증　　　부득작정상　즉시야

비록 선정을 닦더라도 선정으로써 깨달음을 삼지 않고 선정을 닦는다는 생각을 하지 않는 것이 곧 이것이다.

雖得淨이나 **不以淨爲證**하야 **不得作淨想**이 **卽是也**니라.
수득정　　불이정위증　　　부득작정상　즉시야

비록 청정함을 체득했더라도 청정함을 깨달음으로 삼지 않고 청정하다는 생각을 하지 않는 것이 곧 이것이다.

若得定得淨하야 **得一切處無心之時**에 **卽作得如是想者**는 **皆是妄想**이라
약득정득정　　　득일체처무심지시　　즉작득여시상자　　　개시망상

만약 선정을 체득하고 청정함을 체득해서 일체 모든 곳에 무심하게 되었을 때라도 그와 같은 생각을 짓는다면 모두 망상이다.

---

211 『維摩詰所說經』권3 「菩薩行品11」 何謂菩薩不住無爲？謂修學空, 不以空爲證, 修學無相, 無作, 不以無相, 無作爲證, 修學無起, 不以無起爲證. (『대정장』권14, p.554, c3-6) 어떻게 보살이 무위에 머무르지 않는다고 말합니까? 공을 배운다고 하지만 공으로써 깨달음을 삼지 않고 무상과 무작을 수학하지만 무상, 무작으로 깨달음을 삼지 말아야 하며 무기를 수학하지만 무기로 깨달음을 삼지 않아야 한다.
『起信論疏』권1 修禪定不住禪定. (『대정장』권44, p.204, a28-29) 선정을 닦되 선정에 주착해서는 안 된다.

卽被繫縛[212]하야 **不名解脫**이니라.
즉피계박　　　　불명해탈

곧 얽어매기에 해탈이라 말하지 않는다.

若得如是之時에 **了了自知**하야 **得自在**하되 **卽不得將此爲證**하야
약득여시지시　　료료자지　　　득자재　　　즉부득장차위증

만약 이러한 도리를 체득했을 때 분명하게 스스로 알아 자유자재함을 체득하면 장차 이것을 깨달음으로 삼지 못한다.

亦不得作如是想時에 **得解脫**이니라.
역부득작여시상시　　득해탈

또한 이러한 생각을 하지 않을 때 곧 해탈할 수 있다.

經云[213] **若起精進心**하면 **是妄非精進也**이라 **若能心不妄**하면 **精進**
경운　　약기정진심　　　시망비정진야　　　약능심불망　　　정진

無有涯라 하니라.
무유애

경에 만약 정진심을 일으키면 이것은 망념이지 정진이 아니다. 만약 마음이 망령되지 않으면 정진이 끝이 없다.

---

212 『南宗頓教最上大乘摩訶般若波羅蜜經六祖惠能大師於韶州大梵寺施法壇經』권1 心不住法, 道即通流, 住即被縛. (『대정장』권48, p.338, b22) 마음이 법에 머무르지 않으면 도는 통하여 흐르고 머무르면 속박을 받는다. 『南宗頓教最上大乘摩訶般若波羅蜜經六祖惠能大師於韶州大梵寺施法壇經』권1 莫百物不思, 當令念絕, 即是法縛, 即名邊見. (『대정장』권48, p.340, c23-24) 여러 가지 생각을 하지 않음으로써 망념을 끊으려고 하지 말라. 이렇게 하는 것은 법에 구속되는 것이고 곧 변견이라 한다.

213 『法句經』권1「普光問如來慈偈答品11」說諸精進業, 為增上慢說. 無增上慢者, 無善無精進. 若起精進心, 是妄非精進. 若能心不妄, 精進無有虛. (『대정장』권85, p.1435, a19-21) 여러 가지 정진을 말하는 것은 증상만을 말하는 것이 된다. 증상만이 없다고 하는 것은 착함도 없고 정진도 없는 것이다. 만약 정진하고자 하는 마음을 일으키면 이는 망심인 것이지 정진이 아니다. 만약 마음이 망령되지 않으면 정진은 허망함이 없다.

중도는 일체 모든 곳에 무심함

問 : **如何是中道**오
문 : 여하시중도

묻길, 무엇이 중도입니까?

答 : **無中間亦無二邊**이 **卽中道也**니라.
답 : 무 중간 역 무 이변　즉 중도야

답하길, 중간도 없고 또한 두 변도 없는 것이 곧 중도입니다.

問 : **云何是二邊**고
문 : 운하시이변

묻길, 무엇이 두 변입니까?

答 : **爲有彼心**하며 **有此心**이 **卽是二邊**이니라.
답 : 위유피심　유차심　즉시이변

답하길, 저 마음이 있고 이 마음이 있으면 곧 두 변이다.

問 : **云何名彼心此心**고
문 : 운하명피심차심

묻길, 무엇이 저 마음이고 이 마음입니까?

答 : **外縛色聲**이 **名爲彼心**이요 **內起妄念**이 **名爲此心**이니라.
답 : 외박색성　명위피심　내기망념　명위차심

답하길, 밖으로 물질과 소리에 속박되는 것이 저 마음이고, 안으로 망념을 일으키는 것을 이 마음이라 한다.

若於外에 **不染色**하면 **卽名無彼心**이요 **內不生妄念**하면
약 어외　불염색　　즉명무피심　　내불생망념

卽名無此心이니 **此非二邊也**니라.
즉명무차심　　차비이변야

만약 밖의 물질에 물들지 않으면 저 마음이 없다고 하고, 안으로 망념이 일어나지 않으면 곧 이 마음이 없다고 하니 이것이 양변이 없다는 것이다.

心旣無二邊이라 **中亦何有哉**아
심기무이변　　중역하유재

마음에 이미 양변이 없다면 중간 또한 어디에 있겠는가?

得如是者는 **卽名中道**니 **眞如來道**니라
득여시자　　즉명중도　　진여래도

이와 같이 체득한 것을 곧 중도라 하니 참된 여래의 도이다.

如來道者는 **卽是一切覺人解脫處也**니
여래도자　　즉시일체각인해탈처야

여래의 도란 곧 일체 모든 깨달은 사람이 해탈한 곳이다.

經云[214] 虛空에 無中邊이라 諸佛身亦然이라 하니라
경운　허공　무중변　　제불신역연

경에 허공에는 중간도 변도 없으니 제불의 몸도 또한 그러하다.

然하야 一切色空者는 卽一切處無心也요
연　　일체색공자　즉일체처무심야

그러하여 일체 모든 물질이 공하다고 하는 것은 곧 일체 모든 곳에 무심한 것이다.

一切處無心者는 卽一切色性空이니 二義無別하야 亦名色空이며 亦名無色法也니라.
일체처무심자　즉일체색성공　　이의무별　　역명색공　　역명무색법야

일체 모든 곳에 무심하다는 것은 곧 일체 모든 물질의 본성이 공하다는 것이니 두 가지 뜻이 다름이 없기에 또한 물질이 공하다고 하고 또한 일체 제법은 형체가 없다는 것이다.

汝若離一切處無心하고 得菩提解脫과 涅槃寂滅과 禪定見性者는 非也라.
여약리일체처무심　　득보리해탈　　열반적멸　　선정견성자　　비야

그대가 만약 일체 모든 곳에 무심함을 여의고 보리, 해탈, 열반, 적멸, 선정, 견성 등을 체득했다고 하는 것은 옳지 않다.

---

214 『如來莊嚴智慧光明入一切佛境界經』권2 諸佛虛空相, 虛空亦無相, 離諸因果故, 敬禮無所觀. 虛空無中邊, 諸佛身亦然, 心同虛空故, 敬禮無所觀. (『대정장』권12, p.247, c28-p. 248, a3), 『中觀論疏』권5「六種品5」故文殊十禮經云, 諸佛虛空相, 虛空亦無相. 離諸因果故, 敬禮無所觀. (『대정장』권42, p.70, b18-20), 『大聖文殊師利菩薩讚佛法身禮』권1 諸佛虛空相, 虛空亦無相, 離諸因果故, 敬禮無所觀. 著於諸法, 如水月無取, 遠離於我相,　敬禮無所觀. (『대정장』권20, p.937, b1-5) 제불은 허공과 같고 허공 역시 모양이 없다. 모든 인과를 여읜 까닭으로 볼 바가 없는 것에 경례한다. 허공과 중간은 변이 없으니 제불의 몸도 또한 그러하다. 마음이 허공과 같으므로 볼 바가 없는 것에 경례한다.

一切處無心者는 **卽修菩提解脫**이고 **涅槃寂滅**이며 **禪定及至六度**에도 **皆見性處**니라
일체처무심자　즉수보리해탈　　열반적멸　　선정급지육도　　개견성처

일체 모든 곳에 무심한 것은 곧 보리, 해탈, 열반, 적멸, 선정을 닦아 그리고 육바라
밀에 이르니 모두 성품을 보는 곳이다.

何以故오 **金剛經云**[215] **無有少法可得**이 **是名阿耨多羅三藐三菩提也**니라.
하이고　　금강경운　　무유소법가득　　시명아녹다라삼막삼보리야

왜냐하면 『금강경』에 조그마한 법이라도 얻을 수 없는 것을 아녹다라삼막삼보리라
고 했다.

---

215 『金剛般若波羅蜜經』권1 如是, 如是! 須菩提! 我於阿耨多羅三藐三 菩提乃至無有少法可得, 是
名阿耨多羅三藐三菩提. (『대정장』권8, p.751, c21-23) 그러하고 그러하다. 수보리여, 나의 아녹다라삼막삼
보리는 심지어 작은 법도 얻을 수 없기에 아녹다라삼막삼보리라 한다.

일체 모든 곳에 무심함이 해탈

問 : 若有修一切諸行하야 **具足成就**하면 **得受記否**아
문 : 약유 수일체 제행   구족 성취   득수기부

묻길, 만약 일체 모든 행을 닦아서 구족성취하면 수기를 얻을 수 있습니까?

答 : 不得이니라.
답 : 부득

답하길, 얻지 못한다.

問 : 若以一切法無修하야 **得成就**하면 **得受記否**아
문 : 약이일체법무수   득성취   득수기부

묻길, 만약 일체 모든 법을 닦지 않고 성취하면 수기를 받습니까?

答 : 不得이니라.
답 : 부득

답하길, 얻지 못한다.

問 : 若恁麼時에 **當以何法而得受記**오
문 : 약임마시   당이하법이득수기

묻길, 만약 그러할 때 마땅히 어떤 법으로써 수기를 받습니까?

答 : 不以有行하며 **亦不以無行**하면 **卽得受記**니
답 : 불이유행   역불이무행   즉득수기

답하길, 수행함에 있지 않고 또한 수행 안 함에 있지 않으면 수기를 받을 수 있다.

何以故오 **維摩經云**[216] **諸行性相**이 **悉皆無常**이라 하며
하 이 고   유 마 경 운   제 행 성 상   실 개 무 상

왜냐하면 『유마경』에 모든 행의 본성과 모양은 모두 다 무상하다고 했으며,

涅槃經云[217] **佛告迦葉**하되 **諸行**은 **是常**이라 **無有是處**라하니
열 반 경 운   불 고 가 섭   제 행   시 상   무 유 시 처

『열반경』에 부처님이 가섭에게 이르시길, 모든 행이 항상하다는 것은 옳지 않다고
하셨다.

汝但一切處無心하면 **卽無諸行**[218] 하며 **亦無無行**하야 **卽名受記**[219]니라.
여 단 일 체 처 무 심   즉 무 제 행   역 무 무 행   즉 명 수 기

그대는 다만 일체 모든 곳에 무심하면 곧 모든 행도 없고 또한 모든 행이 없음도 없
어야 곧 수기라 한다.

所言一切處無心者는 **無憎愛心**이니
소 언 일 체 처 무 심 자   무 증 애 심

이른바 일체 모든 곳에 무심하다는 것은 미워하고 사랑하는 마음이 없는 것이니

---

216 『유마경』에는 보이지 않는데 대주혜해 선사가 의미를 채용한 것 같다.

217 『열반경』에 보이지 않는데 다만 '諸行是常'이라는 말이 3번 나오는데 대주혜해 선사가 의미를 채용한
것 같다.

218 一切諸行의 행은 범어 carya, 또는 carita를 번역한 것이다. 깨달음에 이르기 위한 수행, 또는 행법을
가리킨다. 諸行性相과 諸行是常의 행은 오온 가운데 하나인 saṃskāra이다. 이것은 조작, 遷流, 爲作의 뜻
이다.

219 受記(수기)의 記는 記別을 줄인 것이다. 부처님이 수행중인 제자에게 당래에 반드시 부처가 될 것이라
고 기별하는 것을 말한다. 受記는 授記라고도 쓴다.

是言無憎愛者는 **見好事**하고 **不起愛心**이 **卽名無愛心也**오
시언무증애자   견호사   불기애심   즉명무애심야

미워하고 사랑하는 마음이 없다는 것은 좋은 일을 보고도 사랑하는 마음이 일어나지 않는 것을 곧 사랑하는 마음이 없다고 하는 것이다.

見惡事하고 **亦不起憎心**이 **卽名無憎心也**라.
견악사   역불기증심   즉명무증심야

나쁜 일을 보고 또한 미워하는 마음이 일어나지 않는 것을 미워하는 마음이 없다고 하는 것이다.

無愛者는 **卽名無染心**이니 **卽是色性空也**요
무애자   즉명무염심   즉시색성공야

사랑함이 없다는 것은 곧 물든 마음이 없다고 하니 곧 색의 성품이 공한 것이다.

色性空者는 **卽是萬緣俱絶**이요
색성공자   즉시만연구절

물질의 본성이 공하다는 것은 곧 만 가지 인연이 끊어진 것이다.

萬緣俱絶者는 **自然解脫**이니라.
만연구절자   자연해탈

만 가지 인연이 끊어진 것을 자연 해탈이라 한다.

汝細看之하야 **若未惺惺了時**엔 **卽須早問**이요 **勿使空度**하라
여세간지   약미성성료시   즉수조문   물사공도

그대는 자세히 살펴봐야 한다. 만약 분명하게 깨닫지 못했을 땐 반드시 빨리 물어야 하지 헛되이 보내지 말라.

汝等이 **若依此敎修**하야 **不解脫者**인댄 **吾卽終身爲汝受大地獄**[220]하며
여등　약의차교수　　　불해탈자　　　오즉종신위여수대지옥

그대들이 만약 이 가르침을 의지하여 수행했는 데도 해탈하지 못한다면 나는 몸이
다하도록 그대들을 위하여 대지옥의 고통을 받을 것이다.

吾若誑汝者면 **吾當所生處**에 **爲師子虎狼所食**하리라.
오약광여자　　오당소생처　　위사자호랑소식

내가 만약 그대를 속였다면 나는 태어나는 곳마다 사자, 호랑이, 이리의 먹이가 될
것이다.

汝若不依敎하고 **自不勤修**하면 **卽不知也**라
여약불의교　　　자불근수　　　즉부지야

그대가 만약 이 가르침을 의지하지 않고 스스로 부지런히 수행하지 않으면 곧 알지
못한다.

一失人身[221] 하면 **萬劫不復**이니 **努力努力**하야 **須合知爾**니라.
일실인신　　　　만겁불복　　　노력노력　　　수합지이

한번 사람의 몸을 잃으면 만겁에도 회복하지 못하니 노력하고 또 노력하여 반드시
맞게 알 뿐이다.

220　『最上乘論』권1 若我誑汝當來墮十八地獄. 指天地爲誓. 若不信我, 世世被虎狼所食. (『대정장』권
48, p.379, b8-9) 만약 내가 그대를 속이면 당래에 18지옥에 떨어질 것이다. 천지를 가리켜 맹세한다. 만약
나를 믿지 않으면 세세생생에 호랑이와 이리의 밥이 될 것이다.

221　『梵網經』권2 一失人身萬劫不復. (『대정장』권24, p.1003, a26-27)

頓悟入道要門論 卷上

돈오입도요문론 권상

吳江居士吳瑞徵施貲刻此

오강거사오서징시자각차

오강(**江蘇**강소성) 거사 오서징이 시주하여 이것을 판각했다.

頓悟入道要門論上卷 資先考霽宇府君冥福了緣居士對

돈오입도요문론상권 자선고제우부군명복료록거사대

돈오입도요문론상권 돌아가신 제우부군 아버지의 명복을 빌며 요연거사가 맞추어 보고

長洲徐普書　溧水端學堯刻

장주서보서　율수단학요각

장주서보가 쓰고 율수단 수행자 요가 판각하다.

萬曆丁酉夏六月　徑山興聖萬壽禪寺識

만력정유하유월　경산흥성만수선사지

명나라 신종 황제 25년(1597) 여름 유월에 경산흥성 만수선사에서 적었다.

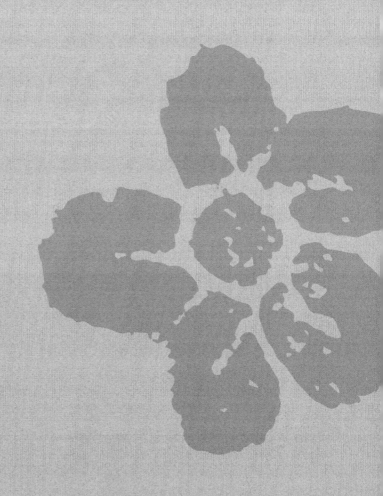

大珠慧海略傳대주혜해약전

師는 **初至江西**로 **參馬祖**더니
사   초지강서   참마조

대주혜해는 처음 강서로 가서 마조 스님을 참배하였더니

祖問曰, 從何處來인가?
조문왈, 종하처래

마조 스님이 물어 말하길, 어디에서 왔는가?

曰, 越州大雲寺來이다
왈, 월주대운사래

이르길, 월주 대운사에서 왔습니다.

祖曰, 來此擬須何事인가
조왈, 래차의수하사

마조 스님이 말하길, 이곳에 와서 무슨 일을 하려고 하는가?

曰, 來求佛法이다.
왈, 래구불법

이르길, 불법을 구하려고 왔습니다.

祖曰, 自家寶藏不顧하고 **拋家散走作什麼**인가
조왈 자가보장불고   포가산주작십마

마조 스님이 말하길, 자기 집의 보배창고는 돌아보지 않고 집을 내버리고 쓸데없이
다니면서 무엇을 하려고 하는가?

我這裏一物也無인데 **求什麼佛法**인가
아 저 리 일 물 야 무 　 구 십 마 불 법

여기에는 하나의 물건도 없는데 어떤 불법을 구하려고 하는가?

師遂禮拜問曰, 阿那箇是慧海自家寶藏인가
사 수 례 배 문 왈 　 아 나 개 시 혜 해 자 가 보 장

선사가 마침내 예배하고 물어 말하길, 무엇이 혜해 자기 집의 보배창고 입니까?

祖曰, 即今問我者가 **是汝寶藏**이라 **一切具足**하고 **更無欠少**하니
조 왈, 즉 금 문 아 자 　 시 여 보 장 　 일 체 구 족 　 갱 무 흠 소

마조가 말하길, 지금 나에게 묻고 있는 사람이 그대의 보배창고이다. 일체 모든 것이
갖추어져 있어 다시 조금도 모자라는 것이 없고

使用自在하여 **何假向外求覓**이라
사 용 자 재 　 하 가 향 외 구 멱

자유롭게 사용할 수 있는데 어찌 밖에서 구할 필요가 있겠는가?

師於言下大悟하고 **識自本心**하며 **不由知覺**하여 **踊躍禮謝**하고 **師事六載**이라
사 어 언 하 대 오 　 식 자 본 심 　 불 유 지 각 　 용 약 례 사 　 사 사 육 재

선사가 말끝에 크게 깨달아 자기의 본래 마음을 알았으며 의식의 작용으로 말미암
은 것이 아님을 알고 뛸 듯이 기뻐서 공경하여 보답하고자 6년 동안 마조 스님을 모
셨다.

後以受業師²²² 年老하여 遽歸奉養이라
후이수업사 　년로 　거귀봉양

그 후 스승께서 연로하여 갑자기 돌아가 봉양을 하였다.

乃晦迹藏用하고 外示癡訥하며 自撰頓悟入道要門論一卷이니
내회적장용 　외시치눌 　자찬돈오입도요문론일권

이에 종적을 감추고 작용을 감추고 겉으로 어리석고 어눌한 척하면서 스스로 『돈오입도요문론』 1권을 지었다.

法門師姪인 玄晏이 竊出하여 江外呈馬祖하니
법문사질 　현안 　절출 　강외정마조

문중의 선사의 조카인 현안이 그것을 훔쳐서 강서로 가지고 가서 마조 스님께 보여드렸다.

祖覽訖謂眾曰, 越州有大珠²²³가 圓明光透하니 自在無遮障處也라
조람흘위중왈 월주유대주 　원명광투 　자재무차장처야

마조 스님이 읽기를 마치고 대중에게 말하길, 월주에 큰 구슬이 있는데 둥글고 밝은 빛이 자유자재로 투과하여 막히는 곳이 없다.

眾中有知師姓朱者가 迭相推識하여 結契來越上尋訪依附하다
중중유지사성주자 질상추식 　결계래월상심방의부

대중 중에 선사의 성씨가 주씨인 것을 알고 있는 이가 있어 서로 번갈아 연분을 맺어 월주로 와서 스님을 의지해서 입문했다.

---

222 受業師(수업사)는 得度(득도: 계를 주어 스님이 되게 함)와 그 후의 지도를 하는 스님, 여기서는 대주의 스승인 도지화상을 말한다.

223 혜해의 성인 朱와 연관시켜 큰 구슬이라고 한 것이다.

時號大珠和尚也라

시호대주화상야

그때 대주 화상이라 불리었다.

(師諱慧海이고 **建州人**이라 **依越大雲寺道智和受業**이라)

사휘혜해   건주인   의월대운사도지화수업

스님의 시호는 혜해이고, 건주 사람이다. 월주 대운사의 도지 화상에게 득도하고 그 밑에서 수행했다.

나는 선을 알지 못한다

師謂學徒曰, 我不會禪여서 **竝無一法可示於人**이라

사위학도왈　아불회선　　　병무일법가시어인

선사께서 도를 수행하는 사람들에게 말하길, 나는 선을 알지 못하기에 아울러 하나의 법도 남에게 보일 것이 없다.

故不勞汝久立[224]하여 **且自歇去**하라

고불로여구립　　　　차자헐거

그러므로 그대는 쓸데없이 오래 서 있지 말고 우선 가서 쉬어라.

時學侶漸多하여 **日夜叩激**이라

시학려점다　　　일야고격

그때 학인들이 점점 많이 모여 밤낮으로 지도를 요청했다.

事不得已하여 **隨問隨答**하니 **其辯**[225] **無礙**라

사부득이　　수문수답　　　기변　　무애

일이 부득이해서 물음에 따라 답을 하니 그 변재가 막힘이 없었다.

224　久立(구립)은 당대에 주지가 법당의 법상에서 설법할 때 선승들은 나란히 서서 법문을 들었다. 설법이 길면 오랫동안 서서 법문을 들었기 때문에 피곤할 테니 그만 쉬라는 뜻이고, 珍重(진중)은 헤어질 때 인사말로 佛道(불도) 大事(대사)를 위해서 자신을 소중히 여기라는 뜻이다. 『鎭州臨濟慧照禪師語錄』 少信根人終無了日, 久立珍重. (『대정장』권47, p.496, c2-3) 근본의 믿음이 적은 사람은 끝내 요달할 날이 없을 것이다. 오래 서서 법문 듣느라 수고했다, 가서 쉬어라.

225　말하는 솜씨가 교묘한 것으로 辯才라고도 한다. 『維摩詰所說經』권1 「方便品2」 得無生忍, 辯才無礙. (『대정장』권14, p.539, a9-10) 무생법인을 체득하여 변재가 걸림이 없다.

무엇이 부처입니까

時有法師[226] **數人來謁曰, 擬伸一問**하니 **師還對否**니까?

시유법사　수인래알왈　의신일문　　사환대부

한때 법사 몇 사람이 와서 배알하고 말하길, 한 가지 질문을 하고자 하는데 스님께 서 대답해 주시겠습니까?

師曰, 深潭月影을 **任意撮麼**리오

사왈　심담월영　　임의촬마

선사가 말하길, 깊은 연못의 달그림자는 마음대로 취해도 좋습니다.

問, 如何是佛인가

문　여하시불

묻길, 무엇이 부처입니까?

師曰, 淸譚對面인데 **非佛而誰**인가 **眾皆忙然**[227]이라

사왈　청담대면　　비불이수　　중개망연

선사가 말하길, 맑은 연못을 보고 있는 그 사람이 부처가 아니고 누구이겠는가? 대 중 모두 어안이 벙벙했다.

226　불법의 스승으로서 師僧의 일반적인 호칭에 이용되지만 선사가 선정을 닦는 스님, 즉 선종의 스님으로 서 이용되어 지는 것에 대하여 법사는 敎相의 스님으로서 이용되어 지는 경우가 많다. 그러나 엄밀하게 구별 하여 쓰지 않으며 예외도 있다.

227　忙然(망연)은 茫然(망연: 아무 생각 없이 멍함)과 같은 의미이다.

(**法眼云**[228], **是即沒交渉**이라)
법안운,　시즉몰교섭

법안이 이르길, 이러한 것이라면 부처와 전혀 관계가 없다

良久하고 **其僧又問**하길 **師說何法度人**인가
양구　기승우문　사설하법도인

조금 있다가, 그 스님이 또 묻길, 스님께서는 어떤 법을 설해서 사람들을 제도합니까?

師曰, 貧道[229]는 **未曾有一法度人**이라
사왈　빈도　미증유일법도인

선사가 말하길, 빈도에게는 일찍이 사람들을 제도할 하나의 법도 있지 않았습니다.

曰, 禪師家渾如此라
왈　선사가혼여차

말하길, 선사들은 모두 이와 같군요.

師却問曰, 大德은 **說何法度人**인가
사각문왈　대덕　설하법도인

선사가 도리어 물어 말하길, 대덕은 어떤 법을 설하여 사람들을 제도합니까?

曰, 講金剛般若經이라
왈　강금강반야경

말하길, 『금강반야경』을 강의 합니다.

228　법안문익(885-958)은 절강성 출신으로 처음 복주의 장경혜릉에게 나아가 수행했지만 뒤에 라한계침의 법을 이었다. 五家의 하나인 법안종의 祖이다. 어록 외에 自著로 『종문십규론』이 있다.

229　貧道(빈도)는 승려의 별칭.

師曰, 講幾座來인가
사 왈 강 기 좌 래

선사께서 말하길, 몇 번이나 강의 했습니까?

曰, 二十餘座라
왈 이 십 여 좌

말하길, 20번 정도 강의 했습니다.

師曰, 此經은 **是阿誰說**인가
사 왈 차 경 시 아 수 설

선사께서 말하길, 이 경전은 누가 설한 것입니까?

僧抗聲曰, 禪師相弄니까 **豈不知是佛說耶**니까
승 항 성 왈 선 사 상 롱   기 부 지 시 불 설 야

그 스님이 소리 높여 말하길, 선사께서는 저를 조롱하십니까? 어찌 부처님이 설하신
걸 모르신단 말입니까?

師曰, 若言如來가 **有所說法**이면 **則為謗佛**이라
사 왈 약 언 여 래   유 소 설 법   즉 위 방 불

선사께서 말하길, 만약 부처가 설하신 법이 있다면 곧 부처를 비방하는 것입니다.

是人은 **不解我所說義**라 **若言此經**이면 **不是佛說**이며 **則是謗經**이라
시 인   불 해 아 소 설 의   약 언 차 경   불 시 불 설   즉 시 방 경

請大德說看하소서
청 대 덕 설 간

이 사람은 내가 설한 뜻을 알지 못하는 것입니다. 만약 이 경을 부처가 설하신 것이
아니라면 곧 경을 비방하는 것입니다. 청컨대 대덕께서 설해 주십시오.

僧無對라

승무대

그 스님이 대답이 없었다.

師少頃又問, 經云[230], **若以色見我**하고 **以音聲求我**하면

사소경우문 경운, 약이색견아 이음성구아

是人行邪道여서 **不能見如來**라

시인행사도 불능견여래

선사께서 조금 있다 또 묻길, 경에 만약 형상으로 나를 찾거나, 음성으로 나를 찾고
자 한다면 이 사람은 삿된 도를 행하는 것으로 여래를 친견하지 못한다.

大德且道하라 **阿那箇是如來**인가

대덕차도 아나개시여래

대덕은 우선 말해보십시오, 무엇이 여래입니까?

曰, 某甲은 **到此却迷去**라

왈 모갑 도차각미거

말하길, 제가 여기서는 도리어 알지 못합니다.

師曰, 從來未悟한데 **說什麼却迷**리오

사왈 종래미오 설십마각미

선사께서 말하길, 지금까지 알지 못했는데 무엇을 알지 못한다고 말합니까?

---

230 『金剛般若波羅蜜經』권1 若以色見我, 以音聲求我, 是人行邪道, 不能見如來. (『대정장』권8, p.752,
a17-18)

僧曰, 請禪師爲說이오
승왈 청선사위설

그 스님이 말하길, 청컨대 선사께서는 말씀해 주십시오.

師曰, 大德은 **講經二十餘座**인데 **却不識如來**인가
사왈 대덕   강경이십여좌   각불식여래

선사께서 말하길, 대덕은 『금강경』을 20회나 강의 했는데 도리어 여래를 모르십니까?

其僧再禮拜하고 **願垂開示**하오
기승재예배   원수개시

그 스님이 다시 예배하고 가르침을 설해주시길 원했다.

師曰, 如來者는 **是諸法如義**[231]인데 **何得忘却**인가
사왈 여래자   시제법여의   하득망각

선사께서 말하길, 여래란 제법의 있는 그대로의 이치인데 어찌 망각하겠습니까?

曰, 是오 **是**오 **諸法如義**라
왈 시   시   제법여의

말하길, 그렇습니다. 그렇습니다. 제법의 있는 그대로입니다.

師曰, 大德是는 **亦未是**라
사왈 대덕시   역미시

선사께서 말하길, 대덕의 그렇습니다는 또한 그렇지 않은 것입니다.

---

231 『金剛般若波羅蜜經』如來者, 即諸法如義. (『대정장』권8, p.751, a26-27)

曰, **經文分明**인데 **那得未是**니까
왈 경문분명　　나득미시

말하길, 경에 분명하게 말하는데 어찌 그렇지 않다고 하십니까?

師曰, 大德은 **如否**인가
사왈　대덕　여부

선사께서 말하길, 대덕은 있는 그대로입니까?

曰, **如**이다
왈　여

말하길, 있는 그대로입니다.

師曰, 木石도 **如否**인가
사왈,　목석　여부

선사께서 말하길, 나무와 돌도 있는 그대로입니까?

曰, **如**이다
왈　여

말하길, 있는 그대로입니다.

師曰, 大德의 **如同木石如否**인가
사왈　대덕　여동목석여부

선사께서 말하길, 대덕의 있는 그대로는 나무와 돌과 같습니까?

曰, **無二**라
왈　무이

말하길, 다르지 않습니다.

師曰, 大德與木石은 何別인가
사 왈 대 덕 여 목 석   하 별

선사께서 말하길, 대덕과 목석은 무엇이 다릅니까?

僧無對하고 **乃歎云**하길 **此上人者**는 **難爲酬對**라 **良久却問, 如何得大涅槃**인가
승 무 대   내 탄 운   차 상 인 자 난 위 수 대   양 구 각 문 여 하 득 대 열 반

그 스님이 대답을 못하고 이에 탄식하며 말하길, 이 고승과는 대적하기 어렵다. 조금
있다가 도리어 묻길, 어떻게 대열반을 체득할 수 있습니까?

師曰, 不造生死業이라
사 왈 부 조 생 사 업

선사께서 말하길, 생사의 업을 짓지 않는 것입니다.

對曰, 如何是生死業인가
대 왈 여 하 시 생 사 업

대답하길, 무엇이 생사의 업입니까?

師曰, 求大涅槃이 **是生死業**이고 **捨垢取淨**하면 **是生死業**이라
사 왈 구 대 열 반   시 생 사 업   사 구 취 정   시 생 사 업

선사께서 말하길, 열반을 구하는 것이 생사의 업입니다. 더러움을 버리고 깨끗함을
취하는 것이 생사의 업입니다.

有得有證이 **是生死業**이고 **不脫對治門**²³²이 **是生死業**이라

유득유증　　시생사업　　불탈대치문　　　시생사업

얻음이 있고 깨달음이 있는 게 생사의 업입니다. 대치문에서 벗어나지 못하는 게 생사의 업입니다.

曰, 云何即得解脫인가

왈　운하즉득해탈

말하길, 어떻게 곧 해탈할 수 있습니까?

師曰, 本自無縛하니 **不用求解**이고 **直用直行**하면 **是無等等**²³³이라

사왈　본자무박　　불용구해　　직용직행　　시무등등

선사께서 말하길, 본래 스스로 속박하는 것이 없기에 해탈을 구할 필요도 없고, 곧바로 작용하고 곧바로 행하면 같음이 없이 같은 것입니다.

僧曰, 如禪師와 **和尚者**는 **實謂希有**하고 **禮謝而去**라

승왈　여선사　화상자　실위희유　　예사이거

그 스님이 말하길, 선사와 같은 스님은 진실로 희유합니다. 말하고 감사의 예를 올리고 물러갔다.

232　對治(대치)라는 것은 범어 pratipakṣā를 번역한 것이다. 도를 가지고 번뇌를 끊는 법문. 이 경우 道는 能對治이고 번뇌는 所對治이다. 따라서 능소로 갈라진다. 대주 혜해선사는 이 능소의 2견을 문제로 삼아 대치문을 생사의 업이라고 주장하고 있다.

233　無等(무등)은 범어 asama를 번역한 것이다. 부처는 그 밖에 같은 것이 없기 때문에 무등이라 한다. 부처는 보살들과 비교해서는 무등이지만 부처와 부처는 완전히 동등하기 때문에 부처의 경우에는 또 等자를 더하여 無等等이라 한다. 이는 범어 asama-sama를 번역한 것이다.

마음이 곧 부처

有行者[234] **問, 即心即佛**[235]이라 하는데 **那箇是佛**니까
유행자　문　즉심즉불　　　　　　나개시불

어떤 수행자가 묻길, 마음이 곧 부처라고 했는데 어떤 것이 부처입니까?

師云, 汝疑那箇不是佛인가 **指出看**하라
사운　여의나개불시불　　　지출간

선사께서 이르길, 그대는 어떤 것이 부처가 아니라고 의심하는가? 가리켜 보여 봐라.

無對라
무대

행자가 대답이 없었다.

師曰, 達即徧境是하고 **不悟永乖疎**니라
사왈　달즉편경시　　　불오영괴소

선사께서 말하길, 통달하면 곧 경계에 두루하고, 깨닫지 못하면 영원히 어그러지고 멀어진다.

234　行者(행자)는 불도의 수행자로 비구를 말한다.

235　『景德傳燈錄』권6「江西道一章」一日謂眾曰, 汝等諸人各信自心是佛, 此心即是佛心. (『대정장』권51, p.246, a4-5) 마조가 하루는 대중에게 이르길, 그대들 모든 사람들은 각자 자신의 마음이 부처인 것을 확신해야 한다. 이 마음이 곧 불심이다.

법명 율사와의 문답

有律師[236] **法明**이 **謂師曰, 禪師家多落空**이라
유율사　법명　위사왈　선사가다락공

율사 법명이 선사께 물어 말하길, 선을 수행하는 무리는 다 공에 떨어져 있습니다.

師曰, 却是座主[237] **家**가 **多落空**이라
사왈　각시좌주　가　다락공

선사께서 말하길, 도리어 경전을 강의하는 좌주들이 모두 공에 떨어져 있습니다.

法明大驚曰 何得落空인가
법명대경왈　하득락공

법명이 크게 놀라 말하길, 어찌 공에 떨어져 있다는 것입니까?

師曰, 經論은 **是紙墨文字**이고 **紙墨文字者俱空**이라
사왈　경론　시지묵문자　지묵문자자구공

선사께서 말하길, 경과 논은 종이와 먹과 문자인데 단지 종이와 먹과 문자는 모두 공한 것입니다.

設於聲上建立名句等法이라도 **無非是空**이라
설어성상건립명구등법　　무비시공

설사 소리에 여러 가지 말들을 세우지만 공하지 아니함이 없습니다.

236　律師(율사)는 경율론 삼장 중에 계율에 정통한 사람을 말함.

237　座主(좌주)는 학덕이 높아서 한 강좌 주(主)가 되는 이를 이른다. 여기서는 율사에 대한 존칭으로 쓰였다.

座主는 **執滯敎體**이니 **豈不落空**이라
좌주 집체교체 기불락공

좌주는 교리의 당체에 집착하여 있으니 어찌 공에 떨어져 있지 않다고 하겠습니까?

法明曰, 禪師落空否[238]인가
법명왈 선사락공부

법명이 말하길, 선사는 공에 떨어지지 않습니까?

師曰, 不落空이라
사왈 불락공

선사께서 말하길, 공에 떨어지지 않습니다.

曰, 何却不落空인가
왈 하각불락공

말하길, 어찌 공에 떨어지지 않습니까?

師曰, 文字等은 **皆從智慧而生**이어서 **大用現前**이니 **那得落空**인가
사왈 문자등 개종지혜이생 대용현전 나득락공

선사께서 말하길, 문자 등은 모두 지혜로부터 생겨나 바로 눈앞에서 크게 작용하는데 어찌 공에 떨어졌겠는가?

---

238 『景德傳燈錄』권28 「南陽慧忠章」曰本來無莫落空否, 師曰, 空旣是無墮從何立. (『대정장』권51, p.439, a18-19) 말하길, 본래 없다고 하면 공에 떨어진 것이 아닙니까? 선사께서 말하길, 공이 이미 없는데 떨어진다는 것은 어디서부터 세웠는가? 『宗鏡錄』권90 莫怕落空沈斷見, 萬法皆從此處生. (『대정장』권48, p.910, a27) 공에 떨어지고 단견에 빠질까 두려워하지 말라. 만법은 모두 이곳에서 생긴다. 『南宗頓敎最上大乘摩訶般若波羅蜜經六祖惠能大師於韶州大梵寺施法壇經』권1 若空心坐禪, 卽落無記空. (『대정장』권48, p.339, c26) 만약 마음을 비워 좌선하면 곧 무기공에 떨어진다.

法明曰, 故知一法不達이면 **不名悉達**[239][240]이라

법명왈 고지일법부달   불명실달

법명이 말하길, 그러므로 하나의 법이라도 통달하지 못하면 다 통달했다고 말하지 않음을 알았습니다.

師曰, 律師는 **不唯落空**하고 **兼乃錯用名言**이라

사왈 율사 불유락공   겸내착용명언

선사께서 말하길, 율사는 오직 공에 떨어졌을 뿐만 아니라 아울러 말도 잘못 사용하고 있습니다.

法明作色問曰, 何處是錯인가

법명작색문왈   하처시착

법명이 안색을 바꾸고 물어 말하길, 어느 곳이 잘못되었습니까?

師曰, 律師는 **未辨華竺之音**인데 **如何講說**인가

사왈 율사 미변화축지음   여하강설

선사께서 말하길, 율사는 아직 중국어와 인도의 음도 분별하지 못하고 있습니다. 어찌 강의하고 있습니까?

曰, 請禪師는 **指出法明錯處**이오

왈 청선사   지출법명착처

말하길, 청컨대 선사께서 제가 잘못된 곳을 가리켜 주십시오.

---

239 대주 선사가 말하는 문자연구의 의의를 법명은 가볍게 생각해 버리고 만다. 거기서 대주가 悉達이 원래 범어인 것을 신랄하게 지적한 것에 의하여 말을 표면적으로만 받아들인 이해의 얕음을 간접적으로 풍자한 것이다.

240 悉達(실달)은 범어 savārthasiddha이다. 석가가 정반왕의 태자이었던 때의 이름이다.

師曰, 豈不知悉達이 **是梵語耶**라, **律師**는 **雖省過**나 **而心猶憤然**이라
사왈 기부지실달 시범어야 율사 수성과 이심유분연

선사께서 말하길, 어찌 실달이 범어인 줄 알지 못합니까? 율사는 비록 잘못 알았지만 마음에는 오히려 분함이 있었다.

(具梵語로 **薩婆曷剌他悉陀**이고 **中國翻**하면 **云一切義成**이라
구범어 살바갈랄타실타 중국번 운일체의성

舊云으로 **悉達多**는 **猶是訛略具語**라)
구운 실달다 유시와략구어

자세하게 범어로 살바갈랄타실타이고, 중국어로 번역하면 일체 모든 뜻을 이룬 것이고, 옛날에는 실달다라 일렀는데 오히려 잘못 줄인 말이다.

又問曰, **夫經律論**은 **是佛語**인데 **讀誦**하고 **依教奉行**인데 **何故不見性**인가
우문왈 부경률론 시불어 독송 의교봉행 하고불견성

또 물어 말하길, 대저 경과 율과 논은 부처님의 말씀인데 읽고 외우고 가르침에 의지하여 받들어 실행하는데 무슨 까닭으로 성품을 깨닫지 못합니까?

師曰, **如狂狗趣塊**지만 **師子咬人**[241]이라 **經律論**은 **是自性用**이고 **讀誦者是性法**이라
사왈 여광구진괴 사자교인 경률론 시자성용 독송자시성법

선사께서 말하길, 미친개는 흙덩이를 쫓지만 사자는 사람을 무는 것과 같습니다. 경율론은 자성의 작용이고, 독송은 성품의 법입니다.

---

241 달마대사의 『絶觀論』에 如犬逐塊不逐人, 如師子逐人不逐塊. 개는 흙덩이를 쫓지만 사람을 쫓아가지 않는 것과 같고, 사자는 사람을 쫓아가지만 흙덩이를 쫓아가지 않는 것과 같다.

法明又曰, 阿彌陀佛에게 **有父母及姓否**인가
법명우왈   아미타불   유부모급성부

법명이 또 말하길, 아미타불에게는 부모의 성이 있습니까?

師曰, 阿彌陀의 **姓憍尸迦**[242]이고 **父名**은 **月上**이며 **母名**은 **殊勝妙顔**이라
사왈 아미타   성교시가   부명   월상   모명   수승묘안

선사께서 말하길, 아미타의 성은 교시가이고 아버지의 이름은 월상이며, 어머니의
이름은 수승묘안입니다.

曰, 出何教文인가
왈 출하교문

말하길, 어느 경전에 나옵니까?

師曰, 出陀羅尼集[243]이라
사왈 출다라니집

선사께서 말하길, 다라니집에 나옵니다.

法明은 **禮謝**하고 **讚歎而退**라
법명   예사   찬탄이퇴

법명은 감사의 예를 올리고 찬탄하며 물러갔다.

---

242 憍尸迦(교시가)는 kassika제석천의 이명이다. 그러나 『다라니집』에는 발견되지 않는다.

243 『陀羅尼雜集』권4 父名曰月上轉輪聖王, 其母名曰殊勝妙顔, 子名月明奉事. (『대정장』권21, p.598, b16-17) 아버지의 이름은 월상전륜성왕이고 그의 어머니 이름은 수승묘안이라 하며 아들의 이름은 월명으로 받들어 모셨다. 『阿彌陀鼓音聲王陀羅尼經』권1 父名月上轉輪聖王, 其母名曰殊勝妙顔, 子名月明, 奉事弟子, 名無垢稱. (『대정장』권12, p.352, b24-26) 아버지의 이름은 월상전륜성왕이고 그의 어머니 이름은 수승묘안이라 하며 아들의 이름은 월명으로 받들어 모셨고 제자의 이름은 무구칭이었다.

진여는 변하여 바뀌는가

有三藏法師問, 真如도 **有變易否**인가
유삼장법사문 진여   유변역부

어떤 삼장법사가 묻길, 진여도 변하여 바뀝니까?

師曰, 有變易이라
사왈 유변역

선사가 말하길, 변하여 바뀝니다.

三藏曰, 禪師錯也라
삼장왈 선사착야

삼장이 말하길, 선사께서 잘못 알고 있습니다.

師却問三藏으로 **有真如否**인가
사각문삼장   유진여부

선사께서 도리어 삼장에게 묻길, 진여가 있습니까?

曰, 有이라
왈 유

말하길, 있습니다.

師曰, 若無變易이면 **決定是凡僧也**이라
사왈 약무변역   결정시범승야

선사께서 말하길, 만약 변하여 바뀜이 없다면 결정코 범승입니다.

豈不聞인가 善知識者는 能迴三毒[244]으로 爲三聚淨戒[245]하고
기불문   선지식자   능회삼독   위삼취정계

迴六識하여 爲六神通[246]하고
회육식   위육신통

어찌 듣지 못했습니까? 선지식은 탐진치 삼독심을 돌려 삼취정계로 만들고 육식을 돌려 육신통을 만들고,

迴煩惱하여 作菩提하고 迴無明하여 爲大智니라
회번뇌   작보리   회무명   위대지

번뇌를 돌려 보리로 만들고, 무명을 돌려 대 지혜로 만듭니다.

---

244 『達磨大師破相論』권1 若復有人斷其本源, 即眾流皆息. 求解脫者, 能轉三毒, 爲三聚淨戒. 轉六賊
爲六波羅蜜, 自然永離一切諸苦. (『속장경』권63, p.9, a17-19) 만약 또 어떤 사람이 그 본원을 끊으면 곧 중류가 모두 그친다. 해탈을 구하는 자는 능히 삼독을 전환하여 삼취정계로 만들고 육적을 전환하여 육바라밀로 만들어 자연히 일체의 고해를 영원히 여읜다.

245 三聚淨戒(삼취정계)는 三聚戒라고도 한다. 대승보살계의 대표적인 것이다. 攝律儀戒, 攝善法戒, 攝衆生戒 다시 말해서 부처님이 정해 놓은 규정을 지켜 악을 방지하고 나아가 선을 행하며 중생을 교화하고 그 이익을 위하여 힘을 다하는 세 가지를 말한다.

246 六神通(육신통)은 생각하는 곳에 갈 수 있고 모든 것을 멀리까지 훤히 보며 모든 소리를 듣고 다른 사람의 마음을 알며 자타의 과거세를 알고 번뇌를 모두 끊은 여섯 가지의 마음 작용을 말한다.

真如가 **若無變易**라면 **三藏**은 **真是自然外道也**[247]니라

진여　약무변역　　삼장　진시자연외도야

진여가 만약 변하여 바뀜이 없다면 삼장은 진실로 자연 외도입니다.

三藏曰, 若爾者라면 **真如**는 **即有變易**이라

삼장왈　약이자　　진여　즉유변역

삼장이 말하길, 만약 그렇다면 진여는 곧 변하여 바뀜이 있습니다.

師曰, 若執真如에 **有變易**이면 **亦是外道**니라

사왈　약집진여　유변역　　역시외도

선사가 말하길, 만약 진여에 변하여 바뀜이 있다고 집착하면 역시 외도입니다.

247　자연의 의미에 대해서는 반드시 알아야 할 것은 불교에 의해 비판되는 자연의 관념이 있고, 불교에 의해 긍정되는 자연의 관념이 있다는 것이다. 먼저 불교에 의해 비판되는 자연은 인도의 자연외도나 중국 장자의 자연설이다. 저자의 경우 모든 존재에는 고정적인 실체(ātman, 我)와 自性(svabhāva)이 있어서 본래 결정되어 있으며 또 자연히 생기하여 존재한다고 주장한다. 이것은 無因有果說로서 주체적인 인과형성의 노력을 부정하는 것이다. 따라서 자연외도는 결정론이나 숙명론에 떨어지게 되는 것이다. 중국 장자의 자연설도 이와 비슷하다. 예를 들면 천태지의(538-597)는 『마하지관』 권10상에 '장자는 귀천고락과 시비득실을 모두 자연이라 한다. 만약 이들을 자연이라 한다면 그것은 결과를 부정할 수 없다. 先業을 변별할 수 없다면 곧 원인을 부정할 수 없다.'고 하여 자연외도와 같은 무인유과설에 빠진 것을 비판하고 있다. 가상대사 길장(549-623)도 『중관론소』 권1의 말에서 인도의 자연외도는 무인유과설인데 반하여 장자의 자연설은 自因自果, 自然因自然果라고 비평하고 있다. 자세히 말해서 자연외도는 결과적 실체적, 객체적으로 고정화하였으며 장자의 자연설은 원인과 결과 모두를 고정화하고 있다. 다음 불교에 의해 긍정되는 자연설은 불교가 긍정적으로 사용하는 자연관념이다. 『법화경』의 번역자인 축법호와 구마라집이 사용한 자연이 바로 이에 해당한다. 축법호는 人空의 적극적인 의미, 즉 사물을 사물에 입각하여 있는 그대로 관찰하고 살리는 것에 자연이라는 역어를 사용하였으며 구마라집은 그것을 實相이라 번역했다. 한편 구마라집은 法空의 적극적인 의미 즉 사물에 사로잡히지 않는 자기의 자유자재한 활동을 자연이라는 말을 사용했으며 축법호는 그것을 자유나 자재라는 말로 번역했다.

曰, 禪師適來에 說真如有變易하더니 如今又道不變易라 하니
왈 선사적래 설진여유변역 여금우도불변역

如何即是的當인가
여하즉시적당

말하길, 선사께서 조금 전에 진여에 변하여 바뀜이 있다고 말씀하시고 지금 또 변하여 바뀜이 없다고 말씀하시는데 어떤 것이 맞는 것입니까?

師曰, 若了了見性者는 如摩尼珠[248] 現色이여서 說變亦得이고 說不變亦得이라
사왈, 약료료견성자 여마니주 현색 설변역득 설불변역득

선사께서 말하길, 만약 분명하게 성품을 본 사람이라면 마치 마니주에 빛이 나타나는 것과 같아서 변했다고 말해도 되고 변하지 않았다고 말해도 또한 됩니다.

若不見性人은 聞說真如變하고 便作變解하고 聞說不變하면 便作不變解이라
약불견성인 문설진여변 변작변해 문설불변 변작불변해

만약 성품을 보지 못한 사람은 진여가 변한다는 말을 듣고 곧바로 변한다는 생각을 짓고, 변하지 않는다는 말을 듣고 곧바로 변하지 않는다는 견해를 짓습니다.

三藏曰, 故知南宗[249]이 實不可測이라
삼장왈 고지남종 실불가측

삼장이 말하길, 그러므로 남종은 진실로 미루어 헤아릴 수 없음을 알겠습니다.

---

248 摩尼珠(마니주)의 마니는 범어 mani를 음사한 것이다. 珠, 寶珠라고 번역한다. 珠玉의 총칭이다. 일반적으로 마니는 불행과 재난을 제거하고 濁水를 淸澄하게 하며 물의 색을 변하게 하는 등의 덕이 있는 것으로 여기고 있다.

249 육조혜능 계통의 남종선이라 하는데 頓禪(돈선)을 지칭한다. 신수계통의 북종선의 漸禪(점선)과 상대되는 말이다. 당시 이미 남종은 선종의 대명사로써 사용되고 있었다.

세간에는 자연을 뛰어넘는 법이 있는가

有道流[250] **問, 世間**에 **有法過**하는 **自然否**인가
유도류　문　세간　유법과　　자연부

어떤 도교를 수행하는 사람이 묻길, 세간에 자연을 뛰어넘는 법이 있습니까?

師曰, 有이라
사왈　유

선사께서 말하길, 있습니다.

曰, 何法過得인가
왈　하법과득

말하길, 어떤 법이 초월하는 것입니까?

師曰, 能知自然[251] **者**이라
사왈　능지자연　　자

선사께서 말하길, 자연을 아는 자입니다.

曰, 元氣[252]가 **是道否**인가
왈　원기　　시도부

말하길, 원기가 도입니까?

250　도교를 수행하는 사람들을 가리킨다.

251　自然(자연)은 도가의 용어로 만물의 生成化育(생성화육)의 모습을 천지조화의 행위로서 파악하며 그 행위를 스스로 그러한 것, 있는 그대로 이해하는 것이다.

252　元氣(원기)는 만물의 근본을 이루는 氣, 천지의 氣, 고대 중국의 사상에는 천지가 개벽하기 전, 혼돈으로서 모양이 정해지지 않은 것이 있어서 그것을 원기라고 이름 붙인 것이다. 만물은 그것에 의하여 생성되었다고 생각한 것이다.

師曰, 元氣는 自元氣이고 **道는 自道**이다
사왈 원기   자원기   도   자도

선사께서 말하길, 원기는 원기이고 도는 도입니다.

曰, 若如是者는 **則應有二**이다
왈 약여시자   즉응유이

말하길, 만약 이와 같다면 곧 응당히 둘이 있다는 것이군요.

師曰, 知는 無兩人이라
사왈 지   무량인

선사께서 말하길, 앎은 두 사람이 없습니다.

又問, 云何為邪이고 **云何為正**니까
우문 운하위사   운하위정

또 묻길, 어떤 것이 삿된 것이고 어떤 것이 바른 것입니까?

師曰, 心逐物하면 **為邪**이고 **物從心**하면 **為正**[253]이라
사왈 심축물   위사   물종심   위정

선사께서 말하길, 마음이 물건을 좇으면 삿된 것이고, 물건이 마음을 좇으면 바른 것입니다.

---

253 『少室六門』권1 「安心法門」迷時人逐法, 解時法逐人. (『대정장』권48, p.370, b1) 미혹할 때는 사람이 법을 좇지만 이해했을 때는 법이 사람을 따른다.

배 고프면 밥 먹고 피곤하면 잠 자고

有源律師來問, 和尚修道하면 **還用功**[254]**否**인가
유 원 율 사 래 문   화 상 수 도   환 용 공   부

어떤 원 율사가 스님께 와서 묻길, 화상께서 도를 수행하여 도리어 공력을 사용합니까?

師曰, 用功이라
사 왈   용 공

선사께서 말하길, 공력을 사용합니다.

曰, 如何用功인가
왈   여 하 용 공

말하길, 어떤 공력을 사용합니까?

師曰, 飢來하면 **喫飯**하고 **困來**하면 **即眠**[255]이라
사 왈   기 래   끽 반   곤 래   즉 면

선사께서 말하길, 배가 고프면 밥을 먹고, 피곤하면 잠을 잡니다.

---

254 『鎭州臨濟慧照禪師語錄』 佛法無用功處. (『대정장』권47, p.498, a16) 불법은 공을 쌓아 결과를 얻는 곳이 없다. 『景德傳燈錄』권30「牛頭法融心銘」欲得心淨無心用功. (『대정장』권51, p.457, c1) 마음을 청정하게 하려면 공을 쌓아 결과를 얻는 곳이 없어야 한다.

255 『景德傳燈錄』권30「南嶽懶瓚和尚章」我不樂生天, 亦不愛福田. 饑來喫飯, 困來即眠. 愚人笑我, 智乃知焉. (『대정장』권51, p.461, b20-21) 나는 하늘에 태어나는 것을 좋아하지 않고 또 복전을 좋아하지도 않는다. 배고픔이 찾아오면 밥을 먹고, 피곤하면 잠을 잔다. 어리석은 사람은 나를 비웃지만 지혜 있는 사람은 그것을 안다.

曰, 一切人總如是하니 **同師用功否**이라
왈   일체인총여시   동사용공부

말하길, 일체 모든 사람들도 모두 그러하니 선사께서 공력을 사용하는 것과 같습니다.

師曰, 不同이라
사왈   부동

선사께서 말하길, 같지 않습니다.

曰, 何故不同인가
왈   하고부동

말하길, 무슨 까닭으로 같지 않습니까?

師曰, 他喫飯時에 **不肯喫飯**하고 **百種須索**[256]하며 **睡時**에
사왈   타끽반시   불긍끽반   백종수색   수시

不肯睡하고 **千般計校**이라
불긍수   천반계교

선사께서 말하길, 그들은 밥을 먹을 때 밥만 먹지 않고 여러 가지를 찾고, 잠잘 때 잠만 자지 않고 천 가지 생각을 합니다.

所以不同也라
소이부동야

그래서 같지 않은 것입니다.

律師가 **杜口**하다
율사   두구

율사는 침묵했다.

---

256 주문하다의 뜻으로 명사로 사용되는 경우도 있다.

온광 대사와의 문답

有韞光大德問, 禪師는 **自知生處否**인가
유 온광대덕문 선사 자지생처부

온광대덕이 선사께 묻길, 선사께서는 태어나는 곳을 알고 있습니까?

師曰, 未曾死인데 **何用論生**인가 **知生即是無生法**이라면
사왈 미증사 하용론생 지생즉시무생법

無離生法임을 **說有無生**이라
무리생법 설유무생

선사께서 말하길, 아직 죽지 않았는데 어찌 태어나는 것을 말할 필요가 있습니까?
태어남이 곧 태어나지 않은 법임을 알면 태어남의 법을 떠나 태어남이 없음을 말함
도 없는 것입니다.

祖師云, 當生即不生[257]이라
조사운 당생즉불생

조사께서 이르시길, 마땅히 태어남이 곧 태어나지 않는 것이다.

曰, 不見性人도 **亦得如此否**인가
왈 불견성인 역득여차부

말하길, 성품을 보지 못한 사람도 또한 이와 같습니까?

---

257 『景德傳燈錄』권2「伽耶舍多章」有種有心地, 因緣能發萌, 於緣不相礙, 當生生不生. (『대정장』권51,
p.212, c15-16) 종자가 있고 마음 땅이 있으니 인연으로 싹이 나니 인연에 서로 걸림이 없으니 생에 당하여
생은 불생이다. 『景德傳燈錄』권6「江西道一章」心地隨時說, 菩提亦只寧, 事理俱無礙, 當生即不生. (『대
정장』권51, p.246, a19-20) 마음에서 시절인연에 따라 설하니 보리 또한 이와 같다. 이와 사에 모두 걸림이
없으면 생은 곧 불생이다.

師曰, 自不見性이라도 **不是無性**이라
사왈 자불견성　　불시무성

선사께서 말하길, 자신의 성품을 보지 못했을 뿐 본성이 없는 것은 아닙니다.

何以故, 見即是性이고 **無性不能見**이라 **識即是性**이어서 **故名識性**이라
하이고 견즉시성　　무성불능견　　식즉시성　　고명식성

왜냐하면 보는 것이 곧 성품이고, 성품이 없으면 보지도 못합니다. 인식하는 것이 곧 성품이어서 그러므로 식의 성품이라 합니다.

了即是性이어서 **喚作了性**이고 **能生萬法**이어서 **喚作法性**이고 **亦名法身**이라
료즉시성　　환작료성　　능생만법　　환작법성　　역명법신

분명하게 요달함이 곧 성품이어서 성품을 요달했다고 부릅니다. 모든 법을 생기게 하기에 법성이라 부르고 또한 법신이라 합니다.

馬鳴祖師云, 所言法者는 **謂眾生心**[258]이라
마명조사운 소언법자　위중생심

마명 조사께서 이르시길, 법이라고 말하는 것은 중생심을 말한다.

若心生이면 **故一切法生**이라
약심생　　고일체법생

만약 마음이 일어나면 그러므로 일체 모든 법이 생긴다.

---

258 『大乘起信論』所言法者, 謂眾生心, 是心則攝一切世間法, 出世間法. (『대정장』권32, p.575, c21-22) 이른바 법이라는 것은 중생심을 말하는데 마음이 곧 일체 모든 세간법과 출세간법을 포섭한다.

若心無生이면 **法無從生**이고 **亦無名字**라
약심무생　　법무종생　　역무명자

만약 마음이 생기지 않으면 법은 일어남이 없으며 또한 이름도 없다.

迷人은 **不知法身無象**이지만 **應物現形**이어서
미인　부지법신무상　　응물현형

미혹한 사람은 법신이 형상이 없지만 사물에 응하여 형상을 나타내는 것인 줄 알지
못하기에

遂喚靑靑翠竹이 **總是法身**이고 **鬱鬱黃華**가 **無非般若**[259]라
수환청청취죽　총시법신　　울울황화　무비반야

푸르고 푸른 대나무가 모두 법신이고 울창한 노란 꽃이 반야 아닌 것이 없다고 하는
것입니다.

---

259 『조당집』권15의 「귀종화상장」에는 僧肇의 말이라고 하고, 『조정사원』권5에는 축도생과 관계를 짓고
남양혜충국사가 이야기 하였다고 나와 있다. 『남양화상문답잡징의』「哀禪師問佛法不遍一切無情」問曰, 先
輩大德皆言道, 靑靑翠竹盡是法身, 鬱鬱黃華無非般若. 今禪師何故言道佛性獨遍一切有情, 不遍一切無
情? 答曰, 豈將靑靑翠竹, 同於功德法身? 豈將鬱鬱黃花, 等般若之智? 若靑竹黃花同於法身般若者, 如來
於何經中, 說與靑竹黃花授菩提記? 若是將靑竹黃花, 同於法身般若者, 此卽外道說也. 何以故. 涅槃經
云, 具有明文. 無佛性者, 所謂無情物是也. (『신회의문답잡징의연구』정유진 역, 경서원, p.361-2) 묻길, 선
배 대덕이 모두 말하길, 푸르고 푸른 취죽이 다 법신이며, 울창하게 우거진 황화가 반야가 아님이 없다고 했
습니다. 그런데 지금 선사는 무슨 이유로 불성이 오직 일체의 유정에게만 있고 일체의 무정에는 없다고 하십
니까? 답하길, 어찌 푸르고 푸른 취죽이 여래의 공덕법신과 같다고 할 수 있겠습니까? 어찌 울창하게 우거진
황화가 반야의 지혜와 같다고 할 수 있겠습니까? 만약 푸른 대나무와 노란 꽃이 법신반야와 같다면 여래께서
어느 경중에 청죽과 황화에게 보리의 수기를 설하였습니까? 만약 이 청죽과 황화가 법신반야와 같다고 한다
면 이는 외도의 설입니다. 왜냐하면 『열반경』에 불성이 없는 것은 이른바 무정물이다. 라고 자세하게 밝혀 놓
았기 때문이다.

黃華가 **若是般若**라면 **般若**는 **即同無情**이고 **翠竹**이 **若是法身**이면
황화　약시반야　　반야　즉동무정　　취죽　약시법신

法身은 **即同草木**이라
법신　즉동초목

노란 꽃이 만약 반야라면 반야는 곧 무정물과 같고 푸른 대나무가 만약 법신이라면 법신은 곧 초목과 같습니다.

如人喫筍인데 **應總喫法身也**라
여인끽순　　응총끽법신야

마치 사람이 죽순을 먹을 때 응당히 모두 법신을 먹는 것입니다.

如此之言을 **寧堪齒錄**리요, **對面迷佛**하여 **長劫希求**하니
여차지언　　녕감치록　　대면미불　　장겁희구

이와 같은 말을 어찌 감히 언급해서 보존하겠습니까마는 부처를 대하고도 미혹하여 보지 못하고 영겁토록 부처를 구하니

全體法中에 **迷而外覓**이라 **是以解道者**는 **行住坐臥**가 **無非是道**라
전체법중　　미이외멱　　시이해도자　　행주좌와　　무비시도

전체 불법에서 미혹하여 밖에서 부처를 구하고 있습니다. 그러므로 도를 아는 자는 가고 머물고 앉고 눕는 것이 도 아님이 없습니다.

悟法者는 **縱橫自在**하여 **無非是法**이라
오법자　　종횡자재　　무비시법

불법을 깨달은 자는 마음대로 자유자재하여 불법 아님이 없습니다.

大德又問, 太虛가 能生靈智否인가 真心이 緣於善惡否인가

대덕우문 태허 능생령지부 진심 연어선악부

대덕이 또 묻길, 허공이 신령스러운 지혜를 생기게 할 수 있습니까? 진실한 마음이 선과 악에 인연하는 것입니까?

貪欲人도 是道否인가 執是執非人도 向後心通否아

탐욕인 시도부 집시집비인 향후심통부

탐욕하는 사람도 도입니까? 옳고 그름에 집착하는 사람도 이 다음에 마음이 통합니까?

觸境生心人도 有定否인가 住於寂寞人도 有慧否인가

촉경생심인 유정부 주어적막인 유혜부

대상에 접촉하여 마음을 일으키는 사람도 선정이 있습니까? 고요함에 머무르는 사람도 지혜가 있습니까?

懷於傲物人도 有我否인가 執空執有人도 有智否인가

회어오물인 유아부 집공집유인 유지부

거드름을 품은 사람도 아집이 있습니까? 없음에 집착하고 있음에 집착하는 사람도 지혜가 있습니까?

尋文取證人하고 苦行求佛人하며 離心求佛人하고 執心是佛人도 此皆稱道否인가

심문취증인 고행구불인 리심구불인 집심시불인 차개칭도부

글을 찾아 깨달음을 가지려는 사람, 고행하여 부처를 구하고자 하는 사람, 마음을 여의어 부처를 구하는 사람, 마음이 곧 부처라고 집착하는 사람들 이 모두 도라 하겠습니까?

請禪師가 **一一開示**하소서
청선사   일일개시

청컨대 선사께서 하나하나 가르쳐 주십시오.

師曰, 太虛는 **不生靈智**하고 **真心**은 **不緣善惡**하며 **嗜欲深者**는 **機**[260] **淺**이라
사왈 태허   불생령지   진심   불연선악   기욕심자   기   천

선사께서 답하길, 허공은 신령스러운 지혜를 내지 않고, 진실한 마음은 선과 악을
인연하지 않습니다. 탐욕이 깊은 사람은 근기가 얕습니다.

是非交爭者는 **未通**하고 **觸境生心者**는 **少定**이라
시비교쟁자   미통   촉경생심자   소정

옳고 그름을 다투는 사람은 통하지 아니하고, 대상에 접촉하여 마음을 내는 것은
선정이 적습니다.

寂寞忘機者는 **慧沈**하고 **傲物高心者**는 **我壯**이라
적막망기자   혜침   오물고심자   아장

고요하여 기능을 잊어버리면 지혜가 숨어 버리고, 거드름으로 마음을 뽐내는 사람
은 아집이 맹렬합니다.

執空執有者는 **皆愚**하고 **尋文取證者**는 **益滯**이라
집공집유자   개우   심문취증자   익체

없음에 집착하고 있음에 집착하는 사람은 모두 어리석고, 글을 찾아 깨달음을 가지
려는 자는 더욱더 막힙니다.

---

260 부처님의 교법을 이어받아 그 교화를 입을 수 있는 소질과 능력 또 연을 만나면 발동할 가능성을 소유
한 것을 의미한다.

苦行求佛者는 **俱迷**하고 **離心求佛者**는 **外道**이라
고행구불자　구미　　리심구불자　외도

고행하여 부처를 구하는 사람은 모두 미혹하고, 마음을 여의어 부처를 구하는 사람은 외도이고

執心是佛者는 **爲魔**이라
집심시불자　　위마

마음이 부처라고 집착하는 사람은 마구니입니다.

大德曰, 若如是하면 **應畢竟**에 **無所有**라
대덕왈　약여시　　응필경　무소유

대덕이 말하길, 만약 이와 같다면 응당 필경에는 있는 바가 없겠습니다.

師曰, 畢竟에 **是大德**이라 **不是畢竟**에는 **無所有**이라
사왈　필경　시대덕　　불시필경　　무소유

선사께서 말하길, 필경에는 대덕입니다. 필경에는 있는 바가 없는 것은 아닙니다.

大德이 **踊躍**하고 **禮謝而去**。
대덕　용약　　예사이거

대덕이 뛸 듯이 기뻐하고 예배하고 물러갔다.

번뇌의 일이 없는 사람

師上堂[261] 曰, 諸人은 幸自好로 箇無事人인데 苦死造作으로 要檐枷落獄作麼인가
사상당　　왈　제인　행자호　개무사인　　고사조작　　요첨가락옥작마

선사께서 상당하여 이르시길, 여러분들은 다행히 번뇌의 일이 없음을 스스로 좋아
하는데 괴롭게 죽음의 일을 지어 요컨대 형틀을 채워 지옥에 떨어지니 어떻게 된 것
인가?

每日至夜로 奔波하고 道我參禪學하고 道解會佛法이라
매일지야　　분파　　도아참선학　　도해회불법

매일 아침부터 저녁까지 분주하게 나는 참선을 수행하고 불법을 깨달아 알고 있다
고 말하고 있습니다.

如此轉하면 無交涉也니라 只是逐聲色走하니 有何歇時라
여차전　　무교섭야　　지시축성색주　　유하헐시

이와 같이 하면 할수록 불법과는 관계가 없게 됩니다. 단지 빛과 모양을 쫓으니 어느
때나 쉬겠는가?

261　上堂(상당)은 선종에서 장로나 주지가 법당에 올라가 법을 설하고 문답을 행하는 것. 옛날에는 수시로
행해졌지만 나중에는 정기적으로 행해진 적도 있었다.

貧道는 **聞江西和尚道**하고 **汝自家寶藏**에 **一切具足**하고
빈도　　문강서화상도　　　여자가보장　　일체구족

使用自在하니 **不假外求**라
사용자재　　　불가외구

나는 강서 화상에게 그대 자신에게 있는 보배창고에는 일체 모든 것이 갖추어 있어서
자유자재하게 사용할 수 있는데 밖에서 구할 필요가 없다는 말씀을 들었습니다.

我從此一時로 **休去**하고 **自己財寶**를 **隨身受用**하니 **可謂快活**이라
아종차일시　　휴거　　　자기재보　　수신수용　　　가위쾌활

나는 이로부터 일시에 놓아버리고 자기의 보배로운 재물을 몸에 따라 사용하니 씩
씩하고 활발합니다.

無一法도 **可取**하고 **無一法**도 **可捨**하며 **不見一法**도 **生滅相**하니
무일법　　가취　　　무일법　　가사　　　불견일법　　생멸상

不見一法도 **去來相**이라
불견일법　　거래상

하나의 법도 가질 수 없고 하나의 법도 버릴 수 없으며 하나의 법도 생하고 멸하는
모습을 보지 못하고 하나의 법도 가고 오는 모습을 보지 못했습니다.

徧十方界에 **無一微塵**도 **許不是自家財寶**이라
편시방계　　무일미진　　허불시자가재보

널리 시방세계에 하나의 티끌도 없어서 자기 집의 보배로운 재물을 허락하지 않습니다.

但自子細觀察하라 **自心**의 **一體三寶**[262]가 **常自現前**하니 **無可疑慮**라
단자자세관찰   자심   일체삼보   상자현전   무가의려

다만 자기를 자세하게 관찰하면 자기 마음의 일체삼보가 항상 자기 앞에 나타나니 의심할 것이 없습니다.

莫尋思하고 **莫求覓**하라 **心性**은 **本來淸淨**이라
막심사   막구멱   심성   본래청정

깊이 생각하지 말고 찾아서 구하지 말지니 마음의 본성은 본래 청정하기 때문입니다.

故華嚴經云[263], **一切法不生**하고 **一切法不滅**하니 **若能如是解**하면
고화엄경운   일체법불생   일체법불멸   약능여시해

諸佛常現前이라
제불 상 현전

그러므로 『화엄경』에 이르길, 일체 모든 법은 나지도 않고 일체 모든 법은 없어지지도 않으니, 만약 이와 같이 안다면 제불이 항상 눈앞에 나타날 것이라고 했습니다.

---

262 一體三寶(일체삼보)는 同體三寶(동체삼보), 同相三寶(동상삼보)라고도 한다. 의미상으로부터 불보, 법보, 승보의 세 가지로 구별되지만 그 본질은 일체인 것을 말한다. 예를 들면 부처는 깨달은 자라고 하는 점으로부터 불보이지만 부처의 덕은 軌範(궤범)이라 할 만하기 때문에 또 법보라고 이름 하는 것이며, 그리고 부처에게는 다툼이 전혀 없어서 화합의 상태로 있기 때문에 승보라고 이름 하는 것이다. 따라서 동일한 부처에게 삼보가 구비되어 있다고 본다.

263 『大方廣佛華嚴經80』권16「須彌頂上偈讚品14」觀察於諸法, 自性無所有, 如其生滅相, 但是假名說. 一切法無生, 一切法無滅, 若能如是解, 諸佛常現前. (『대정장』권10, p.81, c11-15) 제법을 관찰해 보면 자성은 있는 바 없어서 그 생멸의 모양은 다만 가명일 뿐이다. 일체 모든 법은 생함도 없고 일체 모든 법은 멸함도 없다. 만약 이와 같이 이해한다면 제불은 항상 눈앞에 있다.

又淨名經云[264], 觀身實相하라 觀佛亦然이라
우 정 명 경 운　　　　관 신 실 상　　　　관 불 역 연

또 『정명경』에 자신의 진실한 모습을 관찰하라. 관찰하는 부처도 또한 그렇다고 했습니다.

若不隨聲色動念하고 不逐相貌生解하면 自然無事去이라 莫久立하고
약 불 수 성 색 동 념　　　불 축 상 모 생 해　　　자 연 무 사 거　　　막 구 립

珍重하라
진 중

만약 빛과 소리를 따라 생각을 일으키지 않고 형상과 모양을 쫓아 알음알이를 내지 않으면 자연히 일없게 됩니다. 오랫동안 서 있지 말고 그만 쉬어라.

264　『維摩詰所說經』권3 爾時世尊問維摩詰, 汝欲見如來, 爲以何等觀如來乎？ 維摩詰言, 如自觀身實相, 觀佛亦然. (『대정장』권14, pp.554, c28 ~ 555, a1) 이때 세존께서 유마힐에게 묻길 그대가 여래를 친견하고자 한다면 어떻게 여래를 관찰하겠는가? 유마힐이 말하길, 자신의 진실한 몸을 관찰하는 것과 같이 부처 또한 그렇게 관찰하겠습니다.

삼보는 한몸이다

此日大眾普集해 **久而不散**이라
차일대중보집   구이불산

이날 대중이 두루 모여 오랫동안 해산하지 않았다.

師曰, 諸人은 **何故在此不去**인가 **貧道**는 **已對而相呈**인데 **還肯休麼**인가
사왈 제인   하고재차불거   빈도   이대이상정   환긍휴마

선사께서 말하길, 여러분은 무슨 까닭으로 가지 않고 이곳에 있습니까? 빈도는 이
미 얼굴을 대하며 드러냈는데 도리어 어찌 쉬지 않습니까?

有何事可疑인가 **莫錯用心**하라 **枉費氣力**[265]하라 **若有疑情**이면
유하사가의   막착용심   왕비기력   약유의정

一任諸人恣意하여 **早問**하라
일임제인자의   조문

어떤 의심스러운 일이 있습니까? 마음을 잘못 쓰지 마십시오. 쓸데없이 기력을 낭비
할 뿐입니다. 만약 의심이 있으면 여러분 마음대로 빨리 물어 보십시오.

時有僧法淵問曰, 云何是佛이고 **云何是法**이며 **云何是僧**이고
시유승법연문왈, 운하시불   운하시법   운하시승

云何是一體三寶인가
운하시일체삼보

이때 법연이라는 스님이 있어 물어 말하길, 무엇이 부처이고, 무엇이 법이며, 무엇이
승이고, 무엇이 일체삼보입니까?

---

265 枉(왕)은 속어로 쓸데없이, 헛되이. 허무하게의 뜻이다.

願師垂示하소서 **師曰, 心是佛**이고 **不用將佛求佛**이오
원사수시   사왈 심시불   불용장불구불

원컨대 스님께서 가르쳐 주십시오. 스님께서 말하길, 마음이 부처이고 부처를 가지고 부처를 구해서는 안 됩니다.

心是法이고 **不用將法求法**이고 **佛法無二**여서 **和合為僧**이라 **即是一體三寶**라
심시법   불용장법구법   불법무이   화합위승   즉시일체삼보

마음이 법이고 법을 가지고 법을 구해서는 안 됩니다. 부처와 법은 둘이 아니어서 화합한 것이 승가입니다. 곧 일체삼보입니다.

經云[266], **心佛與眾生**은 **是三無差別**이라
경운   심불여중생   시삼무차별

경에 마음과 부처와 중생 이 셋은 차별이 없다고 했습니다.

身口意清淨하면 **名為佛出世**[267]라 하고 **三業**이 **不清淨**하면 **名為佛滅度**라
신구의청정   명위불출세   삼업   불청정   명위불멸도

몸과 말과 생각이 청정한 것을 부처가 세상에 나오셨다고 하며, 신구의 삼업이 청정하지 못하면 부처가 멸도했다고 합니다.

---

266 『大方廣佛華嚴經60』권10 「夜摩天宮菩薩說偈品16」心如工畫師, 畫種種五陰, 一切世界中, 無法而不造. 如心佛亦爾, 如佛眾生然, 心佛及眾生, 是三無差別. 諸佛悉了知, 一切從心轉, 若能如是解, 彼人見真佛. (『대정장』권9, p.465, c26-p. 466, a3) 마음은 마치 화가와 같아서 여러 가지 오음을 그린다. 일체의 세계에 법으로써 만들어지지 않은 것이 없다. 마음과 부처와 또한 중생의 이 세 가지는 차별이 없다. 제불은 모두 일체가 마음으로부터 전변된 것인 줄 안다. 만약 이와 같이 이해한다면 그 사람은 진실한 부처를 본다.

267 부처가 세간에 나와 중생을 교화하는 것.

喻如瞋時에 無喜이고 喜時無瞋이니 唯是一心이여서 實無二體라
유여진시　무희　　희시무진　　유시일심　　　실무이체

비유하면 마치 성을 냈을 때 기쁨이 없으며, 기쁠 때 성냄이 없으니 오직 하나의 마음이어서 진실로 두 가지 본체가 없는 것이다.

本智가 法爾이고 無漏現前하니 如蛇化為龍[268]이지만 不改其鱗이라
본지　법이　　무루현전　　　여사화위룡　　　　불개기린

본래의 지혜가 법일 뿐이어서 새지 않고 나타나는 것이 마치 뱀이 변화하여 용이 되지만 그 비늘을 고치지 않는 것과 같습니다.

眾生이 迴心作佛하여도 不改其面이고 性本清淨하여 不待修成이라
중생　회심작불　　　불개기면　　성본청정　　부대수성

중생이 마음을 되돌려 부처가 되어도 그 얼굴을 고치지 않는 것처럼 성품은 본래 청정하여 수행해서 이루는 것을 기다리지 않습니다.

有證有修하면 即同增上慢者라 真空은 無滯여서 應用無窮하여 無始無終이라
유증유수　　즉동증상만자　진공　무체　　응용무궁　　무시무종

깨달을 것이 있고 수행할 것이 있다면 곧 증상만인과 같습니다. 진실한 반야의 공은 막힘이 없어서 작용하면 끝이 없어서 시작도 없고 끝도 없습니다.

---

268 『史記』「外戚世家」에 뱀이 변하여 용이 되더라도 그 무늬를 바꾸지 않고 집이 변하여 나라가 되더라도 그 姓을 바꾸지 않는다는 말이 있다.

利根頓悟하면 **用無等等**[269]이여서 **即是阿耨菩提**니라
리근돈오   용무등등   즉시아뇩보리

근기가 영리하여 단박에 깨달으면 비할 수 없음과 같음을 사용하면 곧 아뇩다라삼
막삼보리입니다.

心無形相[270]이 **即是微妙色身**이고 **無相**이 **即是實相法身**이라
심무형상   즉시미묘색신   무상   즉시실상법신

마음은 형상이 없으면 곧 미묘법신이고 무상한 것이 곧 진실한 모습의 법신입니다.

性相體空이 **即是虛空無邊身**이고 **萬行莊嚴**하면 **即是功德法身**이라
성상체공   즉시허공무변신   만행장엄   즉시공덕법신

성품과 모양의 본체는 공함이 곧 허공무변신이고 모든 행을 장엄한 것이 곧 공덕법신입니다.

此法身者는 **乃是萬化之本**이여서 **隨處立名**이라 **智用**이 **無盡**하니 **名無盡藏**이라
차법신자   내시만화지본   수처립명   지용   무진   명무진장

이 법신은 곧 모든 교화의 근본이며 장소에 따라 이름을 짓습니다. 지혜의 작용이
다함이 없기에 무진장이라 합니다.

---

269 無等等(무등등)은 비할 바 없는 평안의 경지. 무등(無等)은 부처님의 지혜에 대등한 것이 없는 것. 마음
의 실상은 부처님의 지혜와 대등하므로 무등등이라 함. 부처님의 존칭. 『維摩詰所說經』권1 近無等等佛自
在慧, 十力, 無畏, 十八不共. (『대정장』권14, p.537, a24-25) 비할 바 없음과 같으면 부처님의 자유자재한
지혜, 십력, 무외, 십팔불공과 가깝다.

270 『宗鏡錄』권98 心性無形, 即是微妙法身. 心性體空, 即是虛空無邊身. 示行莊嚴, 即是功德法身. 此
法身是萬化之本, 隨處立名. 智用無盡, 是無盡藏. (『대정장』권48, p.946, b16-19)

能生萬法은 **名本法藏**이고 **具一切智**는 **是智慧藏**이고 **萬法歸如**[271] 하니
능생만법　　명본법장　　구일체지　　시지혜장　　만법귀여

名如來藏[272] 이라
명여래장

만 가지 법을 생하니 본법장이라 하며, 일체 모든 지혜를 갖추었기에 지혜장이며, 만법이 제자리로 돌아가니 여래장이라 합니다.

經云[273], **如來者**는 **即諸法如義**라
경운　　여래자　　즉제법여의

경에 여래는 곧 모든 존재가 있는 그대로 존재하는 것이라고 하였습니다.

又云, **世間**의 **一切生滅法**은 **無有一法**으로 **不歸如也**니라
우운　세간　일체생멸법　무유일법　　불귀여야

또 이르길, 세간의 일체 모든 생멸의 법은 하나의 법도 있는 그대로의 본래 자리로 돌아가지 않는 것이 없습니다.

---

271 『景德傳燈錄』권30 「牛頭法融禪師心銘」 煩惱本無不須用除. 靈知自照萬法歸如. 無歸無受絕觀忘守. (『대정장』권51, p.457, c16-17) 번뇌는 본래 없기에 제거하려고 해서는 안 된다. 신령스러운 지혜는 스스로 비추기 때문에 만법은 그 자리로 돌아간다. 그러나 돌아가는 것도 없고 받아들이는 것도 없어서 관을 끊고 수를 잊는다.

272 여기에서의 여래장은 전통적인 불교에서 말하는 여래장의 개념이 아니라 대주의 독자적인 용법이다. 무진장, 본법장, 지혜장과 이어진 곳에 語呂로서 합쳐져 더해진 것 같은 느낌이 든다. 더구나 이 단 전체가 말하고 있지 않는 것을 만법의 如에 돌아가는 것을 여래장이라 이름 한다. 로서 마무리 지은 것 같기도 하다. 전통적인 여래장의 해석도 여러 가지가 있지만 그것의 일반적인 의미는 여래장이라는 것은 모든 중생의 번뇌에 감싸여 숨겨져 있는 본래 청정한 여래법신이다. 다시 말해서 번뇌 중에 있으면서도 번뇌에 오염되지 않고 절대 청정한 채로 영원히 불변함을 유지하는 본성을 말한다.

273 『金剛般若波羅蜜經』권1 如來者, 即諸法如義. (『대정장』권8, p.751, a26-27)

유교·불교·도교의 가르침은 같은가, 다른가

有客問云, 弟子는 **未知律師, 法師, 禪師**중에 **何者最勝**인가
유 객 문 운   제자   미지율사 법사 선사   하자최승

願和尚께서 **慈悲**로 **指示**하소서
원화상   자비   지시

어떤 나그네가 물어 이르길, 제자는 아직 율사, 법사, 선사 중에 어떤 것이 가장 수승한지 알지 못합니다. 원컨대 화상께서 자비로써 가르쳐 주십시오.

師曰, 夫律師者는 **啟毗尼之法藏**[274]으로 **傳壽命**[275] **之遺風**하고
사 왈   부율사자   계비니지법장   전수명   지유풍

선사께서 말하길, 율사는 율장의 서적을 통하여 석존이 일생 동안 남겨놓은 가르침을 전하고

洞持犯하고 **而達開遮**[276]하며 **秉威儀**하고 **而行軌範**하며
통지범   이달개차   병위의   이행궤범

계율을 보전하는 것과 범함에 밝아 열고 닫는 것을 통달하여 위의를 잡고 법도를 행하여

---

274 비니는 범어 vinaya를 음사한 것이다. 여러 가지 허물이나 악을 制伏除滅(제복제멸)하는 것을 의미하며 부처님이 제정한 것에 대하여 출가자가 지켜야 하는 생활규범 금계를 가리킨다. 비니의 법장이라는 것은 경율론 삼장 가운데 율장으로 교단의 규칙을 설한 전적을 말한다.

275 석가모니 부처님의 탄생부터 열반까지의 한 생애를 말한다.

276 開遮(개차)는 계를 지키고 지키지 않는 것을 말하는데, 예를 들면 목숨이 위험할 때는 계율을 지키지 않아도 좋다(開), 살해당하더라도 계율을 지키지 않으면 안 된다(遮)고 하는 의미이다.

牒三番羯磨²⁷⁷하여 **作四果 初因**²⁷⁸이라
첩삼번갈마　　　작사과 초인

세 차례 갈마를 되풀이하며 네 가지 깨달음을 짓는 것이 처음 인연입니다.

若非宿德白眉언정 **焉敢造次**리오
약비숙덕백미　　　언감조차

만약 학덕이 높은 뛰어난 사람이 아니면 어찌 감히 짧은 시간에 할 수 있겠습니까?

夫法師者는 **踞師子之座**²⁷⁹하여 **瀉懸河之辯**하고 **對稠人廣眾**으로
부법사자　　거사자지좌　　　　사현하지변　　　대조인광중

啟鑿玄關²⁸⁰하며
계착현관

법사는 사자좌에 앉아 거침없고 유창한 말을 쏟아내고 빽빽하게 많이 모인 대중들에게 깨달음에 들어가는 문을 뚫어 열게 하며,

---

277 갈마는 범어 karma의 음사이다. 業, 小作, 辨事 등으로 한역된다. 업의 뜻으로 사용되는 경우도 있지만 통상적으로 수계, 참회, 結果 등 계율에 관하는 행사를 행하는 경우에 意志를 신체의 동작이나 언어상으로 나타내어 그것에 의하여 선을 생기게 하고 악을 제멸하는 것을 서약하는 작법을 의미한다. 三番은 확실하게 알 수 없지만 『조당집』에는 三䭾이라고 있다. 아마 계를 주는 경우 戒師가 우선 한번 告知하고 그것에 대하여 다시 세 번 가부를 묻는 三能을 말하는 것일 것이다. 牒은 疊과 통용되며 포개다, 겹치다의 뜻이다.

278 四果(사과)는 성문승(소승)의 聖道로부터 얻은 결과의 차별을 가리키는 말이다. 즉 수다원과, 사다함과, 아나함과, 아라한과이다. 다시 말해서 소승의 여러 가지 깨달음의 경지를 말한다.

279 경외로울 정도로 위대함을 사자에 비유하여 부처님의 좌석을 사자좌라고 한다.

280 玄關(현관)은 奧深(오심)하고 수승한 도에 나아가는 관문.

開般若妙門하고 **等三輪空施**²⁸¹니라
개반야묘문   등삼륜 공시

반야의 불가사의한 가르침을 열어 보시하는 자와 보시물과 받는 사람 등 삼륜이 공한 보시를 하게 하니

若非龍象蹴踏²⁸²이면 **安敢當斯**인가
약 비 룡 상 축 답   안 감 당 사

만약 학덕이 뛰어난 사람이 아니면 어찌 이것을 감당하겠습니까?

夫禪師者는 **撮其樞要**하며 **直了心源**²⁸³하여 **出沒卷舒**하며 **縱橫應物**하여
부선사자   찰기추요   직료심원   출몰권서   종횡응물

선사는 중심이 되고 가장 요긴한 것을 빼내어 곧바로 마음의 근원을 깨달아 나가기도 하고 들어오기도 하며 말기도 하고 펴기도 하며 이리저리 마음대로 사물에 응하여

咸均事理하여 **頓見如來**하며 **拔生死深根**하여 **獲現前三昧**니라
함균사리   돈견여래   발생사심근   획현전삼매

현상과 이치가 전부 균등하여 단박에 여래를 친견하며, 생사의 깊은 뿌리를 뽑아 눈앞에서 삼매를 이룰 수 있습니다.

若不安禪靜慮하면 **到這裏**에 **總須忙然**하리라
약불안선정려   도저리   총수망연

만약 좌선하여 선정에 들지 않으면 시절 인연에 모두 반드시 망연자실할 수밖에 없습니다.

---

281 보시를 행할 때 施者(能施)와 受者(所施)와 보시물의 세 가지에 집착하지 않는 것. 삼륜청정이라고도 한다.

282 고덕으로 학식이 있는 훌륭한 스님을 용상이라고 한다. 蹴踏은 蹴踏과 같으며 짓밟다, 밟고 걷다. 의 의미이다. 용이나 코끼리가 밟고 지나간다는 뜻으로 여기서는 훌륭한 스님의 행동을 말한다.

283 마음이 만물의 근원이라 하여 심원이라 한다.

隨機授法에 三學雖殊이나 得意忘言인데 一乘[284] 何異리오

수기수법　삼학수수　　득의망언　　일승　하이

근기에 따라 법을 가르쳐 주니 삼학이 비록 다르지만 뜻을 알면 말을 잊는데 일승의
가르침이 어찌 다르겠습니까?

故經云[285], 十方佛土中에 唯有一乘法이니 無二亦無三이라 除佛方便說이라

고경운　　시방불토중　유유일승법　　무이역무삼　　제불방편설

그러므로 경에 이르길, 시방의 불국토에 오직 일승법이 있으니 둘도 없고 또한 셋도
없다. 부처가 방편으로 설한 것은 제외한다.

但以假名字으로 引導於眾生이라

단이가명자　　인도어중생

다만 이름과 문자를 빌려 중생을 인도할 뿐이라고 했습니다.

客曰, 和尚은 深達佛旨하여 得無礙辯이라

객왈　화상　심달불지　　득무애변

나그네가 말하길, 화상께서는 불법의 대의를 깊이 통달하여 막힘없는 변재를 갖추
고 있습니다.

又問, 儒道釋三敎가 爲同爲異인가

우문　유도석삼교　위동위이

또 묻길, 유교·도교·불교 이 세 가지의 가르침은 같습니까? 다릅니까?

284　一乘(일승)은 부처님의 진실한 가르침은 유일하다고 하는 입장으로부터 삼승(성문, 연각, 보살)에 대하
여 대승의 가르침을 말한다. 뒤에 인용되고 있는 『법화경』 「방편품」 (『대정장』 권9, p.8 상)에 근거를 두고 있
다.

285　『妙法蓮華經』 권1 「方便品2」 十方佛土中, 唯有一乘法, 無二亦無三, 除佛方便說. (『대정장』 권9, p.8,
a17-18)

師曰, 大量者가 用之即同이고 小機者가 執之即異라

사왈 대량자 용지즉동 소기자 집지즉이

선사께서 말하길, 도량이 큰 사람이 사용하면 같고, 지혜가 작은 사람이 집착하면 곧 다르니

總從一性上起用하고 機見差別成三이라

총종일성상기용 기견차별성삼

모두 하나의 본성에서 작용한 것이어서 근기로 차별해서 보면 셋이 됩니다.

迷悟는 由人이어서 不在教之異同이라

미오 유인 부재교지이동

미혹함과 깨달음은 사람으로 말미암은 것이며 가르침이 같고 다름에 있지 않습니다.

유식을 가르치는 도광 좌주와의 문답

講唯識[286] **道光座主問曰, 禪師**는 **用何心**으로 **修道**인가
강유식　도광좌주문왈 선사　용하심　수도

유식을 강의하는 도광 좌주가 물어 말하길, 선사께서는 어떤 마음을 써서 불도를 수행합니까?

師曰, 老僧은 **無心可用**하고 **無道可修**라
사왈　노승　무심가용　무도가수

선사께서 말하길, 노승은 쓸 마음도 없고 수행할 도도 없습니다.

曰, 旣無心可用이고 **無道可修**인데 **云何每日聚衆**하여 **勸人學禪修道**니까
왈 기무심가용　무도가수　운하매일취중　권인학선수도

말하길, 이미 쓸 마음도 없고 수행할 도도 없다고 하셨는데 어찌하여 매일 많은 대중을 모아 선을 배우고 불도를 수행하라 권하십니까?

師曰, 老僧은 **尙無卓錐之地**[287]이고 **什麼處聚衆來**하며
사왈　노승　상무탁추지지　십마처취중래

선사께서 말하길, 노승은 오히려 송곳 세울 땅도 없는데 어떤 곳에서 대중을 모았다고 하며,

286　唯識(유식)은 법상종의 근본교의로 만법유식을 법문으로 한다.

287　『景德傳燈錄』권11 「仰山慧寂章」 去年貧未是貧, 今年貧始是貧. 去年無卓錐之地, 今年錐也無. (『대정장』권51, p.283, b3-5) 작년의 가난은 가난도 아니었고 금년의 가난이 비로소 가난이네. 작년에는 송곳 세울 땅이 없었는데 금년에는 송곳조차 없다네.

老僧無舌[288]인데 **何曾勸人來**니까
노승무설　　　하증권인래

노승은 혀도 없는데 어찌 일찍이 사람들에게 권했다고 하십니까?

曰, 禪師는 **對面**하고 **妄語**니까
왈 선사　　대면　　망어

말하길, 선사께서는 얼굴을 보면서 거짓말을 하고 계십니다.

師曰。 老僧은 **尚無舌勸人**인데 **焉解妄語**리오
사왈　노승　　상무설권인　　언해망어

선사께서 말하길, 노승은 오히려 사람들에게 권할 혀가 없는데 어찌 거짓말을 하겠습니까?

曰, 某甲이 **却不會禪師語論也**라
왈　모갑　　각불회선사어론야

말하길, 제가 도리어 선사의 말씀을 알지 못하겠습니다.

師曰, 老僧自亦不會라
사왈　노승자역불회

선사께서 말하길, 내 자신도 또한 알지 못하겠습니다.

288　無舌은 무엇을 말할 수 없다는 뜻으로 즉 언어를 초월해 있다는 뜻이다. 『景德傳燈錄』권28 「南泉普願章」曰若恁麼即法身亦非真佛. 師曰, 法身是真非真. 老僧無舌不解道. (『대정장』권51, p.446, b9-10) 말하길, 만약 그렇다면 법신 역시 진실한 부처가 아닙니다. 선사께서 말하길, 법신은 진실한가? 진실하지 않는가? 노승은 혀가 없어서 말하지 못하겠다.

화엄을 가르치는 지 좌주와의 문답

講華嚴志座主問, 何故로 **不許青青翠竹**이 **盡是法身**이고
강화엄지좌주문　하고　　불허청청취죽　　진시법신

鬱鬱黃華가 **無非般若**인가
울울황화　　무비반야

화엄을 강의하는 지 좌주가 묻길, 무슨 까닭으로 푸르고 푸른 취죽이 모두 법신이
고 울창한 누런 꽃이 반야 아닌 것이 없다는 것을 인정하지 않습니까?

師曰, 法身無象이지만 **應翠竹以成形**이라
사왈　법신무상　　　응취죽이성형

선사께서 말하길, 법신은 형상이 없지만 취죽에 응하여 형상을 이루고 있습니다.

般若無知나 **對黃華而顯相**이나 **非彼黃華翠竹**에 **而有般若法身也**라
반야무지　　대황화이현상　　　비피황화취죽　　이유반야법신야

반야는 앎이 없지만 누런 꽃을 대하여 모양을 나타내나 저 누런 꽃과 푸른 대나무
에 반야의 법신이 있는 것은 아닙니다.

故經云[289], **佛真法身**은 **猶若虛空**이어서 **應物現形**하니 **如水中月**이라
고경운   불진법신   유약허공   응물현형   여수중월

그러므로 경에, 부처의 진실한 법신은 마치 허공과 같아서 사물에 응하여 형상을 나타내는 것이 마치 물속의 달과 같다고 했습니다.

黃華가 **若是般若**이면 **般若**는 **即同無情**이라
황화   약시반야   반야   즉동무정

누런 꽃이 만약 반야라면 반야는 곧 무정과 같습니다.

翠竹이 **若是法身**이면 **翠竹**은 **還能應用**이라 **座主會麼**인가
취죽   약시법신   취죽   환능응용   좌주회마

푸른 대나무가 만약 법신이라면 푸른 대나무는 도리어 사물에 응하여 작용해야 합니다. 좌주는 알겠습니까?

曰, 不了此意라
왈 불료차의

말하길, 이 의미를 분명하게 알지 못하겠습니다.

---

289   『金光明經』권2「四天王品6」佛真法身, 猶如虛空, 應物現形, 如水中月, 無有障礙, 如焰如化. 是故我今, 稽首佛月. (『대정장』권16, p.344, b3-6) 부처의 참된 법신은 허공과 같아서 사물에 응하여 형상을 나타내니 물속의 달과 같아서 장애가 없어서 불꽃과 같고 사물과 화한다. 그러므로 내가 지금 월불에게 머리를 조아린다.

師曰, 若見性人이면 **道是亦得**이고 **道不是亦得**이니 **隨用而說**이나
사왈 약견성인 도시역득 도불시역득 수용이설

不滯是非라
불체시비

선사께서 말하길, 만약 견성한 사람이면 말해도 되고 말 안 해도 또한 됩니다. 작용에 따라 말하는데 옳고 그름에 머물지 않습니다.

若不見性人이면 **說翠竹著翠竹**하고 **說黃華著黃華**라
약불견성인 설취죽착취죽 설황화착황화

만약 견성하지 못한 사람이면 푸른 대나무라 말하면 푸른 대나무에 집착한 것이고, 누런 꽃이라 하면 누런 꽃에 집착한 것입니다.

說法身하면 **滯法身**하고 **說般若**하면 **不識般若**이어서 **所以皆成諍論**이라
설법신 체법신 설반야 불식반야 소이개성쟁론

법신이라 말하면 법신에 얽매이고 반야라 말하면 반야를 알지 못한 것이어서 그래서 모두 논쟁이 됩니다.

志가 **禮謝而去**라
지 례사이거

지 좌주가 감사를 표하고 물러갔다.

견성하여 단박에 최상승을 깨달음

人間이 **將心修行**하면 **幾時得解脫**인가
인문   장심수행   기시득해탈

어떤 사람이 묻길, 마음을 가지고 수행하면 어느 때에 해탈합니까?

師曰, **將心修行**하면 **喩如滑泥洗垢**니라
사 왈 장심수행   유여활니세구

선사께서 말하길, 마음을 가지고 수행하는 것은 비유하면 미끄러운 진흙으로 때를 씻는 것과 같습니다.

般若는 **玄妙**하여 **本自無生**이지만 **大用現前**하여 **不論時節**이라
반야   현묘   본자무생   대용현전   불론시절

반야는 현묘하여 본래부터 나지 않지만 큰 작용이 앞에 나타날 때 시절을 논하지 않습니다.

曰, **凡夫亦得如此否**인가
왈 범부역득여차부

말하길, 범부 또한 이와 같이 될 수 있습니까?

師曰, **見性者**는 **即非凡夫**이며 **頓悟上乘**하면 **超凡越聖**이라
사왈 견성자   즉비범부   돈오상승   초범월성

선사께서 말하길, 견성한 사람은 곧 범부가 아니며, 최상승을 단박에 깨달으면 범부와 성인을 초월합니다.

迷人은 **論凡論聖**하고 **悟人**은 **超越生死涅槃**이라
미인　론범론성　　오인　초월생사열반

미혹한 사람은 범부와 성인을 말하고, 깨달은 사람은 생사와 열반을 초월합니다.

迷人은 **說事說理**하고 **悟人**은 **大用無方**이라
미인　설사설리　　오인　대용무방

미혹한 사람은 현상과 이치를 말하지만 깨달은 사람은 크게 작용함에 방향이 없습니다.

迷人은 **求得求證**이지만 **悟人**은 **無得無求**라
미인　구득구증　　오인　무득무구

미혹한 사람은 얻을 것과 깨달음을 구하지만 깨달은 사람은 얻을 것도 구할 것도 없습니다.

迷人은 **期遠劫證**이나 **悟人**은 **頓見**이라
미인　기원겁증　　오인　돈견

미혹한 사람은 영원토록 깨달음을 기약하지만 깨달은 사람은 단박에 친견합니다.

유마경에서의 육사외도

維摩座主問, 經云[290], **彼外道六師等**[291]**이 是汝之師니라**
유마좌주문 경운 피외도육사등 시여지사

『유마경』을 강의하는 좌주가 묻길, 경에 이르길, 저 외도 육사들이 그대의 스승이다.

因其出家하여 **彼師所墮**하면 **汝亦隨墮니라**
인기출가 피사소타 여역수타

그들을 인연하여 출가하였기에 그 육사들이 떨어지는 바 그대 역시 따라서 떨어진다.

其施汝者는 **不名福田**이고 **供養汝者**는 **墮三惡道라**
기시여자 불명복전 공양여자 타삼악도

그대에게 보시하는 것은 복전이라 하지 않고, 그대에게 공양하면 삼악도에 떨어진다.

謗於佛하고 **毀於法**하고 **不入衆數**하며 **終不得滅度니라**
방어불 훼어법 불입중수 종부득멸도

부처를 비방하고 법을 훼손하고 승단에 들지 않으면 끝내 깨닫지 못한다.

汝若如是하면 **乃可取食**이라 **今請禪師**가 **明爲解脫**리오
여약여시 내가취식 금청선사 명위해탈

그대가 만약 이와 같다면 이에 밥을 먹을 수 있다고 했습니다. 지금 청컨대 선사께서
분명하게 해탈하게 해 주십시오.

---

290 『維摩詰所說經』권1 「弟子品3」 彼外道六師. (『대정장』권14, p.540, b29-c1)

291 석존의 시대에 정통 바라문에 대하여 자유로운 입장을 추한 사상가가 있었다. 이 사람들은 석존의 사상
과도 대립했기 때문에 불교 측에서는 외도라고 했다. 그 대표적인 여섯 사람을 육사외도라 한다.

師曰, 迷徇六根者를 號之為六師이라 心外求佛하면 名為外道니라
사왈 미순육근자 호지위육사 심외구불 명위외도

선사께서 말하길, 미혹하여 육근을 쫓으면 육사라고 합니다. 마음 밖에서 부처를 구하면 외도라고 합니다.

有物可施하면 不名福田이며 生心受供하면 墮三惡道라
유물가시 불명복전 생심수공 타삼악도

보시물이 있어서 보시하면 복전이라 하지 않고, 마음을 내어 공양을 받으면 삼악도에 떨어집니다.

汝若能謗於佛者하면 是不著佛求[292]니라
여약능방어불자 시불착불구

그대가 만약 부처를 비방하면 부처에 집착하여 구하지 않는 것입니다.

毁於法者하면 是不著法求이고 不入衆數者하면 是不著僧求니라
훼어법자 시불착법구 불입중수자 시불착승구

불법을 비방하면 법에 집착하여 구하는 것이 아니고, 승단에 들지 않으면 승단에 집착하여 구하는 것이 아닙니다.

終不得滅度者하면 智用現前이라
종부득멸도자 지용현전

끝내 열반에 들지 않는다는 것은 반야의 지혜작용이 눈앞에 펼쳐지는 것입니다.

---

292 『維摩詰所說經』권2「不思議品6」夫求法者, 不著佛求, 不著法求, 不著衆求. (『대정장』권14, p.546, a11-12) 대저 법을 구하는 사람은 부처에 집착하여 구하지 아니하고, 법에 집착하여 구하지 아니하고, 대중에 집착하여 구하지 아니해야 한다.

若有如是解者는 便得法喜禪悅之食[293]이라
약유여시해자   변득법희선열지식

만약 이와 같이 아는 자는 곧 법희 선열의 음식을 먹을 수 있습니다.

---

293 수행자의 마음을 기르기 위한 정신적인 食物이라는 의미로 出世間食이라 한다. 『少室六門』권1 「第二門破相論」食有五種, 一者法喜食, 所謂依持正法, 歡喜奉行. 二者禪悅食, 所為內外澄寂, 身心悅樂. 三者念食, 所謂常念諸佛, 心口相應. 四者願食, 所謂行住坐臥, 常求善願. 五者解脫食, 所謂心常清淨, 不染俗塵. (『대정장』권48, p.368, c24-29) 양식에는 다섯 가지가 있는데 첫 번째는 법희식, 정법에 의지하여 환희로 받들어 행하는 것을 말하고, 두 번째 선열식은 안팎이 맑고 고요하여 몸과 마음이 쾌락하게 되는 것. 세 번째 염식은 항상 제불을 생각하고 마음과 입이 서로 상응하는 것을 말하며, 네 번째 원식은 행주좌와에서 항상 선원을 구하는 것을 말하며, 다섯째 해탈식은 마음이 항상 청정하여 속진에 물들지 않는 것을 말하는 것이다.

한 글자의 법문

有行者問, 有人問佛하면 **答佛**이라 하고 **問法**하면 **答法**이라 하니
유행자문　유인문불　　　답불　　　　　　문법　　　답법

어떤 수행자가 묻길, 어떤 사람이 부처를 물으면 부처라고 답하고 법을 물으면 법이라고 대답하고서

喚作一字法門인데 **不知是否**라
환작일자법문　　　　부지시부

한 글자의 법문이라고 하는데 알지 못하겠습니다.

師曰, 如鸚鵡가 **學人語話**하여 **自語不得**이면 **爲無智慧故**라
사왈　여앵무　　학인어화　　　자어부득　　　위무지혜고

선사께서 말하길, 마치 앵무새가 사람의 말을 배워도 스스로 말을 못하면 지혜가 없기 때문입니다.

譬如하면 **將水洗水**하고 **將火燒火**하니 **都無義趣**라
비여　　　장수세수　　　장화소화　　　도무의취

비유하면 물을 가지고 물을 씻고, 불을 가지고 불을 태우는 것과 같아서 전혀 의미가 없는 것입니다.

문자와 한 글자는 같은가, 다른가

人問, 言之與語는 爲同爲異인가
인문　언지여어　　위동위이

어떤 사람이 묻길, 말과 말씀은 같습니까? 다릅니까?

師曰。一字曰言하고 **成句名語矣**라
사 왈　일자왈언　　성구명어의

선사께서 말하길, 한 글자를 언이라 하고, 문장으로 이루어진 것을 어라 합니다.

且如靈辯滔滔함이 **譬大川之流水**하여 **峻機疊疊**이 **如圓器之傾珠**이라
차여령변도도　　　비대천지류수　　　준기첩첩　　여원기지경주

예를 들면 신령스런 말씀이 거침없는 것은 비유하면 큰 강의 흐르는 물과 같고, 높은 지혜가 겹친 것이 둥근 그릇에 구슬이 구르는 것과 같습니다.

所以廓象[294]을 **號懸河**라 하고 **春鸚**[295]을 **稱義海**라니 **此是語也**라
소이곽상　　　호현하　　　춘앵　　칭의해　　　차시어야

그래서 곽상을 폭포의 변설가라 하고 앵무새를 의리가 깊고 넓은 바다라 부르는 것이 어입니다.

---

294 廓象(곽상:265-316)은 서진(西晉) 하남(河南) 낙양(洛陽) 사람. 자는 자현(子玄)이다. 일찍부터 노장 사상에 정통했고, 왕연(王衍) 등 청담지사(淸談之士)와 사귀었다. 변재(辯才)에 막힘이 없어 사람들이 위(魏) 나라의 왕필(王弼)이 다시 태어났다고 칭송했다. 사도연(司徒掾)과 사공연(司空掾), 태학박사(太學博士), 황 문시랑(黃門侍郎) 등을 역임했다. 진혜제(晉惠帝) 영안(永安) 원년(304) 이후 정치에만 전력하여 권세가 하 늘을 찔렀다. 저서에 『장자주(莊子注)』 33권이 있는데, 『장자(莊子)』의 본문에 완전히 충실하지는 않지만 역 대의 장자 주석서를 두루 읽은 지식을 담았고, 불교사의 발전에 지대한 영향을 끼쳤다. 그 밖의 저서에 『논어 체략(論語體略)』이 있었지만, 일부만이 황간(黃侃)의 『논어의소(論語義疏)』에 산견 된다.

295 앵무새를 말함.

言者는 **一字**는 **表心也**라 **內著玄微**하여 **外現妙相**하니
언자　일자　표심야　　내착현미　　외현묘상

萬機撓而不亂이고 **淸濁混而常分**이라
만기요이불란　　　청탁혼이상분

말이라는 한 글자는 겉의 마음입니다. 안으로 깊고 미묘함이 붙어서 밖으로는 미묘한 모습으로 나타나는 것이 만 가지 지혜가 어지럽지만 그러나 어지럽지 않고 맑고 탁함이 섞여서 항상 나누어집니다.

齊王도 **猶慙大夫之辭**[296]이고 **文殊**도 **尚歎淨名之說**이라
제왕　유참대부지사　　　문수　　상탄정명지설

제나라 선왕도 오히려 대부의 말에 부끄러워하고 문수도 오히려 유마의 말을 찬탄했습니다.

今之常人이 **云何能解**리오
금지상인　　운하능해

지금 보통 사람이 어떻게 알겠습니까?

---

296 齊나라의 宣王으로 맹자의 충언에 자신의 몸을 반성하여 들어준 것을 말한다. 『맹자』「梁惠王下」에 있다.

마음이 곧 부처

源律師問, 禪師는 常譚即心是佛이라던데 **無有是處**라
원율사문　선사　상담즉심시불　　　무유시처

원 율사 묻길, 선사는 항상 마음이 곧 부처라고 말씀하시던데 옳지 않습니다.

且一地菩薩[297]은 **分身百佛世界**이고 **二地**는 **增於十倍**[298]이니
차 일지보살　　분신백불세계　　이지　증어십배

禪師는 **試現神通看**이라
선사　시현신통간

우선 초지보살은 백 부처의 세계에 몸은 나누고, 이지는 열 배로 늘어난다고 하는데 선사께서는 시험 삼아 신통력으로 나타내 보여 주십시오.

師曰, 闍黎自己는 **是凡是聖**인가
사왈　사리자기　시범시성

선사께서 말씀하시길, 선사 자신은 범부입니까, 성인입니까?

297　一地菩薩(일지보살)은 10지 중에 초지를 말하는데 10지라는 것은 보살의 수행계위를 나타내는 것이다. 초지의 보살은 번뇌를 끊고 불성을 보아 聖者가 되는 佛智를 길러 널리 중생을 소중히 여긴다. 환희지라고도 한다.

298　초지의 다음 단계를 離垢地라 하는데 이 자리를 오른 2지 보살이 정진을 하면 천불세계를 示現한다고 하기 때문에 10배라고 한 것이다. 『佛說十地經』권2 「菩薩離垢地2」解脫月菩薩, 知眾心清淨, 樂聞第二地, 所有諸行相. 即請金剛藏, 大慧願演說, 佛子皆樂聞, 所住第二地. (『대정장』권10, no. 287, p. 542, b19-22) 월보살이 해탈하면 중생의 마음이 청정함을 알아 제2지에서 즐겁게 들으니 제행의 모습이 있는 바이다. 곧 금강장에게 청하여 대혜의 원력을 연설하여 불자가 모두 즐겁게 들으니 제2지에 머무는 바이다.
『佛說十地經』권2 「菩薩離垢地2」正直柔軟及堪能, 調伏寂滅與賢善, 無雜無戀勝廣大, 以十意樂入二地. (『대정장』권10, p.544, b26-28) 정직하고 유연하게 감당하니 적멸과 현선을 조복받아 잡스러움도 없고 연모함도 없이 광대하게 수승하여 10가지 생각으로 즐겁게 2지에 들어간다.

曰 是凡이라
왈 시범

말하길, 범부입니다.

師曰, 旣是凡僧이면 能問如是境界인가 經云[299] , 仁者는
사왈 기시범승　　능문여시경계　　경운　　인자

心有高下는 不依佛慧인데 此之是也라
심유고하　　불의불혜　　차지시야

선사께서 말하길, 이미 평범한 스님이라면 이와 같은 경계를 물을 수 있는 것입니
까? 경에 이르길, 그대 마음의 높고 낮음이 있는 것은 부처의 지혜를 의지하지 않는
것인데 이것을 말하는 것입니다.

又問, 禪師는 每云若悟道現前하면 身便解脫이나 無有是處라
우문 선사　　매운약오도현전　　신변해탈　　무유시처

또 묻길, 선사는 매일 만약 도를 깨달아 눈앞에 나타내면 몸이 곧 해탈된다고 말하
나 옳지 않습니다.

師曰, 有人이 一生作善하여도 忽然偸物入手하면 卽身是賊否인가
사왈 유인　　일생작선　　홀연투물입수　　즉신시적부

선사께서 말하길, 어떤 사람이 일생을 착한 일을 했어도 홀연히 남의 물건을 훔쳐서
손에 넣으면 곧 몸은 도적입니까?

---

299 『維摩詰所說經』권1「佛國品1」仁者心有高下, 不依佛慧, 故見此土為不淨耳！(『대정장』권14,
p.538, c17-18) 그대의 마음이 높고 낮음이 있어 부처의 지혜에 의지하지 않는다. 그러므로 이 국토가 청정
하지 않다고 볼 뿐입니다.

曰, 故知是也라
왈 고지시야

말하길, 물론 그렇게 알고 있습니다.

師曰, 如今了了見性云하면 何不得解脫。
사 왈 여금료료견성운   하부득해탈

선사께서 말하길, 지금 분명하게 견성했다고 한다면 어찌 해탈하지 못했다 하겠습니까?

曰. 如今必不可니라 須經三大阿僧祇劫[300] 始得이라
왈 여금필불가   수경삼대아승기겁   시득

말하길, 지금 절대 불가합니다. 반드시 삼대아승기겁이 지나야 비로소 가능합니다.

師曰, 阿僧祇劫은 還有數否인가
사 왈 아승기겁   환유수부

선사께서 말하길, 아승기겁은 셀 수 있습니까?

源抗聲曰, 將賊比解脫하니 道理得通否인가
원항성왈   장적비해탈   도리득통부

원 율사가 소리 높여 말하길, 장차 해탈을 도적에 비유하니 도리에 맞습니까?

---

300 보살은 삼대아승기겁의 수행을 거쳐서 성불한다고 하는 것이 불교의 일반적인 설이다. 阿僧祇(아승기)라는 것은 세는 것이 불가능하다는 의미이다.

師曰, 闍黎自不解道하며 **不可障一切人解**하면 **自眼不開**하고 **瞋一切人見物**인가
사왈 사리자불해도   불가장일체인해   자안불개   진일체인견물

선사께서 말하길, 그대 자신이 도리를 알지 못하면서 일체 모든 사람들이 아는 것을
막아서는 안 됩니다. 자신의 눈을 열지 않고 일체 모든 사람들이 사물을 보는 것을
성내는 것은 아닙니까?

源作色而去云, 雖老渾無道라
원작색이거운   수로혼무도

원 율사가 얼굴색을 바꾸며 가면서 말하길, 비록 나이 먹었지만 전혀 도가 없구나!

師曰, 即行去者가 **是汝道**라
사왈 즉행거자   시여도

선사께서 말하길, 이제 가는 것이 그대의 도입니다.

한마음의 삼관

講止觀[301] **慧座主問, 禪師**는 **辨得魔**[302] **否**인가
강지관　　혜좌주문 선사　　변득마　 부

『마하지관』을 강의하는 혜 좌주가 묻길, 선사께서는 마구니를 구별할 수 있습니까?

師曰, 起心是天魔이고 **不起心是陰魔**이며 **或起不起是煩惱魔**라
사왈 기심시천마　　불기심시음마　　혹기불기시번뇌마

我正法中無如是事라
아정법중무여시사

선사께서 말하길, 마음을 일으키는 것이 천마이고, 마음을 일으키지 않는 것이 음마이며, 혹 일으키고 일으키지 않는 것이 번뇌마입니다. 나의 정법에는 이와 같은 일이 없습니다.

曰, 一心三觀[303] **義**은 **又如何**인가
왈　일심삼관　　의　 우여하

말하길, 일심삼관의 뜻은 또 어떠합니까?

301　여러 가지 생각을 그치게 하여 마음을 하나의 대상에 집중시켜(止) 그것에 바른 지혜를 일으켜 대상을 관찰하는 것(觀)을 말한다. 이 지관에 대하여 천태지의가 설한 책을 『마하지관』이라 한다. 여기서 말하는 지관이란 『마하지관』에서의 그것이다.

302　魔(마)에 대해서는 『유가론』『마하지관』『화엄경』등에 여러 가지로 분류하여 설하고 있지만 여기서 천마(天子魔), 음마, 번뇌마의 세 가지를 말하고 있는 것은 분명히 『마하지관』에 의거하고 있다. 상대가 천태승이기 때문에 굳이 이 세 가지를 끄집어낸 것일 것이다.

303　一心三觀(일심삼관)은 이것도 『마하지관』에 의한 것으로 삼관이라는 것은 공, 가, 중을 말한다. 이것이 일심으로 돌아가는 것을 말한다.

師曰, **過去心已過去**[304]이고 **未來心未至**하며 **現在心無住**하며
사왈 과거심이과거   미래심미지   현재심무주

於其中間에 **更用何心起觀**인가
어기중간   갱용하심기관

선사께서 말하길, 과거심은 이미 지나갔고, 미래심은 아직 오지 않았고, 현재심은 머무름이 없습니다. 그 중간에 다시 어떠한 마음으로 관을 일으킵니까?

曰, **禪師**는 **不解止觀**[305]이라
왈   선사   불해지관

말하길, 선사께서는 지관을 알지 못합니다.

師曰, **座主解否**인가
사왈 좌주해부

선사가 말하길, 좌주는 알고 있습니까?

曰, **解**이라
왈 해

말하길, 알고 있습니다.

師曰, **如智者大師**는 **說止**하여 **破止**하고 **說觀**하여 **破觀**니라
사왈 여지자대사   설지   파지   설관   파관

선사가 말하길, 천태지자 대사는 지를 설하여 지를 논파하고 관을 설하여 관을 논파했습니다.

---

304 『金剛般若波羅蜜經』권1 過去心不可得, 現在心不可得, 未來心不可 得. (『대정장』권8, p.751, b27-28)을 근본으로 두고 있다.

305 止觀(지관)의 止는 śamatha로 마음을 단련하여 일체의 외경(外境)이나 어지러운 생각에 움직이지 않고 마음을 특정의 대상에 쏟는 것을 말하며, 觀은 그것에 의해 바른 지혜를 끌어내어 대상을 보는 것을 말하며 vipassanā 라 한다.

住止면 **沒生死**이고 **住觀**하면 **心神亂**하니 **爲當**[306] **將心止心**하고 **爲復起心觀觀**인가

주지　몰생사　　주관　　심신란　　위당　　장심지심　　위복기심관관

지에 머물면 생사에 빠지고 관에 머무르면 마음이 어지러우니 또는 마음을 가지고 마음을 그치게 하는 것인가? 또는 마음을 일으켜 관을 관찰하는 것인가?

若有心觀是常見法이고 **若無心觀是斷見法**이며 **亦有亦無成二見法**[307]이라

약유심관시상견법　　　약무심관시단견법　　　역유역무성이견법

만약 마음이 있어 관하면 상견법이고 만약 관하는 마음이 없다면 단견법이며 또는 있기도 하고 없기도 하면 이견법입니다.

請座主는 **子細說看**이라

청좌주　　자세설간

청컨대 좌주는 자세하게 설명해 주십시오.

曰, 若如是問하면 **俱說不得也**라

왈　약여시문　　구설부득야

말하길, 만약 이와 같이 묻는다면 모두 말하지 못합니다.

師曰, 何曾止觀이라

사 왈　하증지관

선사께서 말하길, 어찌 지관을 안다고 하겠는가?

---

306 爲當(위당)은 ~~ 인 것인가? 라고 하는 양자택일을 묻는 의문사이다. 爲復(위복)도 같은 뜻이다.

307 常見斷見(상견단견)은 五見에 포함되는데 근본번뇌 가운데 見은 다섯 가지로 나누어지는데 그 중 하나인 邊執見(변집견: 한쪽으로 치우쳐 극단적인 것을 집착하는 견해)을 두 가지로 나눈 것이 상견과 단견이다. 내가 사후에 상주(영구불변)한다고 하는 것이 상견이고 나는 사후에 단멸한다고 하는 것이 단견이다.

반야는 작은가, 큰가

人問, 般若大否인가
인문　반야대부

어떤 사람이 묻길, 반야는 큽니까?

師曰, 大니라
사왈　대

선사께서 말하길, 큽니다.

曰, 幾許大인가
왈　기허대

말하길, 얼마나 큽니까?

師曰, 無邊際라
사왈　무변제

선사께서 말하길, 끝이 없습니다.

曰, 般若小否인가
왈　반야소부

말하길, 반야는 작습니까?

師曰, 小니라
사왈　소

선사께서 말하길, 작습니다.

曰, 幾許小니까
왈   기허소

말하길, 얼마나 작습니까?

師曰, 看不見이라
사 왈   간불견

선사께서 말하길, 눈으로 보지 못합니다.

曰, 何處是인가
왈   하처시

말하길, 어떤 곳이 그러합니까?

師曰, 何處不是인가
사 왈   하처불시

선사께서 말하길, 어떤 곳이 그렇지 않는 곳입니까?

둘이 아닌 가르침

維摩座主問, 經云[308], 諸菩薩이 各說入不二法門하니 維摩가
유마좌주문 경운   제보살   각설입불이법문   유마

默然하니 是究竟否인가
묵연   시구경부

『유마경』을 강의하는 좌주가 묻길, 경에 여러 보살이 각각 불이법문을 체득하는 것을 설하지만 유마는 묵연히 있었는데 구경입니까?

師曰, 未是究竟이라 聖意若盡이면 第三卷[309]을 更說何事리오
사왈   미시구경   성의약진   제삼권   갱설하사

선사께서 말하길, 아직 구경이 아닙니다. 성인이 뜻을 만약 다했다면 제 3권을 다시 무슨 일을 말하겠습니까?

座主가 良久曰, 請禪師께서 爲說未究竟之意오
좌주   양구왈 청선사   위설미구경지의

좌주가 양구하고 말하길, 청컨대 선사께서 아직 구경이 아니라고 하는 의미를 설해 주십시오.

---

308 『維摩詰所說經』권2「入不二法門品9」於是文殊師利問維摩詰, 我等各自說已, 仁者當說何等是菩薩入不二法門？時維摩詰默然無言. (『대정장』권14, p.551, c20-22) 이때 문수사리가 유마힐에게 물었다. 우리들은 지금 각자 스스로 설해 마쳤으니 다음으로 그대께서 어떤 것이 보살이 불이법문을 체득하는 것인가를 설하셔야 합니다. 그때 유마힐은 묵연히 말이 없었다.

309 第三卷(제3권)은 『維摩詰所說經』권2「香積佛品10」時維摩詰即入三昧, 以神通力示諸大眾. (『대정장』권14, p.552, a9-10) 그 때 유마힐이 삼매에 들어가 신통력으로써 모든 대중들에게 보였다로 ~~~ 시작된다.

師曰, 如經第一卷에는 **是引眾**하여 **呵十大弟子住心**하고
사왈 여경제일권 시인중 가십대제자주심

선사께서 말하길, 『유마경』의 제 1권은 대중들을 끌어들여 부처의 십대 제자들이 머무는 마음을 꾸짖었고

第二에는 **諸菩薩**이 **各說入不二法門**하고 **以言顯於無言**하며
제이 제보살 각설입불이법문 이언현어무언

제 2권에는 여러 보살들이 각각 불이법문에 체득한 것을 설하고 말로서 말 없음을 나타내고

文殊는 **以無言顯於無言**하고 **維摩**는 **不以言不以無言**이라
문수 이무언현어무언 유마 불이언불이무언

故默然으로 **收前言語也**라
고묵연 수전언어야

문수는 말 없음으로써 말 없음을 나타내고, 유마는 말로서도 아니고 말 없음으로도 아니다. 그러므로 침묵으로써 앞의 말을 정리하였다.

第三卷은 **從默然起說**하고 **又顯神通作用**하니 **座主會麼**인가
제삼권 종묵연기설 우현신통작용 좌주회마

제 3권에는 침묵으로부터 나와 설명하고 또 신통작용을 나타냈으니 좌주께서는 알 겠습니까?

曰, 奇怪如是라
왈 기괴여시

말하길, 기괴합니다.

師曰, 亦未如是라
사왈 역미여시

선사께서 말하길, 또한 그렇지 않습니다.

曰, 何故未是인가
왈 하고미시

말하길, 무슨 까닭으로 그렇지 않습니까?

師曰, 且破人執情을 **作如此說**이라 **若據經意**하면
사왈 차파인집정   작여차설   약거경의

只說色心空寂으로 **令見本性**이라
지설색심공적   영견본성

선사께서 말하길, 우선 사람들의 집착한 생각을 타파하기 위해 이와 같이 설했습니다. 만약 『유마경』의 뜻에 의거하면 단지 물질도 마음도 공적한 것을 설명해서 본성을 깨닫도록 하기 위함입니다.

教捨僞行하고 **入眞行**하여 **莫向言語紙墨上**을 **討意度**하라
교사위행   입진행   막향언어지묵상   토의도

거짓된 행동을 버리고 진실한 행으로 들어가기 위하여 언어나 종이와 묵 위에서 이리저리 따지지 말라.

但會淨名兩字를 **便得**이라 **淨者**는 **本體也**라 **名者**는 **迹用也**[310]라

단 회 정 명 량 자　　변 득　　　정 자　　본 체 야　명 자　　적 용 야

다만 정명의 두 글자를 알면 된다. 정이란 본체이고, 명이란 쫓아 작용하는 것입니다.

從本體로 **起迹用**하고 **從迹用**으로 **歸本體**라

종 본 체　　기 적 용　　　종 적 용　　　귀 본 체

본체로부터 쫓아 작용하고 쫓아 작용하는 것에서 본체로 돌아갑니다.

體用不二이고 **本迹非殊**라 **所以古人道**[311]하길 **本迹雖殊**나

체 용 불 이　　본 적 비 수　　소 이 고 인 도　　　　본 적 수 수

不思議一也라 **一亦非一**이라

불 사 의 일 야　　일 역 비 일

체와 용은 둘이 아니고, 본과 적도 다르지 않습니다. 그래서 옛 사람이 본과 적은 비록 다르지만 불가사의에서는 하나입니다. 하나 또한 하나가 아닙니다.

若識淨名兩字가 **假號**라면 **更說什麼究竟與不究竟**이리오

약 식 정 명 량 자　　가 호　　　갱 설 십 마 구 경 여 불 구 경

만약 정과 명의 두 글자가 거짓된 이름인 줄 알면 다시 어찌 구경과 구경이 아님을 설하겠습니까?

310　迹用(적용)의 迹은 本과 상대되는 말로 예를 들면 本迹二門, 本地垂迹 등이라는 말이 있다. 본문이라는 것은 진실한 부처의 久遠의 옛날의 성도한 것으로써 本佛의 本地, 근원, 본체를 나타내는 면이다. 迹門이라는 것은 가깝게 이 세상에 형체를 나타낸 부처님은 그 根源佛이 중생을 이끌기 위하여 本地로부터 迹을 드리운 것으로 應迹, 影現을 보이는 면을 말한다. 迹用이라는 것은 그 적을 드리워 활동하는 작용이나 기능을 말한다.

311　古人은 僧肇(승조)를 말하는데 『주유마힐경』의 승조의 서문에서 인용한 것이다. 『注維摩詰經』권1 非本無以垂跡, 非跡無以顯本. 本跡雖殊而不思議一也. (『대정장』권38, p.327, b3-5) 근본이 아니면 자취를 드리우지 않고 자취가 아니면 근본을 나타내지 못한다. 본과 적은 비록 다르지만 부사의하다는 점에서 하나이다.

無前無後이고 **非本非末**이며 **非淨非名**이라
무전무후　　　비본비말　　　비정비명

앞뒤가 없고 근본과 끝도 아니며, 정도 명도 아닙니다.

只示眾生本性이 **不思議解脫**[312]이라
지시중생본성　　　부사의해탈

단지 중생의 본성이 불가사의한 해탈임을 보여 주었습니다.

若不見性人이면 **終身不見此理**라
약불견성인　　　종신불견차리

만약 성품을 보지 못한 사람이라면 죽을 때까지 이 이치를 보지 못할 것입니다.

312　不思議(부사의)는 범어 acintya를 번역한 것이다. 不可思議라고도 한다. 말로 표현하거나 마음으로 헤
아릴 수 없는 것을 이르는 말이다. 後文에 말하는 '중생의 본성은 부사의한 해탈이다.'가 『유마경』의 근본사
상인 것은 승조의 서문에 『注維摩詰經』권1 語宗極則以不二為門, 凡此眾說皆不思議之本也. (『대정장』권
38, p.327, a29-b1) 종극을 말하면 불이로써 문을 삼는데 대개 이 여러 가지 말은 모두 부사의의 근본이다.
라고 한 것으로 알 수 있다. 『유마경』의 별칭으로 『維摩詰不思議經』이라 분명하게 나타내고 있다.

일체 모든 법이 다 공하면 인식하는 성품도 또한 그러하다

僧問, 萬法이 **盡空**하면 **識性**[313] **亦爾**인가
승문 만법　진공　　식성　역이

어떤 스님이 묻길, 만법이 다 공하면 인식하는 성품도 또한 그러합니까?

譬如水泡가 **一散更無再合**이고 **身死更不再生**이라 **即是空無**인데
비여수포　일산갱무재합　　신사갱부재생　　즉시공무

何處更有識性인가
하처갱유식성

비유하면 물거품이 한번 흩어지면 다시 합쳐질 수 없는 것과 같아서 몸이 죽으면 다시 살아나지 못하는 것입니다. 곧 공도 없는 것인데 어느 곳에 다시 인식하는 성품이 있는 것입니까?

師曰, 泡因水有라 **泡散可即無水**인가 **身因性起**라 **身死豈言性滅**리오
사왈　포인수유　포산가즉무수　　신인성기　신사기언성멸

선사께서 말하길, 거품은 물을 인연하여 있습니다. 거품이 흩어지면 곧 물이 없다고 하겠습니까? 몸은 성품을 인연하여 일어나지만 몸이 죽었다고 어찌 성품까지 없다고 말하겠습니까?

曰, 既言有性하면 **將出來看**이라
왈　기언유성　　장출래간

말하길, 이미 본성이 있다고 말하셨으니 장차 꺼내어 보여 주십시오.

---

313 識은 존재에 대하여 마음의 작용적인 면으로부터 이름 붙여진 것으로 식별, 인식 등의 작용을 포함한다. 性은 불변의 뜻으로 본래 구족하고 있는 성질.

師曰, 汝信有明朝否인가
사왈 여신유명조부

선사께서 말하길, 그대는 내일이 있는 것을 믿습니까?

曰, 信이라
왈 신

말하길, 믿습니다.

師曰, 我將明朝來看하라
사왈 아장명조래간

선사께서 말하길, 나에게 내일을 가지고 와서 보여 주십시오.

曰, 明朝는 **實是有**이나 **如今不可得**이라
왈 명조 실시유 여금불가득

말하길, 내일은 진실로 있으나 지금 보여줄 수 없습니다.

師曰, 明朝不可得이나 **不是無明朝**라 **汝自不見性**이나 **不可是無性**이라
사왈 명조불가득 불시무명조 여자불견성 불가시무성

선사께서 말하길, 내일을 얻을 수 없다고 해서 내일이 없는 것은 아닙니다. 그대 자신이 본성을 보지 못했을 뿐 본성이 없는 것은 아닙니다.

今見著衣喫飯行住坐臥에 **對面不識**이니 **可謂愚迷**라
금견착의끽반행주좌와 대면불식 가위우미

지금 옷을 입고 밥을 먹고 다니고 머물고 앉고 눕는 중에 본성을 대면하고 있지만 알지 못하고 있으니 어리석고 미혹하다고 하겠습니다.

汝欲見明朝與今日이나 **不異將性覓性**이어서 **萬劫終不見**이라
여욕 견명조 여금일   불이장성멱성   만겁종불견

그대가 내일과 오늘을 보려고 하지만 본성을 가지고 본성을 찾는 것과 다르지 않아서 영원히 보지 못할 것입니다.

亦如盲人은 **不見日**이나 **不是無日**이라
역여맹인   불견일   불시무일

또한 맹인이 태양을 보지 못하지만 태양이 없는 것은 아닌 것과 같습니다.

청룡소를 강의하는 좌주의 질문

講青龍疏[314] **座主問, 經云**[315], **無法可說**이 **是名說法**이라 하는데
강청룡소　좌주문 경운　 무법가설　 시명설법

禪師는 **如何體會**이오
선사　 여하체회

『금강경』의 청룡소를 강의하는 좌주가 묻길, 경에 법 없음을 설하는 것이 설법이라
하는데 선사께서는 어떻게 본체를 깨달으셨습니까?

師曰, 為般若體는 **畢竟清淨**하여 **無有一物可得**이어서 **是名無法**이라
사왈 위반야체　 필경청정　 　무유일물가득　　 시명무법

선사께서 말하길, 반야의 본체는 결국 청정하여 한 물건도 얻을 수 없기에 법이 없
다고 합니다.

即於般若空寂體中에 **具河沙之用**이어서 **即無事不知**하여 **是名說法**이라
즉어반야공적체중　 구하사지용　　 즉무사부지　 시명설법

반야의 공적한 본체에 항하사의 지혜작용이 갖추어져 알지 못할 일이 없어 법을 설
한다고 합니다.

314　青龍疏(청룡소)는 현종황제의 『金剛經注』에 청룡사 道氤(도인)이 複注한 것으로 『御注金剛經宣演』
이라고 한다. (『대정장』권85에 수록)

315　『金剛般若波羅蜜經』권1 須菩提！汝勿謂如來作是念, 我當有所說法, 莫作是念. 何以故？若人言,
如來有所說法, 即為謗佛, 不能解我所說故. 須菩提！說法者, 無法可說, 是名說法. (『대정장』권8, p.751,
c11-15) 수보리야! 너는 여래가 이 생각을 해 내가 마땅히 법을 설하는 바가 있어야 한다고 생각하지 말라.
이 생각을 짓지 말라. 왜냐하면 만약 사람이 여래에게 설한 바의 법이 있다고 말하면 곧 부처를 비방하는 것
이 되며, 내가 설하는 바를 이해하지 못했기 때문이다. 수보리야! 법을 설한다고 하는 것도 법으로서 설할 만
한 것이 없는 것이다. 이것을 법을 설한다고 이름 하는 것이다.

故云, 無法可說이 是名說法이라
고운 무법가설   시명설법

그러므로 법 없음을 설하는 것이 설법이라 합니다.

무정이 부처인가

講華嚴座主問, 禪師는 信無情是佛否인가
강화엄좌주문 선사 신무정시불부

『화엄경』을 강의하는 좌주가 묻길, 선사께서는 무정이 부처임을 믿습니까?

師曰, 不信이라 **若無情是佛者**면 **活人**은 **應不如死人**이고
사왈 불신 약무정시불자 활인 응불여사인

死驢死狗도 **亦應勝於活人**이라
사려사구 역응승어활인

선사께서 말하길, 믿지 않습니다. 만약 무정이 부처라 한다면 살아있는 사람은 응당히 죽은 사람만 못하고 죽은 나귀와 개 또한 응당히 산 사람보다 수승해야 합니다.

經云[316], **佛身者**는 **即法身也**라 **從戒定慧生**하고 **從三明六通生**[317] 하며
경운 불신자 즉법신야 종계정혜생 종삼명육통생

從一切善法生[318]이라
종일체선법생

경에 부처의 몸은 곧 법신이라 계정혜로부터 생기고 삼명과 육신통으로부터 생기며 일체 모든 선법에서부터 생긴다고 했습니다.

---

316 『維摩詰所說經』권1 「方便品2」 佛身者即法身也. (『대정장』권14, p.539, c1)

317 부처와 아라한이 가진 세 가지의 신통으로 宿命明(자타의 과거세의 모습을 분명하게 하는 지혜), 天眼明(미래 중생의 생사의 모습을 분명하게 하는 지혜), 漏盡明(불교의 진리를 명확하게 證知하여 번뇌를 끊는 지혜)을 말한다. 六通(六神通)은 부처와 보살이 갖춘 여섯 가지 종류의 초인적 능력. 神足通, 天眼通, 天耳通, 他心通, 宿命通, 漏盡通을 말함.

318 오계, 10선, 삼학, 육도 등을 말한다. 『阿毘達磨俱舍論』권16, 17 「分別業品4」 (『대정장』권29)에 선법에 대해 시설되어 있다.

若說無情是佛者라면 大德이 如今便死하면 應作佛去라
약설무정시불자   대덕   여금변사   응작불거

만약 무정이 부처라면 대덕이 지금 곧바로 죽으면 응당 부처가 되어야 할 것입니다.

반야경의 공덕이 가장 많다

有法師問, 持般若經하면 **最多功德**이라는데 **師還信否**인가
유법사문 지반야경   최다공덕   사환신부

어떤 법사가 있어 묻길, 『반야경』을 수지하면 가장 많은 공덕이 된다고 하는데 선사
께서는 믿습니까?

師曰, 不信이라
사왈 불신

선사께서 말하길, 믿지 않습니다.

曰, 若爾靈驗傳[319] **十餘卷**이 **皆不堪信也**라
왈 약이영험전   십여권   개불감신야

말하길, 만약 그렇다면 영험전 10여 권을 모두 감히 믿지 못하겠습니다.

師曰 生人持孝[320]하면 **自有感應**이나 **非是白骨**이 **能有感應**이라
사왈 생인지효   자유감응   비시백골   능유감응

선사께서 말하길, 산 사람이 부모의 상에 복종하면 죽은 사람으로부터 감응이 있다
고 하는 것은 백골이 감응이 있다는 것이 아닙니다.

---

319 어떤 경전을 수지, 독송하는 것에 의하여 얻은 많은 영험을 모은 책. 『法華靈驗傳』권1 (『속장경』권78)
과 『金剛經靈驗傳』권1(『속장경』권87)이 전해진다.

320 아들이 부모의 喪(상)에 복종하는 것.

經은 **是文字紙墨**이고 **文字紙墨**의 **性空**한데 **何處有靈驗**이오
경　　시문자지묵　　문자지묵　성공　　하처유영험

경은 문자와 종이와 먹이고 문자와 종이와 먹의 성품은 공한데 어느 곳에 영험이 있겠습니까?

靈驗者는 **在持經人用心**이라 **所以神通感物**이라
영험자　　재지경인용심　　　소이신통감물

영험은 경을 수지하는 사람의 마음 작용에 있습니다. 그래서 신통은 사물에 감응하는 것입니다.

試將一卷經을 **安著案上**하고 **無人受持**하면 **自能有靈驗否**인가
시장일권경　　안착안상　　무인수지　　자능유영험부

시험 삼아 한 권의 경을 가지고 책상 위에 올려놓고 사람이 수지함이 없으면 경 스스로 영험이 있겠습니까?

이름과 모양과 법의 모습

僧問, 未審一切와 名相及法相³²¹과 語之與默³²²을 如何通會하여
승문 미심일체   명상급법상   어지여묵   여하통회

即得無前後³²³오
즉득무전후

어떤 스님이 묻길, 도대체 일체 모든 이름과 모양 그리고 법의 모양과 말과 침묵은 어떻게 회통해야 곧 앞뒤가 없습니까?

師曰, 一念起時하면 本來無相無名인데 何得說有前後인가
사왈 일념기시   본래무상무명   하득설유전후

선사께서 말하길, 한 생각이 일어나면 본래 모양도 없고 이름도 없는데 어찌 앞뒤가 있다고 말하는 것입니까?

---

321 名相은 일체의 존재에는 이름이 있고 모양이 있어서 귀로 듣는 것을 名이라 하고 눈으로 보는 것을 相이라고 한다. 그 어느 쪽도 거짓이다. 法相은 모든 존재가 가지고 있는 본질의 모양을 말한다.

322 『無門關24칙』권1 風穴和尚, 因僧問, 語默涉離微, 如何通不犯. 穴云, 長憶江南三月裏, 鷓鴣啼處百花香. (『대정장』권48, p.296, a13-14) 풍혈화상을 인연하여 어떤 스님이 묻길, 말해도 침묵해도 리미에 떨어지는데 어떻게 하면 범하지 않고 통하겠습니까? 풍혈화상이 이르길, 언제나 강남의 삼월을 생각하니 자고새가 우는 곳에 온갖 꽃들이 향기로웠네. 離微에 대한 내용의 최초는 승조의 『寶藏論』諸見不能移, 寂滅不思議, 可謂本淨體自離微也. 據入故名離, 約用故名微. (『대정장』권45, p.145, c16-17) 모든 견해에 움직이지 않고 적멸하여 부사의하여 본래 청정한 본체를 리미라 하고 근원으로 들어가기에 리라 하고 다 작용하기에 미라 한다고 나와 있다.

323 無前後(무전후)는 『돈오입도요문』「돈오문의 종지와 체용」에 대한 내용에서 다음과 같이 나와 있다. '只如菩提, 假立名字. 實不可得, 亦無前後得者' 예를 들어 보리는 임시로 세운 이름이기에 실제로 얻지 못하고 또한 과거에도 미래에도 얻을 사람이 없다고 대주혜해는 관심석하고 있다.

不了名相本淨이나 **妄計有前有後**라
불료명상본정　　망계유전유후

이름과 모양이 본래 청정함을 요달하지 못하고 망령되이 앞뒤가 있다고 계산하는
것입니다.

夫名相關鏁는 **非智鑰不能開**하고 **中道者病**은 **在中道**이며
부명상관쇄　　비지약불능개　　중도자병　　재중도

二邊者病는 **在二邊**이라
이변자병　　재이변

이름과 모양의 문의 열쇠는 반야지혜의 열쇠가 아니면 열지 못하고 중도의 병은 중
도에 있고 양변의 병은 양변에 있습니다.

不知現用이 **是無等等法身**[324]이고 **迷悟得失**은 **常人之法**이라
부지현용　　시무등등법신　　미오득실　　상인지법

自起生滅하여 **埋沒正智**니라
자기생멸　　매몰정지

작용이 나타남이 등급이 없는 등급이 법신임을 알지 못하고 미혹하고, 깨닫고, 얻
고, 잃는 것은 보통 사람들의 법이다. 스스로 생하고 멸함으로 바른 지혜를 메몰 시
키고 있습니다.

或斷煩惱하고 **或求菩提**하며 **背却般若**니라
혹단번뇌　　혹구보리　　배각반야

혹 번뇌를 끊기도 하고 혹 보리를 구하기도 하면서 도리어 반야를 등지고 있습니다.

---

324 無等(무등)은 범어 asama를 번역한 것이다. 부처는 그 밖에 같은 것이 없기 때문에 무등이라 한다. 부
처는 보살들과 비교해서는 무등이지만 부처와 부처는 완전히 동등하기 때문에 부처의 경우에는 또 等자를 더
하여 無等等이라 한다. 이는 범어 asama-sama를 번역한 것이다.

부처는 마음으로 짓는 것이다

人問, 律師는 **何故不信禪**인가
인문   율사   하고불신선

어떤 사람이 묻길, 율사는 무슨 까닭으로 참선을 믿지 않습니까?

師曰, 理幽하여 **難顯**[325]이나 **名相**은 **易持**니라
사왈 리유   난현   명상   이지

선사께서 말하길, 진리는 심오하여 나타내기 어렵지만 이름과 모양은 지니기 쉽기
때문입니다.

不見性者는 **所以不信**하고 **若見性者**는 **號之為佛**이라
불견성자   소이불신   약견성자   호지위불

견성하지 못한 사람은 그래서 믿지 않고, 만약 견성한 사람은 부처라고 부릅니다.

---

325 理幽難顯(리유난현)은 선은 말로 표현할 수 없기 때문에 이해하기 어렵다고 하는 의미와, 名相易持(명
상이지)는 계율은 말로 표현할 수 있는 것이기 때문에 이해하기 쉽다고 하는 뜻이다.

識佛之人이 **方能信入**이라 **佛不遠人**[326]이나 **而人遠佛**이 **佛是心作**[327]이라
식불지인   방능신입   불불원인   이인원불   불시심작

부처를 아는 사람이 바야흐로 믿을 수 있는 것입니다. 부처가 사람을 멀리하는 것이 아니라 사람이 부처를 멀리하니 부처는 마음으로 짓는 것입니다.

迷人은 **向文字中求**지만 **悟人**은 **向心而覺**이라
미인   향문자중구   오인   향심이각

미혹한 사람은 문자에서 구하지만 깨달은 사람은 마음에서 깨닫습니다.

迷人은 **修因待果**하고 **悟人**은 **了心無相**이라
미인   수인대과   오인   료심무상

미혹한 사람은 원인을 닦아 결과를 기다리고, 깨달은 사람은 마음이 모양이 없음을 요달합니다.

迷人은 **執物守我**하여 **為己**하나 **悟人**은 **般若**가 **應用見前**이라
미인   집물수아   위기   오인   반야   응용현전

미혹한 사람은 사물에 집착해서 나를 지켜 자기를 위하지만 깨달은 사람은 반야의 지혜작용이 눈앞에 펼쳐집니다.

---

326 『중용』의 '道不遠人'이란 말에 바탕을 두고 있다. 그밖에 다음과 같은 유사한 말이 있다. 『논어』「述而篇」에 仁은 멀지 아니하다. 내가 인을 바라면 이리로 인이 온다. 『중용』제1장에 도는 잠시라도 떨어질 수 없다. 떨어지면 도가 아니다. 『맹자』「離婁上」에 도는 그대에게 있다. 그런데 이를 먼 데서 찾는다. 일은 쉬운데 있다. 그런데 이를 어려운 데서 찾는다. 『肇論』권1「不真空論第二」 然則道遠乎哉？ 觸事而真！ 聖遠乎哉？ 體之即神！(『대정장』권45, p.153, a4-5) 그러나 곧 도가 어찌 멀리 있겠는가? 무슨 일이나 그대로 진실이다. 성인이 어찌 멀리 있겠는가? 그것을 체득하면 바로 그대로 신성이다.

327 『佛說觀無量壽佛經』권1 是心作佛, 是心是佛. (『대정장』권12, p.343, a21) 이 마음이 부처를 만들고, 이 마음이 부처이다.

愚人은 **執空執有**하여 **生滯**하나 **智人**은 **見性了相**하여 **靈通**이라
우인　집공집유　　생체　　지인　견성료상　　령통

어리석은 사람은 공과 유에 집착하여 정체되지만 지혜로운 사람은 본성을 보고 모양을 요달하여 신령스러운 지혜작용이 통합니다.

乾[328] **慧辯者**는 **口疲**하고 **大智體了**하면 **心泰**니라
간　혜변자　구피　　대지체료　　심태

헛된 지혜로 말을 하면 입이 피로하고 대 지혜의 본체를 요달하면 마음이 편안합니다.

菩薩은 **觸物斯照**하나 **聲聞**[329]은 **怕境**하여 **昧心**이라
보살　촉물사조　　성문　　파경　　매심

보살은 사물에 접촉하여 바로 비추지만 성문은 경계를 두려워하여 마음이 어둡습니다.

悟者는 **日用無生**하고 **迷人**은 **見前隔佛**이라
오자　일용무생　　미인　현전격불

깨달은 사람은 날마다 반야를 작용하지만 미혹한 사람은 눈앞이 막혀 부처를 보지 못합니다.

328　乾慧(간혜)의 乾(간)은 속어로 허무하다. 헛되다는 뜻이다.

329　聲聞(성문)은 부처님의 가르침을 듣고 깨달은 사람을 말한다. 연각과 보살에 대하여 이승과 삼승의 하나로 셀 때는 불타의 교설에 따라서 수행을 해도 자기의 해탈만을 목적으로 하는 사람을 이른다. 연각과 함께 소승에 속한다.

무엇이 신통인가

人間, 如何得神通去인가
인문 여하득신통거

어떤 사람이 묻길, 무엇이 신통을 체득하는 것입니까?

師曰, 神性은 **靈通**하여 **徧周沙界**[330]하여 **山河石壁**에
사왈 신성   영통   편주사계   산하석벽

去來無礙하여 **刹那**에 **萬里往返**해도 **無踪**이라
거래무애   찰나   만리왕반   무종

선사께서 말하길, 신통한 성품은 신령스럽게 통하여 세계에 두루 하여 산과 강, 돌,
벽에 오고 감에 걸림이 없고 찰나에 만 리를 가고 되돌아옴에 자취가 없습니다.

火不能燒하고 **水不能溺**이라 **愚人**은 **自無心智**하여 **欲得四大飛空**[331]이라
화불능소   수불능닉   우인   자무심지   욕득사대비공

불로 태우지 못하고 물에 빠지게 하지 못합니다. 어리석은 사람은 자기 마음에 지혜
가 없기에 육신으로 허공을 날려고 하고 있습니다.

---

330 恒河沙의 세계로 항하사는 갠지스 강의 모래라는 것으로 다수의 비유이다.

331 물질을 구성하는 지수화풍의 4가지 원소를 4대라 하지만 여기서는 육체를 가리킨다. 육체가 허공을 비
행한다고 하는 것은 신통력을 통속적으로 해석한 것이다.

經云[332], **取相凡夫**는 **隨宜為說**이라
경운   취상범부   수의위설

경에 이르길, 모양에 집착한 범부는 편의에 따라 설해 준다고 했습니다.

心無形相을 **即是微妙色身**이고 **無相**을 **即是實相**이라 **實相體空**을
심무형상   즉시미묘색신   무상   즉시실상   실상체공

喚作虛空無邊身이라
환작 허공무변신

마음에 형상이 없기에 곧 미묘색신이고, 무상이 곧 실상입니다. 실상의 본체가 공한
것을 허공무변신이라 부릅니다.

萬行莊嚴으로 **故云功德法身**이라 **即此法身**이 **是萬行之本**이라
만행장엄   고운공덕법신   즉차법신   시만행지본

모든 행을 장엄하였기에 그러므로 공덕법신이라 합니다. 곧 이 법신이 모든 행의 근
본입니다.

隨用立名이나 **實而言之**하면 **只是清淨法身也**라
수용입명   실이언지   지시청정법신야

작용에 따라 이름을 세우나 진실을 말하면 단지 청정한 법신입니다.

---

332 『妙法蓮華經』권2 「信解品4」諸佛希有, 無量無邊, 不可思議, 大神通力, 無漏無為, 諸法之王, 能為
下劣, 忍于斯事, 取相凡夫, 隨宜為說. (『대정장』권9, p.19, a3-6) 제불은 희유하고 무량무변하며 불가사
한 신통력이 있어서 무루무위의 제법의 왕으로서 능히 하열을 위하여 이 일을 참아내고 모양을 취하는 범부
에게 알맞게 법을 설한다.

과거의 업장은 소멸할 수 있는가

人間, 一心修道로 過去業障[333] 得消滅否인가
인문 일심수도   과거업장   득소멸부

어떤 사람이 묻길, 한마음으로 도를 닦으면 과거의 업장을 소멸할 수 있습니까?

師曰, 不見性人은 未得消滅하고 若見性人은 如日照霜雪이라
사왈 불견성인   미득소멸   약견성인   여일조상설

선사께서 말하길, 견성하지 못한 사람은 소멸하지 못하지만, 만약 견성한 사람은 태양이 서리와 눈을 비추는 것과 같습니다.

又見性人은 猶如積草하길 等須彌山[334]해도 只用一星之火라
우견성인   유여적초   등수미산   지용일성지화

業障如草하고 智慧似火라
업장여초   지혜사화

또 견성한 사람은 오히려 풀을 수미산과 같이 쌓아도 단지 하나의 별똥별 같은 불을 사용해도 되지만 업장이 풀과 같고 지혜는 불과 같습니다.

曰, 云何得知業障盡인가
왈 운하득지업장진

말하길, 어떻게 업장이 다하는 것을 압니까?

---

333 業障(업장)은 숙세의 악업 때문에 생긴 장애를 말함.

334 하나의 세계 중앙에 수미산이 있다고 생각하는 고대 인도의 세계관을 말함.

師曰, 見前에서 **心通前後生事**가 **猶如對見**하니 **前佛後佛**이 **萬法同時**라
사왈　현전　　심통전후생사　유여대견　　전불후불　　만법동시

선사께서 말하길, 눈앞에서 과거와 미래의 일을 마음으로 통하여 오히려 눈앞에서
마주보는 것과 같으니 과거와 미래의 부처의 모든 법이 동시에 이루어집니다.

經云[335], **一念**에 **知一切法**이 **是道場**이라 **成就一切智故**라
경운　　일념　지일체법　시도량　　성취일체지고

경에 이르길, 한 생각에 일체 모든 법을 아는 것이 도량이니 일체 모든 지혜가 성취
되었기 때문이라고 하였다.

---

335 『維摩詰所說經』권1「菩薩品4」一念知一切法是道場, 成就一切智 故. (『대정장』권14, p.543, a4-5)

세간을 여의지 않고 해탈을 구할 수 있는가

有行者問, 云何得住正法인가
유 행 자 문　운 하 득 주 정 법

어떤 수행자가 묻길, 어떻게 하면 정법에 머무릅니까?

師曰, 求住正法者는 **是邪**라 **何以故, 法**은 **無邪正故**라
사 왈　구 주 정 법 자　시 사　하 이 고　법　무 사 정 고

선사께서 말하길, 정법에 머무는 것을 구하는 것은 삿된 법입니다. 무엇 때문인가? 법은 삿됨도 바름도 없기 때문입니다.

曰, 云何得作佛去인가
왈　운 하 득 작 불 거

말하길, 어떻게 부처가 됩니까?

師曰, 不用捨眾生心하라 **但莫汚染自性**[336]이라
사 왈　불 용 사 중 생 심　　단 막 오 염 자 성

선사께서 말하길, 중생의 마음을 버릴 필요가 없습니다. 다만 스스로의 성품을 오염시키지 말라.

---

336 『馬祖道一禪師廣錄 (四家語錄卷一)』권1 道不用脩, 但莫汙染. (『속장경』권69, p.3, a12) 도는 닦을 필요가 없다. 다만 오염시키지 말라. 마조의 상수제자로 마조의 사상을 이었다고 할 수 있다.

經云[337], 心佛及眾生은 是三無差別이라
경운　심불급중생　시삼무차별

경에 이르길, 마음과 부처 그리고 중생 이 셋은 차별이 없다고 했다.

曰, 若如是解者면 得解脫否인가
왈　약여시해자　득해탈부

말하길, 만약 이와 같이 이해하면 해탈할 수 있습니까?

師曰, 本自無縛이기에 不用求解라 法은 過語言文字여서 不用數句中求라
사왈　본자무박　　　불용구해　법　과어언문자　　　불용수구중구

선사께서 말하길, 본래 자기를 얽매임이 없기에 이해함을 구할 필요가 없습니다. 법은 언어와 문자를 초월하였기에 경전의 말씀에서 구할 필요는 없습니다.

法은 非過現未來하여 不可以因果中契니라 法은 過一切하여 不可比對라
법　비과현미래　　　불가이인과중계　　　법　과일체　　　불가비대

법은 과거, 현재 미래가 없기에 인과에서 계합하지 못합니다. 법은 일체를 초월하였기에 비교할 것이 없습니다.

法身은 無象이여서 應物現形이라 非離世間하고 而求解脫이라
법신　무상　　　응물현형　　　비리세간　　　이구해탈

법신은 형상이 없지만 사물에 응하여 형상을 나타냅니다. 세간을 여의고 해탈을 구하는 것이 아닙니다.

---

337 『大方廣佛華嚴經60』권10 「夜摩天宮菩薩說偈品16」 心如工畵師, 畵種種五陰, 一切世界中, 無法而不造. 如心佛亦爾, 如佛眾生然, 心佛及眾生, 是三無差別. 諸佛悉了知, 一切從心轉, 若能如是解, 彼人見眞佛.(『대정장』권9, p.465, c26-p. 466, a3) 마음은 마치 화가와 같아서 여러 가지 오음을 그린다. 일체의 세계에 법으로써 만들어지지 않은 것이 없다. 마음과 부처와 또한 중생의 이 세 가지는 차별이 없다. 제불은 모두 일체가 마음으로부터 전변된 것인 줄 안다. 만약 이와 같이 안다면 그 사람은 참된 부처를 친견할 것이다.

어떻게 견성합니까

僧問, 何者是般若인가
승 문   하 자 시 반 야

어떤 스님이 묻길, 무엇이 반야입니까?

師曰, 汝疑不是者를 試說看하라
사 왈   여 의 불 시 자   시 설 간

선사께서 말하길, 그대가 반야가 아니라고 의심하는 것을 시험 삼아 말해 보십시오.

又問, 云何得見性인가
우 문   운 하 득 견 성

또 묻길, 어떻게 견성합니까?

師曰, 見即是性이라 無性이면 不能見이라
사 왈   견 즉 시 성   무 성   불 능 견

선사께서 말하길, 보는 것이 곧 본성입니다. 본성이 없으면 보지 못합니다.

又問, 如何是修行인가
우 문   여 하 시 수 행

또 묻길, 무엇이 수행입니까?

師曰, 但莫汚染自性하라 即是修行이라
사 왈   단 막 오 염 자 성   즉 시 수 행

선사께서 말하길, 다만 자성을 오염시키지 마십시오. 이것이 수행입니다.

莫自欺誑이 **即是修行**이라 **大用現前**이 **即是無等等法身**이라

막자기광　즉시수행　　대용현전　즉시무등등법신

자기를 속이지 마십시오. 이것이 수행입니다. 큰 작용이 눈앞에 나타나면 곧 무등등 법신입니다.

又問, 性中에 **有惡否**인가

우문 성중　유악부

또 묻길, 본성에 악이 있습니까?

師曰, 此中에 **善亦不立**이라

사왈　차중　선역불립

선사께서 말하길, 이곳엔 선 또한 세우지 않습니다.

曰, 善惡俱不立하면 **將心何處用**인가

왈　선악구불립　　장심하처용

말하길, 선과 악 모두 세우지 않으면 장차 마음은 어느 곳에서 작용하는 것입니까?

師曰, 將心用心하면 **是大顛倒**라

사왈　장심용심　　시대전도

선사께서 말하길, 마음을 가지고 마음을 사용하면 크게 잘못된 것입니다.

曰, 作麼生即是인가

왈　작마생즉시

말하길, 어떻게 하면 옳습니까?

師曰, 無作麼生이고 **亦無可是**라

사 왈　무 작 마 생　　　역 무 가 시

선사께서 말하길, 어떻게 하는 것도 없고 또한 옳은 것도 없습니다.

죄는 있는가, 없는가

人問, 有人乘船하여 **船底刺殺螺蜆**하면 **為是人受罪**인가 **為復船當罪**인가
인문 유인승선　　　선저자살라현　　　위시인수죄　　　위부선당죄

어떤 사람이 묻길, 어떤 사람이 배를 탔는데 배의 바닥이 소라나 조개를 찔려 죽었다면 이 사람이 죄를 받습니까? 아니면 배가 죄를 받습니까?

師曰, 人船兩無心이라 **罪**는 **正在汝**이라 **譬如狂風**이 **折樹損命**하니
사왈 인선량무심　　　죄　　정재여　　비여광풍　　절수손명

無作者하고 **無受者**라
무작자　　무수자

선사가 말하길, 사람과 배 둘은 마음이 없습니다. 죄는 바로 그대에게 있습니다. 비유하면 광풍에 나무가 끊어져 생명을 해쳤으니 죄 지은 자도 없고 죄 받은 자도 없습니다.

世界之中에 **無非眾生受苦處**[338]라
세계지중　　무비중생수고처

세계에 중생이 괴로움을 받지 아니한 곳이 없습니다.

---

338 사바세계는 忍土(인토), 穢土(예토)로 중생이 괴로움을 받는 것은 어쩔 수 없다. 『천수경』과 『大藏一覽』권5 罪無自性從心起, 心若滅時罪亦亡. (『가흥장』권21, p.509, b2) 죄는 스스로의 성품이 없어서 마음 따라 일어나니, 마음이 만약 없을 때 죄 역시 없어지네. 처럼 마음 따라 죄가 생겨나고 없어지고의 문제임을 직시해야 할 것이다.

선문답의 자세

僧問, 未審託情[339] **勢**하고 **指境**[340] **勢**하며 **語默勢**하며
승문 미심탁정　세　　지경　　세　　어묵세

어떤 스님이 묻길, 도대체 상대의 마음에 맡겨 응대하는 자세, 사물을 가리키는 자세, 말하기도 하고 침묵하는 자세,

乃至揚眉動目等勢를 **如何得通會於一念間**인가
내지양미동목등세　　여하득통회어일념간

심지어 눈썹을 치켜올리기도 하고 눈동자를 굴리는 자세 등이 있습니다. 어떻게 한 생각 사이에 통하는 것을 알겠습니까?

師曰, 無有性外事라 **用妙者**는 **動寂俱妙**라
사왈 무유성외사　　용묘자　　동적구묘

선사께서 말하길, 본성 밖의 일은 없습니다. 불가사의한 작용은 움직이거나 고요할 때도 모두 불가사의 합니다.

339　託情(탁정)은 상대의 심정에 응하는 작용을 말함. 『肇論』「涅槃無名論第四」 庶悕道之流, 髣髴幽途, 託情絶域, 得意忘言, 體其非有非無. (『대정장』권45, p.159, b6-8) 깨달음을 추구하는 수행자들은 그윽한 길을 걷는 것과 같아 상대의 생각에 맡겨 경계가 끊어져 의미를 얻으면 말을 잊고 있음과 없음도 아님을 체득한다.

340　뜰 앞의 한 그루 꽃이나 잣나무 등을 말한다.

心真者는 **語默總真**이라 **會道者**는 **行住坐臥是道**라 **為迷自性**하여
심진자　　어묵총진　　　회도자　　행주좌와시도　　위미자성

萬惑茲生이라
만혹자생

마음이 진실한 것은 말을 하거나 침묵하여도 모두 진실입니다. 도를 안다는 것은 일
상생활이 도입니다. 자기의 자성을 아직 보지 못했기에 여러 가지 의혹이 이로부터
생깁니다.

又問, 如何是法有宗旨[341]인가
우문　여하시법유종지

또 묻길, 무엇이 법유의 종지입니까?

師曰, 隨其所立에 **即有眾義**라 **文殊**는 **於無住本**으로 **立一切法**[342]이라
사왈　수기소립　　즉유중의　　문수　　어무주본　　　입일체법

선사께서 말하길, 세워진 바에 따라서 여러 가지 뜻이 있습니다. 문수는 머무는 바
없음을 근본으로 일체 모든 법을 세웠습니다.

曰, 莫同太虛[343] **否**인가
왈　막동태허　　부

말하길, 허공과 같은 것은 아닙니까?

341　法有宗旨(법유종지)는 일반적으로 我空法有의 종지, 다시 말해 주관의 我는 空無하지만 객관의 사물
은 삼세에 걸쳐서 존재한다고 하는 소승 설일체유부에서 설명하지만 대주혜해의 관심석은 다르다.

342　『維摩詰所說經』권2「觀眾生品7」又問, 無住孰為本? 答曰, 無住則無本. 文殊師利! 從無住本, 立
一切法. (『대정장』권14, p.547, c20-22) 또 묻길, 무주는 누구를 근본으로 하는가? 답하길, 무주는 근본이 없
습니다. 문수사리여! 무주의 근본으로부터 일체법을 세운다.

343　허공을 말하지만 근본적으로 허무를 말함.

師曰, 汝怕同太虛否인가
사 왈 여 파 동 태 허 부

선사께서 말하길, 그대는 허공과 같은 것이 두렵습니까?

曰, 怕라
왈 파

말하길, 두렵습니다.

師曰, 解怕者는 **不同太虛**라
사 왈 해 파 자 부 동 태 허

선사께서 말하길, 두려움을 아는 것은 허공과 같지 않은 것입니다.

又問, 言方不及處면 **如何得解**인가
우 문 언 방 불 급 처 여 하 득 해

또 묻길, 말로 바야흐로 미치지 못하는 곳은 어떻게 알 수 있습니까?

師曰, 汝今正說時에 **疑何處不及**인가
사 왈 여 금 정 설 시 의 하 처 불 급

선사께서 말하길, 그대가 지금 바로 말할 때 어느 곳이 미치지 못하는 곳이라고 의심합니까?

덕 있는 고승들의 질문

有宿德十餘人이 **同問, 經云, 破滅佛法**인데 **未審佛法**을 **可破滅否**인가
유숙덕십여인　동문　경운　파멸불법　　미심불법　　가파멸부

덕 있는 고승 10여 명이 함께 묻길, 경에 불법을 파괴하여 없어진다고 하는데 도대체 불법을 파괴하여 없어질 수 있습니까?

師曰, 凡夫外道는 **謂佛法可破滅**하고 **二乘人**은 **謂不可破滅**인데
사왈　범부외도　위불법가파멸　　이승인　위불가파멸

我正法中엔 **無此二見**이라
아정법중　무차이견

선사께서 말하길, 범부나 외도는 불법을 파괴할 수 있다고 하고, 성문 연각의 이승의 수행자는 파괴하여 없어질 수 없다고 하는데 우리 정법엔 이 두 가지 견해는 없습니다.

若論正法하면 **非但凡夫外道**이나 **未至佛地者**인 **二乘**도 **亦是惡人**이라
약론정법　비단범부외도　미지불지자　이승　역시악인

만약 정법으로 말하면 다만 범부와 외도뿐만 아니라 아직 부처의 지위에 이르지 않았다는 것에 이승 역시 나쁜 사람입니다.

又問, 真法, 幻法[344]**, 空法, 非空法, 各有種性否**인가
우문 진법 환법 공법 비공법 각유종성부

또 묻길, 진실한 법, 환상의 법, 공한 법, 공하지 않는 법 등 각자에 성품의 종자가 있는 것입니까?

師曰, 夫法은 **雖無種性**이나 **應物俱現**이라 **心**은 **幻也**라 **一切俱幻**이라
사왈 부법 수무종성 응물구현 심 환야 일체구환

선사께서 말하길, 대저 법은 비록 성품의 종자가 없을지라도 사물에 응하여 모두 나타내는 것입니다. 마음은 허깨비입니다. 일체 모두 허깨비입니다.

若有一法이 **不是幻者**라면 **幻**[345]은 **即有定**이라 **心**은 **空也**라 **一切皆空**이라
약유일법 불시환자 환 즉유정 심 공야 일체개공

만약 하나의 법이라도 허깨비가 아니라면 허깨비는 곧 고정되게 있습니다. 마음은 공합니다. 일체 모두 다 공합니다.

---

344 여기의 내용은 『종경록』권98에 다음과 같이 나와 있다. 真法幻法 ~~ 盡心之異號耳(진법환법 ~~ 진심이호이) 『宗鏡錄』권98 問, 真法幻法, 各有種性不. 答, 佛法無種, 應物而現. 若心真也, 一切皆真. 若有一法不真, 真義則不圓. 若心幻也, 一切皆幻. 若有一法不是幻, 幻法則有定. 若心空也, 一切皆空. 若有一法不空, 空義則不圓. 迷時人逐法, 悟罷法由人. 森羅萬像, 至空而極. 百川眾流, 至海而極. 一切賢聖, 至佛而極. 十二部經, 五部毘尼, 四圍陀論, 至心而極. 心是總持都院, 萬法之原. 亦是大智慧藏, 無住涅槃. 百千名號, 皆是心之異名. (『대정장』권48, p.946, b22-c2)

345 幻(환)은 일체의 事象에는 실체가 없고 단지 환상과 같이 임시로 모양을 출현하고 있는 것에 불과하다는 것을 말하는 것이다. 이 환상에 대해서는 『능가경』권1, 2에 자세하게 논하고 있다.

若有一法이라도 不空³⁴⁶이면 空義는 不立이라 迷時人이 逐法³⁴⁷하고 悟時法은 由人이라
약유일법　　　　불공　　　　공의 불립　　미시인 축법　　　오시법 유인

만약 하나의 법이라도 공하지 않으면 공의 뜻은 세우지 못합니다. 미혹할 때 사람이
법을 쫓지만 깨달았을 때 법은 사람에 의합니다.

如森羅萬象이 至空而極하며 百川眾流는 至海而極이라 一切賢聖은 至佛而極하며
여삼라만상　　지공이극　　백천중류　지해이극　　일체현성　지불이극

마치 삼라만상이 궁극에 공에 이르며 일체 모든 흘러가는 물은 궁극에는 바다에 이
릅니다. 일체 모든 현명한 사람은 궁극에는 부처가 되며,

十二分經과 五部毗尼³⁴⁸와 五圍陀論³⁴⁹도 至心而極이라
십이분경　오부비니　　오위타론　　지심이극

일체의 모든 경전과 오부의 율과 오명론 등은 궁극에는 마음에 이릅니다.

心者는 是總持之妙本이고 萬法之洪源이라 亦名大智慧藏이고 無住涅槃³⁵⁰이라
심자　시총지지묘본　　만법지홍원　　역명대지혜장　　무주열반

마음은 다라니의 불가사의 지혜작용의 근본이고, 만법의 큰 근원입니다. 또한 대지
혜장이고 무주열반이라고 합니다.

346　『中論』권4 「觀四諦品24」 以有空義故, 一切法得成, 若無空義者, 一切則不成. (『대정장』권30, p.33, a22-
23) 공의 뜻이 있기 때문에 일체의 법은 이루어질 수 있다. 만약 공의 뜻이 없다면 일체는 이루어지지 않는다.

347　『少室六門』권1 「第四門安心法門」 迷時人逐法, 解時法逐人. (『대정장』권48, p.370, b1)

348　五部毗尼(오부비니)는 五部律을 말한다. 즉 법장부의 사분율, 유부의 십송율, 화지부의 오분율, 음광부
의 율, 대중부의 마하승지율의 다섯 가지이다. 소승의 대표적인 율을 말함.

349　五圍陀論(오위타론)은 5베다라고 하는 설도 있지만, 5베다라고 하여 나누는 방법은 없고 베다에 論이
라고 하는 말은 이상하다. 지금은 오명론이라고 이해해 두고 싶다. 오명은 다섯 가지 學藝로 聲明, 因明, 內
明, 醫方明, 工巧明이 있다. 오위타론은 Pañcavidyāsthāni의 번역과 음사의 혼성어이다.

350　無住涅槃(무주열반)은 법상종에서 열반을 4종류로 나누어 설명하는데 첫째, 본래자성청정열반, 두 번
째, 유여의 열반, 세 번째, 무여의 열반, 네 번째, 무주처열반인데 이 중 무주처열반이 그 출처라고 생각되지만
여기서는 대주혜해의 독자적인 용법이다.

百千萬名은 **盡心之異號耳**이라
백천만명　진심지이호이

백천만 가지의 이름은 모두 마음의 다른 이름일 뿐입니다.

又問, 如何是幻인가
우문　여하시환

또 묻길, 무엇이 허깨비입니까?

師曰, 幻無定相이어서 **如旋火輪**이며 **如乾闥婆城**[351]이고 **如機關木人**이며
사왈　환무정상　　　여선화륜　　　여건달바성　　　　여기관목인

선사께서 말하길, 허깨비는 고정된 모습이 없어서 마치 돌고 있는 불 바퀴와 같으며 신기루와 같으며 실로 조정하는 나무 인형과 같고,

如陽燄이며 **如空華**이어서 **俱無實法**이라
여양염　　　여공화　　　　구무실법

아지랑이와 같으며 허공의 꽃과 같아서 다 실체가 없습니다.

又問, 何名大幻師인가
우문　하명대환사

또 묻길, 무엇을 이름 하여 위대한 마술사라 합니까?

師曰, 心이 **名大幻師**이고 **身**이 **為大幻城**이며 **名相**이 **為大幻衣食**이라
사왈　심　명대환사　　　신　위대환성　　　명상　위대환의식

선사께서 말하길, 마음이 위대한 마술사라 하고 몸은 큰 환상의 성이고 이름과 형상은 위대한 마술의 옷과 먹을 것이라 합니다.

351　건달바성은 범어 gandharva-nagara의 음역으로 하늘의 악사를 말함. 건달바의 성은 실재하지 않는 허망한 것의 비유로 사용된다.

河沙世界는 **無有幻外事**이라 **凡夫**는 **不識幻**하여 **處處**에 **迷幻業**이라
하사세계 　무유환외사 　　범부 　불식환 　　처처 　미환업

항하사와 같은 세계에는 마술 밖의 일은 없습니다. 범부는 마술을 알지 못하고 곳
곳마다 마술의 업에 미혹하게 됩니다.

聲聞怕幻境하여 **昧心而入寂**하니 **菩薩識幻法達幻體**하여 **不拘一切名相**이라
성문파환경 　　매입이입적 　　보살식환법달환체 　　불구일체명상

성문은 마술의 경계를 두려워하여 마음을 어둡게 하고 고요함에 들려고 하니 보살은 마
술의 법을 알아 마술의 본체를 통달하여 일체 모든 이름과 형상에 구속되지 않습니다.

佛은 **是大幻師**이고 **轉大幻法輪**[352]하며 **成大幻涅槃**이라
불 　시대환사 　　전대환법륜 　　　성대환열반

부처는 위대한 마술사이고, 큰 마술의 법의 바퀴를 굴리며 위대한 마술의 열반을 이룹니다.

轉幻生滅을 **得不生不滅**하며 **轉河沙穢土**를 **成清淨法界**라
전환생멸 　득불생불멸 　　전하사예토 　성청정법계

마술의 생멸을 전환하여 불생불멸을 체득하였으며 항하사와 같은 사바세계를 전
환하여 청정한 법계를 이룹니다.

---

352 부처님의 가르침을 전륜성왕이 가지고 있는 **輪寶**에 비유한 말이다. 부처님이 설법하는 것을 전법륜이
라 한다. 중생의 번뇌를 부수며 **一人一所**에 머무르지 않고 점차로 교화하기 때문이다.

법은 언어와 문자를 벗어나 있다

僧問, **何故**로 **不許誦經**하며 **喚作客語**[353]인가
승문　　하고　　불허송경　　환작객어

어떤 스님이 묻길, 무엇 때문에 경을 외우는 것을 허락하지 않고 통역이라고 부릅니까?

師曰, **如鸚鵡**로 **只學人言**하여 **不得人意**라
사왈　여앵무　지학인언　　부득인의

선사께서 말하길, 앵무새와 같아서 단지 사람의 말을 배웠지 사람의 뜻을 모릅니다.

經傳佛意여서 **不得佛意**는 **而但誦**은 **是學語人**이어서 **所以不許**라
경전불의　　부득불의　이단송　시학어인　　소이불허

경은 부처의 마음을 전하는 것이어서 부처의 마음을 알지 못하고 다만 외우는 것은
사람의 말을 배운 것이기에 그래서 허락하지 않았습니다.

曰, **不可離文字言語**하여 **別有意耶**니까
왈　불가리문자언어　　별유의야

말하길, 문자와 언어를 여의지 않고 달리 뜻이 있습니까?

師曰, **汝如是說**도 **亦是學語**라
사왈　여여시설　역시학어

선사께서 말하길, 그대가 이와 같이 말하는 것 역시 말을 배운 것입니다.

---

353 통역을 말하는데 단지 기계적으로 사람의 말을 다른 사람에게 전하는 것이기 때문에 그렇게 말한 것이다.

曰, 同是語言인데 何偏不許니까
왈 동시어언　　　하편불허

말하길, 같은 말인데 어찌 조금도 허락하지 않습니까?

師曰, 汝今諦聽하라 經有明文이라 我所說者는 義語非文이고
사왈　여금체청　　경유명문　　아소설자　의어비문

眾生說者는 文語非義라
중생설자　문어비의

선사께서 말하길, 그대는 지금 잘 들으십시오. 경전에 분명하게 있습니다. 내가 설한 바는 말의 뜻이고 글이 아니고 중생이 말한 것은 문장이고 의미가 없습니다.

得意者는 越於浮言하고 悟理者는 超於文字니라 法은
득의자　월어부언　　오리자　초어문자　　법

過語言文字인데 何向數句中求니까
과어언문자　　하향수구중구

뜻을 얻으면 표면적인 말을 초월하고 이치를 깨달으면 문자를 초월합니다. 법은 언어 문자를 벗어난 것인데 어찌 경전에서 구하려고 합니까?

是以로 發菩提者는 得意而忘言하고 悟理하면 而遺教니라
시이　발보리자　득의이망언　　오리　　이유교

그러므로 깨달음을 발원하는 사람은 의미를 체득하면 말을 잊고 이치를 깨달으면 가르침을 버립니다.

亦猶得魚忘筌하고 **得兔忘蹄也**[354]라
역 유 득 어 망 전　　　득 토 망 제 야

또한 오히려 고기를 잡으면 통발을 잊고 토끼를 잡으면 올가미를 잊는 것과 같습니다.

---

354 『장자』「外物篇」에 得魚而忘筌(고기를 잡고나면 통발이 필요없다) 하고 得兔而忘蹄(토끼를 잡고 나면 올무가 필요 없다)하며 得意而忘言(뜻을 얻으면 말이 필요 없다)라는 말이 있다. 王弼의 『周易略例』「明象篇」 得意而忘象(뜻을 얻으면 형상이 필요 없다)이란 말이 있는데 이는 支遁의 「大小品對比要鈔序」에 받아들여지고 있다. 고기를 잡으면 도구인 통발은 잊어버린다고 하는 것은 목적을 달성하면 그것을 위하여 사용한 수단방편은 무용한 것이 된다고 하는 비유이다.

염불하면 정토에 태어나는가

有法師問, 念佛은 **是有相大乘**[355]인데 **禪師意如何**인가
유법사문 념불　시유상대승　　　　선사의여하

어떤 법사가 묻길, 염불은 형상이 있는 대승인데 선사께서는 생각이 어떠합니까?

師曰, 無相도 **猶非大乘**인데 **何況有相**인가 **經云, 取相凡夫**는 **隨宜爲說**이라
사왈　무상　유비대승　　　하황유상　　경운　취상범부　수의위설

선사께서 말하길, 형상 없음도 오히려 대승이 아닌데 어찌 하물며 형상 있음이겠습니까? 경에 형상에 집착한 범부의 편의에 따라 설한다고 했습니다.

又問, 願生淨土인데 **未審實有淨土否**인가
우문　원생정토　　　미심실유정토부

또 묻길, 정토에 태어나길 원하지만 도대체 진실로 정토는 있습니까?

師曰, 經云, 欲得淨土라면 **當淨其心**하라 **隨其心淨**하여 **即佛土淨**이라
사왈　경운　욕득정토　　당정기심　　수기심정　　즉불토정

선사께서 말하길, 경에 정토에 태어나고자 한다면 마땅히 그 마음을 청정하게 하고 그 마음이 청정함에 따라 곧 불국토도 청정하다고 했습니다.

若心清淨하면 **所在之處**가 **皆爲淨土**라
약심청정　　소재지처　　개위정토

만약 마음이 청정하면 어느 곳에 있더라도 모두 정토가 됩니다.

355　대승은 有相도 無相도 모두 초월한 것이지만 유상대승이라는 말은 불교학에는 없지만 정토는 마음에 있어야만 하기 때문에 염불이 래세에 왕생하고자 하는 것을 禪 또는 『유마경』의 입장에서 비판한 것이다.

譬如生國王家면 **決定紹王業**인데 **發心向佛道**하면 **是生淨佛國**이라
비여생국왕가　결정소왕업　발심향불도　시생정불국

비유하면 국왕의 집에 태어나면 왕위를 이어받는 것이 결정되는 것처럼 발심하여 불도에 향하면 청정한 불국토에 태어납니다.

其心이 **若不淨**이면 **在所生處**가 **皆是穢土**인데 **淨穢在心**은 **不在國土**니라
기심　약부정　재소생처　개시예토　정예재심　부재국토

그 마음이 만약 청정하지 못하면 태어나는 곳마다 모두 사바세계입니다. 청정함과 더러움은 마음에 있지 국토에 있는 것은 아닙니다.

又問, 每聞說道하나 **未審何人能見**인가
우문　매문설도　미심하인능견

또 묻길, 매번 불도를 설하시는 것을 듣지만 도대체 어떤 사람이 불도를 볼 수 있습니까?

師曰, 有慧眼者가 **能見**이라
사왈　유혜안자　능견

선사께서 말하길, 지혜의 눈이 있는 사람이 볼 수 있습니다.

曰, 甚樂大乘이나 **如何學得**인가
왈　심요대승　여하학득

말하길, 대승을 매우 좋아합니다만 어떻게 배웁니까?

師曰, 悟即得이고 **不悟**면 **不得**이라
사왈　오즉득　불오　부득

선사께서 말하길, 깨달으면 얻을 수 있고 깨닫지 못하면 얻지 못합니다.

曰, 如何得悟去인가
왈 여하득오거

말하길, 어떻게 깨달을 수 있습니까?

師曰, 但諦觀이라
사왈 단제관

선사께서 말하길, 다만 자세하게 보는 것입니다.

曰, 似何物인가
왈 사하물

말하길, 어떤 물건과 비슷합니까?

師曰, 無物似라
사왈 무물사

선사께서 말하길, 비슷한 물건은 없습니다.

曰, 應是畢竟空이라
왈 응시필경공

말하길, 응당 필경공입니다.

師曰, 空은 **無畢竟**이라
사왈 공   무필경

선사께서 말하길, 공은 필경도 없습니다.

曰, 應是在라
왈 응시재

말하길, 응당히 있겠습니다.

師曰, 有而無相이라
사 왈 유 이 무 상

선사께서 말하길, 있어도 그러나 모양이 없습니다.

曰, 不悟는 **如何**인가
왈 불 오 여 하

말하길, 깨닫지 못하면 어떠합니까?

師曰, 大德自不悟이지 **亦無人相障**이라
사 왈 대 덕 자 불 오 역 무 인 상 장

선사께서 말하길, 대덕 자신이 깨닫지 못한 것이지 또한 가로막은 사람은 없습니다.

又問, 佛法에 **在於三際否**인가
우 문 불 법 재 어 삼 제 부

또 묻길, 불법에 삼제가 있습니까?

師曰, 見在無相하여 **不在其外**하고 **應用**은 **無窮**하여 **不在於內**라
사 왈 현 재 무 상 부 재 기 외 응 용 무 궁 부 재 어 내

선사께서 말하길, 보아도 무상만 있지 그 밖에는 있지 않고 사물에 응하여 작용함은 끝이 없어서 안에도 있지 않습니다.

中間은 **無住處**여서 **三際**[356] **不可得**이라
중 간 무 주 처 삼 제 불 가 득

중간은 머무르는 곳이 없기에 삼제도 얻을 수 없습니다.

---

356 원래는 과거, 현재, 미래라는 것이지만 여기서는 대주혜해의 독자적인 해석으로 안과 밖, 중간이라는 공간적인 개념으로 바꾸어 각각 無相, 無窮, 無住處라고 관심석 하고 있다.

曰, 此言은 大混이라
왈 차언 대혼

말하길, 이 말은 대단히 혼란스럽습니다.

師曰, 汝正說混之一字時에 在內外否인가
사왈 여정설혼지일자시 재내외부

선사께서 말하길, 그대가 바로 혼 한 글자를 말할 때 안에 있습니까? 밖에 있습니까?

曰, 弟子가 究檢이나 內外無踪跡이라
왈 제자 구검 내외무종적

말하길, 제자가 깊이 조사했으나 안팎에는 자취가 없습니다.

師曰, 若無踪跡이면 明知上來說不混이라
사왈 약무종적 명지상래설불혼

선사께서 말하길, 만약 자취가 없다면 위에서 말한 것이 혼란하지 않다는 것을 분명하게 아는 것입니다.

曰, 如何得作佛인가
왈 여하득작불

말하길, 어떻게 부처가 됩니까?

師曰, 是心是佛이고 是心作佛[357]이라
사왈 시심시불 시심작불

선사께서 말하길, 이 마음이 부처이고 이 마음이 부처가 됩니다.

---

357 『佛說觀無量壽佛經』권1 是心作佛, 是心是佛. (『대정장』권12, p.343, a21)

曰, **衆生**이 **入地獄**하면 **佛性入否**인가
왈　중생　입지옥　　불성입부

말하길, 중생이 지옥에 들어가면 불성도 들어갑니까?

師曰, 如今正作惡時에 **更有善否**인가
사왈　여금정작악시　갱유선부

선사께서 말하길, 지금 바로 악을 지을 때 다시 선이 있습니까?

曰, **無**이라
왈　무

말하길, 없습니다.

師曰, 衆生이 **入地獄**인데 **佛性亦如是**라
사왈　중생　입지옥　　불성역여시

선사께서 말하길, 중생이 지옥에 들어갈 때 불성 또한 이와 같습니다.

曰, **一切衆生**은 **皆有佛性**인데 **如何**인가
왈　일체중생　개유불성　　여하

말하길, 일체 모든 중생은 모두 불성이 있다고 하는데 어떠합니까?

師曰, 作佛用이 **是佛性**이고 **作賊用**이 **是賊性**이라
사왈　작불용　시불성　　작적용　시적성

선사께서 말하길, 불성의 작용을 하는 것이 부처의 성품이고 도적의 작용을 하는
것이 도적의 성품입니다.

作眾生用이 **是眾生性**인데 **性**은 **無形相**이어서 **隨用立名**이라
작중생용　시중생성　　성　무형상　　　수용립명

중생의 작용을 하는 것이 중생의 성품인데 성품은 형상이 없어서 그 작용에 따라
이름을 세웁니다.

經云[358], **一切賢聖**은 **皆以無為法**으로 **而有差別**이라
경운　　일체현성　　개이무위법　　　이유차별

경에 이르길, 일체 모든 현성은 모두 무위법으로 차별한다고 했습니다.

358　『金剛般若波羅蜜經』권1 如來所說法, 皆不可取, 不可說, 非法, 非非法. 所以者何？ 一切賢聖, 皆以
無為法而有差別. (『대정장』권8, p.749, b16-18) 여래가 설한 법은 모두 취할 수 없고 설할 수도 없기에 법도
아니고 법이 아닌 것도 아니다. 왜냐하면 일체의 현성은 모두 무위법으로 차별에 있기 때문이다.

무엇이 법신인가

僧問, 何者是佛인가
승문 하자시불

어떤 스님이 묻길, 무엇이 부처입니까?

師曰, 離心之外는 **即無有佛**이라
사왈 이심지외 즉무유불

선사께서 말하길, 마음을 여읜 밖은 곧 부처가 없습니다.

曰, 何者是法身인가
왈 하자시법신

말하길, 무엇이 법신입니까?

師曰, 心이 **是法身**이라 **謂能生萬法**이라 **故號法界之身**이라
사왈 심 시법신 위능생만법 고호법계지신

선사께서 말하길, 마음이 법신입니다. 만법을 생기게 한다고 말하니 그러므로 법계의 몸이라 부릅니다.

起信論云[359], **所言法者**는 **謂眾生心**인데 **即依此心**하여
기신론운 소언법자 위중생심 즉의차심

---

359 『大乘起信論』권1 所言法者, 謂眾生心, 是心則攝一切世間法, 出世間法. 依於此心顯示摩訶衍義. 何以故? 是心真如相, 即示摩訶衍體故, 是心生滅因緣相, 能示摩訶衍自體相用故. (『대정장』권32, p.575, c21-25) 이른바 법이라는 것은 중생심을 말한다. 이 마음은 곧 일체의 세간법과 출세간법을 포섭하거니와 이 마음에 의하여 마하연의 뜻을 현시하기도 한다. 왜냐하면 이 마음의 진여상은 곧 마하연의 본체를 보이기 때문이다. 이 마음의 생멸인연의 모습은 능히 마하연 자체의 체와 상과 용을 보이기 때문이다.

顯示摩訶衍義라
현시마하연의

『기신론』에 이르길, 법이라 말하는 것은 중생심을 말함인데 곧 이 마음을 의지하여 대승의 뜻을 나타내 보인다 했습니다.

又問, 何名有大經卷이 **內在一微塵**인가
우문 하명유대경권 내재일미진

또 묻길, 무엇을 이름 하여 많은 경전이 한 티끌 안에 있다고 합니까?

師曰, 智慧가 **是經卷**이라 **經云**[360], **有大經卷量**이
사왈 지혜 시경권 경운 유대경권량

等三千大千界이지만 **內在一微塵中**이라
등삼천대천계 내재일미진중

선사께서 말하길, 지혜가 경전입니다. 경에 이르길, 많은 경전이 있는데 양이 삼천대천세계와 같지만 한 티끌 안에 있다 했습니다.

一塵者는 **是一念心塵也**라
일진자 시일념심진야

한 티끌은 한 생각의 마음의 티끌입니다.

故云, 一念塵中에 **演出河沙偈**라 **時人**이 **自不識**이라
고운 일념진중 연출하사게 시인 자불식

그러므로 한 생각 티끌에 항하사의 게송이 펼쳐 나온다고 합니다. 지금 사람들이 스스로 알지 못하고 있을 뿐입니다.

---

360 『大方廣佛華嚴經60』권35 「寶王如來性起品32」 彼三千大千世界等經卷在一微塵內, 一切微塵亦復如是. (『대정장』권9, p.624, a6-7) 저 삼천대천세계와 같은 경전이 한 티끌 안에 있고 일체 모든 티끌도 또한 다시 이와 같다.

又問, 何名大義城이고 **何名大義王**이라
우문 하명대의성 하명대의왕

또 묻길, 무엇을 대의성이라 하고, 무엇을 대의왕이라 합니까?

師曰, 身이 **為大義城。心**이 **為大義王。**
사왈 신 위대의성 심 위대의왕

선사께서 말하길, 몸이 대의성이고, 마음은 대의왕입니다.

經云, 多聞者는 **善於義**지만 **不義於言說**이라 **言**은 **說生滅**이지만
경운 다문자 선어의 불의어언설 언 설생멸

義는 **不生滅**이라
의 불생멸

경에 이르길, 많이 들으면 뜻은 잘 알지만 뜻을 말로 하지 못합니다. 말로 생멸을 말하지만 뜻은 생멸하지 못합니다.

義는 **無形相**이어서 **在言說之外**이라 **身**은 **為大經卷**이고 **心**은 **為大義王**이라
의 무형상 재언설지외 신 위대경권 심 위대의왕

의미는 형상 없어서 말 밖에 있습니다. 몸은 많은 경전이고 마음은 대의왕입니다.

若不了了識心者는 **不名善義**하고 **只是學語人也**라
약불료료식심자 불명선의 지시학어인야

만약 마음을 분명하게 알지 못하면 의미를 잘 안다고 말하지 못하고 단지 말을 배운 사람일 뿐입니다.

又問, 般若經云, 度九類眾生을 **皆入無餘涅槃**이라
우문 반야경운 도구류중생 개입무여열반

또 묻길, 『반야경』에 이르길, 구류중생을 구제하여 모두 무여열반에 들게 한다 했습니다.

又云, 實無衆生得滅度者는 此兩段經文을 如何通會前後리까
우운 실무중생득멸도자　차양단경문　여하통회전후

또 이르길, 진실로 열반에 든 중생이 없다는 것은 이 두 단의 경의 내용을 어떻게 앞뒤를 회통 합니까?

人說皆云하길 實度衆生이나 而不取衆生相이라 常疑未決이니
인설개운　　실도중생　이불취중생상　상의미결

請師爲說이라
청사위설

사람들이 모두 말하길, 진실로 중생을 제도했으나 그러나 중생의 모습을 취하지 않는다고 합니다. 항상 의심을 아직 해결하지 못했습니다. 청컨대 선사께서 설해 주십시오.

師曰, 九類衆生[361]이 一身具足이니 隨造隨成이라
사왈　구류중생　　일신구족　수조수성

선사께서 말하길, 구류 중생이 한 몸에 구족되어 지음에 따라 만들어지고 이루어졌습니다.

是故로 無明이 爲卵生이고 煩惱包裹가 爲胎生이며
시고　무명　위란생　번뇌포과　위태생

그러므로 무명을 난생이라 하고, 번뇌의 덩어리를 태생이라 하며

361　九類衆生(구류중생)의 9류라는 것은 알에서 태어난 것(난생), 모태에서 태어난 것(태생), 습기에서 태어난 것(습생), 스스로 태어나는 것(화생), 모양이 있는 것(有色), 모양이 없는 것(無色), 표상작용이 있는 것(有想), 표상작용이 없는 것(無想), 표상작용이 있는 것도 아니고 없는 것도 아닌 것(非有想非無想)을 말한다.

愛水[362] **浸潤**이 **為濕生**이고 **倏起煩惱**가 **為化生**이라 **悟即是佛**이고
애수　침윤　위습생　　숙기번뇌　위화생　　오즉시불

迷號眾生이라
미호중생

물을 좋아하여 점점 배어드니 습생이라 하며 문득 번뇌를 일으키는 것은 화생이 됩니다. 깨달으면 부처이고 미혹하면 중생이라 부릅니다.

菩薩은 **只以念念心為眾生**이라 **若了念念心體俱空**이면 **名為度眾生也**라
보살　지이념념심위중생　　약료념념심체구공　　명위도중생야

보살은 단지 생각 생각의 마음으로써 중생이 됩니다. 만약 생각 생각의 마음의 본체가 다 공함을 요달하면 중생을 제도했다고 합니다.

智者는 **於自本際**[363] **上度於未形**이라 **未形**[364] **既空**이기에
지자　어자본제　상도어미형　　미형　기공

即知實無眾生得滅度者[365]라
즉지실무중생득멸도자

지혜 있는 사람은 자신의 근본에 의하여 아직 형상이 나타나기 전에 제도합니다. 형상이 나타나지 않아 이미 공하기에 곧 진실로 열반에 든 중생이 없음을 알았습니다.

---

362 애욕의 정에 의하여 유출하는 水液, 唾液, 눈물 등을 말한다.

363 本際(본제)는 眞際(진제), 實際(실제)라고도 하는데 근본 궁극의 진실한 邊際(끝)의 뜻. 진여나 열반을 말한다.

364 『漢書』「五被傳」에 귀가 밝은 사람은 無聲을 듣고 눈이 밝은 사람은 未形을 본다. 는 말이 있다. 아직 형상으로 나타나지 않은 것을 말한다.

365 『金剛般若波羅蜜經』권1 如是滅度無量無數無邊眾生, 實無眾生得滅度者. (『대정장』권8, p.749, a9-10) 이와같이 한량없고, 셀 수 없고 끝도 없는 중생을 제도하였는데 진실로 제도한 중생이 없다.

언어는 마음이다

僧問, 言語가 **是心否**인가
승문 언어 시심부

어떤 스님이 묻길, 언어가 마음입니까?

師曰, 言語는 **是緣**[366]이어서 **不是心**이라
사왈 언어 시연   불시심

선사께서 말하길, 언어는 인연이어서 마음은 아닙니다.

曰, 離緣하고 **何者是心**인가
왈 리연   하자시심

말하길, 인연을 여의고 무엇이 마음입니까?

師曰, 離言語無心이라
사왈 리언어무심

선사께서 말하길, 말을 여의어 마음은 없습니다.

---

366 緣(연)은 좁은 의미에서는 결과를 야기하기 위한 직접적 내적 원인을 인이라고 하는데 대하여 이것을
밖에서 돕는 간접적인 원인을 연이라고 하지만 넓은 의미에서는 양쪽을 합하여 인연이라고 한다.

曰, 離言語既無心이면 若爲[367]是心인가
왈 리언어기무심　약위　시심

말하길, 말을 여의어 이미 마음이 없으면 어떠한 것이 마음입니까?

師曰, 心은 無形相이라 非離言語이고 非不離言語라 心은
사왈 심 무형상　비리언어　비불리언어　심

常湛然應用自在라
상담연응용자재

선사께서 말하길, 마음은 형상이 없습니다. 말을 여읜 것도 아니고 말을 여의지 않는 것도 아닙니다. 마음은 항상 담연하여 사물에 응하여 자유롭게 작용합니다.

祖師云[368], 若了心非心하면 始解心心法이라
조사운　약료심비심　시해심심법

조사가 이르길, 만약 마음이 마음 아님을 요달하면 비로소 마음과 마음의 법을 안다고 했습니다.

367　若爲(약위)는 如何(여하)와 같은 말로서 어떻게 하는가, 또는 어떠한가 하는 것이다. 『南宗頓教最上大乘摩訶般若波羅蜜經六祖惠能大師於韶州大梵寺施法壇經』大師遂責惠能曰, 汝是嶺南人, 又是獦獠, 若爲堪作佛！(『대정장』권48, p.337, b2-3) 홍인대사가 혜능을 꾸짖고 말하길, 그대는 영남인이고 또 갈료(오랑캐)인데 어떻게 감히 부처가 되겠는가?

368　『景德傳燈錄』권1「제6조彌遮迦章」無心無可得, 說得不名法, 若了心非心, 始解心心法. (『대정장』권51, p.208, b5-6) 무심은 얻을 것이 없고 얻을 것이 있으면 법이라 하지 않는다. 만약 마음이 마음 아님을 요달하면 비로소 마음과 마음의 법을 알게 된다.

선정과 지혜를 평등하게 배움

僧問, 如何是定慧等學[369]인가
승문　여하시정혜등학

어떤 스님이 묻길, 무엇이 선정과 지혜를 평등하게 배우는 것입니까?

師曰, 定是體이고 **慧是用**이라 **從定起慧**하고 **從慧歸定**이라
사왈　정시체　　혜시용　　종정기혜　　종혜귀정

선사께서 말하길, 선정이 본체이고, 지혜는 그의 작용입니다. 선정에서 지혜가 일어나고 지혜에서 선정으로 돌아갑니다.

如水與波는 **一體**이어서 **更無前後**라 **名定慧等學**이라
여수여파　일체　　갱무전후　　명정혜등학

마치 물과 파도가 하나의 본체이어서 다시 앞뒤가 없습니다. 선정과 지혜를 평등하게 배운다고 하는 것입니다.

---

369 『大般涅槃經』권30 「師子吼菩薩品11」 諸佛世尊, 定慧等故, 明見佛性. (『대정장』권12, p.547, a15) 제불세존은 선정과 지혜가 평등하기 때문에 명확하게 불성을 본다. 『南宗頓教最上大乘摩訶般若波羅蜜經六祖惠能大師於韶州大梵寺施法壇經』권1 善知識！我此法門, 以定惠為本. 第一勿迷, 言惠定別, 定惠體一不二. 即定是惠體, 即惠是定用. 即惠之時定在惠, 即定之時惠在定. 善知識！此義即是定惠等. (『대정장』권48, p.338, b6-10) 여러분! 남종돈교의 최상대승 법문에서는 선정과 지혜로써 근본을 삼는다. 어리석어 알지도 못하면서 선정과 지혜가 다르다고 말해서는 절대 안 된다. 선정과 지혜의 본체는 하나이지 둘이 아니다. 다시 말해서 선정은 지혜의 본체이고 지혜는 선정의 작용인 것이다. 즉 지혜가 작용할 때 선정은 지혜에 있으며 선정의 상태에 있을 때 지혜는 선정에 있는 것이다. 여러분, 이러한 의미가 바로 선정과 지혜가 평등한 것이다.

夫出家兒는 **莫尋言逐語**라 **行住坐臥**는 **並是汝性用**이라
부출가아   막심언축어   행주좌와   병시여성용

什麼處與道不相應인가
십마처여도불상응

대개 출가했으면 말을 쫓아 찾지 말라고 했습니다. 일상생활 모두 그대 본성의 작용입니다. 어느 곳이 도와 상응하지 않겠습니까?

且自一時에 **休歇去**라 **若不隨外境之風**하면 **性水常自湛湛**[370]하여
차자일시   휴헐거   약불수외경지풍   성수상자담담

無事珍重하라
무사진중

우선 스스로 한꺼번에 쉬어라. 만약 바깥 경계의 바람을 따르지 않으면 본성의 물은 항상 스스로 잠잠해서 일이 없을 것입니다. 수고했습니다.

---

370   『大乘起信論』권1 如大海水因風波動, 水相風相不相捨離, 而水非動性, 若風止滅動相則滅, 濕性不壞故. 如是眾生自性清淨心, 因無明風動, 心與無明俱無形相, 不相捨離, 而心非動性. 若無明滅相續則滅, 智性不壞故. (『대정장』권32, p.576, c11-16) 마치 큰 바다의 물이 바람에 의하여 파도가 일어날 때 물의 모양과 바람의 모양은 서로 떨어지지 않지만 물은 움직이는 성질이 아니어서 만약 바람이 그치면 움직이는 모양(물결)은 소멸할지라도 습성은 없어지지 않는 것과 같다. 이와 같이 중생의 자성청정의 마음도 무명의 바람으로 인하여 움직일 때 마음과 무명이 모두 형상이 없어서 서로 떨어지지 않지만 마음은 움직이는 성질이 아니어서 만약 무명이 없어지면 상속하는 것은 곧 소멸하지만 지혜의 본성은 소멸하지 않는다.

諸方門人參問語錄　卷下
제방문인참문어록　권하

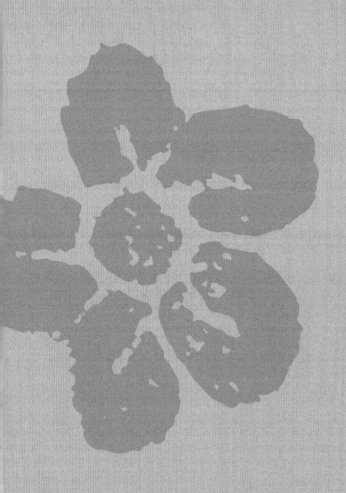

初祖菩提達磨大師安心法門附초조보리달마대사안심법문부

迷時에 **人逐法**하고 **解時**에는 **法逐人**하니 **解時識攝色**하고 **迷時色攝識**이라
미시　인축법　　해시　　법축인　　해시식섭색　　미시색섭식

미혹할 때는 사람이 법을 쫓고 깨달았을 때는 법이 사람을 쫓는다. 깨달았을 때는
의식이 물질을 포섭하고 미혹할 때는 물질이 의식을 포섭한다.

但有心分別計校[371]하고 **自心現量**[372] **者**는 **悉皆是夢**이라
단유심분별계교　　　　　자심현량　자　실개시몽

若識心[373] **寂滅**하여 **無一切念處**하면 **是名正覺**이라
약식심　적멸　　무일체념처　　시명정각

다만 마음으로 분별하여 계교하고 자기의 마음에 나타나는 것은 모두 다 꿈이다. 만
약 마음이 적멸하여 일체 모든 생각하는 곳이 없으면 정각이라고 한다.

---

371 計(계)는 計較를 말한다. 헤아려서 비교하거나 또는 이것저것 사고하고 분별하는 것이다. 『大慧普覺
禪師語錄』권25 今時士大夫, 多以思量計較爲窟宅, 聞恁麼說話, 便道莫落空否. (『대정장』권47, p.917,
c1-2) 요즘 사대부들이 사량계교를 안식처로 삼아서 이런 말을 들으면 곧 말하길, 공에 떨어진 것이 아닌가?
『佛果圜悟禪師碧巖錄17칙』권2 唯香林此一則坐斷天下人舌頭, 無爾計較作道理處. (『대정장』권48,
p.157, b15-16) 오직 향림스님이 이 1칙은 세상 사람들이 혓바닥을 놀리지 못하게 하고 그대들이 생각으로
헤아려 이러저런 도리를 짓지 못하게 하였던 것이다.

372 現量(현량)은 명확하게 보여 지는 것, 직접적인 증거, 직접 지각, 직접적인 지식을 얻는 과정과 또 그 결
과로써 얻어지는 지식. 보통은 감각기관과 외계 사물과의 접촉에서 생긴다고 생각된다. 『瑜伽師地論』권15
現量者, 謂有三種, 一非不現見, 二非已思應思, 三非錯亂境界. (『대정장』권 30, p.357, a15-16) 현량이란,
세 가지를 말하는데 첫 번째는 나타나 보는 것도 아니고, 두 번째는 이미 사물에 응하여 생각한 것을 생각하
는 것이 아니며, 세 번째는 경계에 착란한 것이 아니다.
『禪源諸詮集都序』권1 現量者親自現見, 不假推度, 自然定也. (『대정장』권48,p.401, a13-14) 현량이란 직
접 스스로 나타나는 것으로 미루어 헤아리는 것을 빌리지 않고 자연히 단정되는 것이다.

373 識心(식심)은 심소법에 대해 육식 또는 8식이 되어 작용하는 마음을 말한다. 사물을 인식하는 정신 작
용으로 육식과 8식의 구별이 있다.

問, 云何自心現量인가
문 운하자심현량

묻길, 어떻게 자기의 마음을 나타내는 것입니까?

答, 見一切法有하면 **有不自有**하고 **自心計作有**이며
답 견일체법유　유불자유　자심계작유

답하길, 일체 모든 법이 있을 것을 보면 있는 게 스스로 있는 게 아니라 자기가 마음으로 헤아려 있다고 하는 것이다.

見一切法無하되 **無不自無**하고 **自心計作無**[374]이라
견일체법무　무불자무　자심계작무

일체 모든 법이 없는 것을 보면 없는 것은 스스로 없는 게 아니라 자기가 마음으로 없다고 헤아리는 것이다.

乃至一切法도 **亦如是**하여 **並是自心計作有**하고 **自心計作無**니라
내지일체법　역여시　병시자심계작유　자심계작무

이에 일체 모든 존재에 이르기까지 또한 이와 같아서 모두 자기가 마음으로 헤아려서 있는 것을 만들고 자기가 마음으로 헤아려 없다는 것이다.

---

374 『少室六門』「第四門安心法門」問, 云何自心現量. 答, 見一切法有, 有自不有, 自心計作有, 見一切法無, 無自不無, 自心計作無, 乃至一切法亦如是. 並是自心計作有, 自心計作無. (『대정장』권48, p.370, b4-7) 묻길, 어떻게 자기의 마음을 현량 합니까? 답하길, 일체 모든 법이 있음을 보되 있는 것이 스스로 있는 것이 아니라 자기 마음으로 계교해서 있음을 만들고 일체 법이 없음을 보되 없는 것이 스스로 없는 것이 아니라 자기 마음으로 계교해서 없음을 짓는다. 혹은 일체 모든 법 또한 이와 같아서 모두 자기 마음으로 계교해서 있음을 짓고, 자기 마음으로 계교해서 없음을 짓는다.

又若人造一切罪하여 自見己之法王하면 即得解脫이라
우약인조일체죄   자견기지법왕   즉득해탈

또 만약 사람들이 일체 모든 죄를 짓더라도 자기가 자기의 법왕을 본다면 곧 죄에서
벗어난다.

若從事上得解者는 氣力壯하고 從事中見法者는 即處處不失念하고
약종사상득해자   기력장   종사중견법자   즉처처불실념

從文字解者는 氣力弱하고
종문자해자   기력약

만약 일에서 알게 된 사람은 기력이 왕성하고 일에서 법을 본 사람은 곧 곳곳에서
생각을 잃지 않고 문자에서 아는 사람은 기력이 허약하고

即事即法者는 深從汝種種運為하여 跳踉顚蹶하여도
즉사즉법자   심종여종종운위   도량전궐

悉不出法界하고 亦不入法界니라
실불출법계   역불입법계

일이 곧 법임을 아는 사람은 깊이 설령 갖가지 움직이는 일을 쫓아서 뛰어가 거꾸러
뜨렸다 하더라도 모두 법계에 벗어나지 않고 또한 법계에 들어가지도 않는다.

若以法界로 入法界면 即是癡人이라 凡有施為는 皆不出法界心이라
약이법계   입법계   즉시치인   범유시위   개불출법계심

만약 법계로써 법계에 들어가려 하면 곧 어리석은 사람이다. 무릇 움직임이 있다면
모두 법계마음에서 벗어나지 못한다.

何以故, 心體가 **是法界故**[375]니라
하 이 고   심 체   시 법 계 고

왜냐하면 마음의 본체가 법계인 까닭이다.

問, 世間人이 **種種學問**인데 **云何不得道**인가
문 세 간 인   종 종 학 문   운 하 부 득 도

묻길, 세간의 사람들이 여러 가지 배우고 묻는데 어찌 도를 체득하지 못합니까?

答, 由見己故로 **所以不得道**라
답   유 견 기 고   소 이 부 득 도

답하길, 자기를 보는 것으로 말미암아 그래서 도를 체득하지 못합니다.

己者는 **我也**니 **至人**은 **逢苦不憂**하고 **遇樂不喜**라 **由不見己故**로
기 자   아 야   지 인   봉 고 불 우   우 악 불 희   유 불 견 기 고

所以不知苦樂이라
소 이 부 지 고 악

자기란 나이니 지극한 사람은 괴로움을 만나도 근심하지 않고, 즐거움을 만나도 기뻐하지 않는다. 자기를 보지 못함으로 말미암아 그래서 괴롭고 즐거움을 알지 못한다.

---

375 『少室六門』 「第四門安心法門」 又若人造一切罪, 自見己之法王, 即得解脫. 若從事上得解者, 氣力壯, 從事中見法者, 即處處不失念, 從文字解者, 氣力弱, 即事即法者, 深從汝種種運為, 跳踉顛蹶, 悉不出法界, 亦不入法界. 若以法界入法界, 即是癡人. 凡有所施為, 終不出法界心. 何以故, 心體是法界故. (『대정장』권48, p.370, b7-13) 또 만약 어떤 사람이 온갖 죄를 짓더라도 스스로 자기가 법왕을 친견한다면 곧 해탈하게 된다. 만약 일 위에서 알게 된 사람은 기력이 왕성하고 일에서부터 법을 본 사람은 곧 곳곳에서 생각을 잃지 아니하고 문자로부터 아는 사람은 기력이 약하고 일이 곧 법임을 아는 사람은 설령 깊이 여러 가지로 움직여 꺼꾸러뜨렸다 하더라도 모두 법계를 벗어나지 못하고 또한 법계에 들어가지 못한다. 만약 법계로 법계에 들어간다고 하면 곧 어리석은 사람이다. 무릇 움직이는 것이 있다면 끝내 법계의 마음에서 벗어나지 못한다. 무슨 까닭인가? 마음의 본체가 법계인 까닭이다.

由亡己故로 **得至虛無**하니 **己尙自亡**이니 **更有何物而不亡也**리오
유망기고　　득지허무　　　기상자망　　　갱유하물이불망야

자기를 잃어버림으로 말미암아 허무에 이르게 되고, 자기 자신도 오히려 없는데 다시 어떤 물건이 있어서 없애지 못하는가?

問, 諸法既空하면 **阿誰修道**인가
문　제법기공　　　옥수수도

묻길, 제법이 이미 공하다면 누가 도를 닦습니까?

答, 有阿誰[376]하면 **須修道**하고 **若無阿誰**하면 **即不須修道**라 **阿誰者亦我也**니라
답　유옥수　　　수수도　　　약무옥수　　　즉불수수도　옥수자역아야

답하길, 누구라는 호칭이 있으면 반드시 도를 닦아야 하고 만약 누구라는 호칭이 없으면 곧 반드시 도를 닦을 필요가 없다. 누구라는 호칭은 역시 나이다.

若無我者는 **逢物**에도 **不生是非**라
약무아자　　봉물　　　불생시비

만약 내가 없다면 사물을 만나더라도 옳고 그름이 생기지 않는다.

是者는 **我自是**여서 **而物非是也**라 **非者**는 **我自非**여서 **而物非非也**라
시자　아자시　　　이물비시야　　비자　아자비　　　이물비비야

시란 자기가 스스로 옳다고 하여 사물이 옳은 것이 아니다. 비란 자기가 스스로 그르다하여 사물이 그른 것은 아니다.

376　阿誰(옥수)는 누구라는 뜻으로 , 阿는 물가, 아첨할, 언덕으로 사용할 때는 아로 읽고, 호칭으로 사용할 때는 옥으로 읽는다.

即心無心하면 **是為通達佛道**이라 **即物不起見**하면 **是名達道**이라
즉심무심   시위통달불도   즉물불기견   시명달도

곧 마음이 무심하면 불도에 통달하게 된다. 곧 사물에 견해가 일어나지 않으면 도에 통달했다 한다.

逢物直達하여 **知其本源**이면 **此人**은 **慧眼開**이라
봉물직달   지기본원   차인   혜안개

사물을 만나서 곧바로 통달해 그 본원을 알면 이 사람은 지혜의 눈이 열린 것이다.

智者는 **任物**하고 **不任己**하니 **即無取捨違順**이라
지자   임물   불임기   즉무취사위순

지혜로운 사람은 사물에 맡기고 자기에게 맡기지 않고 곧 취하거나 버리거나 어기거나 따름이 없다.

愚人은 **任己**하여 **不任物**하여 **即有取捨違順**이라
우인   임기   불임물   즉유취사위순

어리석은 사람은 자기에게 맡기고 사물에 맡기지 않으니 곧 취하고 버리고 어기고 따름이 있다.

不見一物이 **名為見道**하고 **不行一物**이 **名為行道**이라
불견일물   명위견도   불행일물   명위행도

한 물건도 보지 않는 것을 도를 보았다고 하고, 한 물건도 행하지 않는 것을 도를 행한다고 한다.

即一切處無處하면 **即作處無作法**하면 **即是見佛**이라

즉일체처무처   즉작처무작법   즉시견불

곧 일체 모든 처소에 처소가 없으며 곧 짓는 곳에서 짓는 법이 없으면 곧 부처를 보는 것이다.

若見相時에 **即一切處見鬼**이니 **取相故**로 **墮地獄**하며 **觀法故**로 **得解脫**이라

약견상시   즉일체처견귀   취상고   타지옥   관법고   득해탈

만약 형상을 볼 때 일체 모든 처소에서 귀신을 보게 된다. 형상을 취함으로 지옥에 떨어지고 법을 관하므로 해탈하게 된다.

若見憶想分別하면 **即受鑊湯鑪炭**[377] **等事**하여 **現見生死相**이라

약견억상분별   즉수확탕로탄   등사   현견생사상

만약 생각해서 분별하면 곧 가마솥이나 화로속의 고통을 받아서 현재에 나고 죽는 모습을 볼 것이다.

若見法界性하면 **即涅槃性**이고 **無憶想分別**[378]하면 **即是法界性**이라

약견법계성   즉열반성   무억상분별   즉시법계성

만약 법계의 성품을 본다면 곧 열반의 성품이고, 생각해서 분별함이 없으면 곧 법계의 성품이다.

心非色故로 **非有**요 **用而不廢故**로 **非無**[379]니라

심비색고   비유   용이불폐고   비무

마음은 물질이 아니기에 있는 것이 아니고 작용은 멈추지 않기에 없는 것도 아니다.

---

377 鑊湯鑪炭(확탕노탄)은 鑊湯(확탕)은 끓는 솥에 삶기는 고통을 받는 지옥(鑊湯地獄확탕지옥)이고, 爐炭(노탄)은 숯불이 벌겋게 달아오르는 화로에 떨어져 고통을 받는 지옥. (爐炭地獄노탄지옥)

378 생각, 계획 이것저것을 생각함. 마음으로 이것저것을 생각함.

379 여기까지 달마의 『少室六門』「第四門安心法門」의 내용을 그대로 인용하고 있다.

又用而常空故로 非有이고 空而常用故로 非無[380]니라
우용이상공고　비유　　공이상용고　　비무

또 작용은 항상 공한 까닭으로 있는 것도 아니고, 공함은 항상 작용함으로 없는 것
도 아니다.

380　『宗鏡錄』권97 又用而常空, 故非有. 空而常用, 故非無. (『대정장』권48, p.939, c27) 위의 문장과 같이
나와 있다. 『正法眼藏』권2「二十八祖菩提達磨章」用而不廢故非無, 又用而常空故非有, 空而常用故非無.
(『속장경』권67, p.583, a8-9) 『聯燈會要』권2「二十八祖菩提達磨章」用而不廢故非無, 又用而常空故非有,
空而常用故非無. (『속장경』권79, p.23, b4-5) 여기서는 '작용함에 못 쓰게 되는 것도 아니므로 없는 것이 아
니다.'라는 내용이 빠져 있다.

묘협서문의 유래

昔에 **披閱祖燈**하니 **至大珠和尙傳云**에 **有頓悟入道要門論一卷**이라
석　피열조등　지대주화상전운　유돈오입도요문론일권

옛날에 조사들의 전등록을 열람할 때 대주화상전에 이르러 『돈오입도요문론』이라는 1권의 저술이 있었다.

思仰之久하고 **未如所願**이라
사앙지구　미여소원

오랫동안 우러러 보고 싶었지만 아직 소원하는 바가 이르지 못했다.

後於洪武己酉歲[381]에 **從壞篋中得一故冊**이라
후어홍무기유세　종괴협중득일고책

훗날 홍무2년에 부서진 상자에서 하나의 오래된 책을 얻었다.

信手展卷하길 **隨覽數分**하니 **如熱得涼**함이
신수전권　수람수분　여열득량

손 가는 대로 책을 펼치길 수 분 동안 책을 보니 마치 더운 날에 서늘한 바람을 만나는 것과 같아서

踊躍歡喜하여 **不能自勝**이라 **方視其首**하니 **卽斯論也**라
용약환희　불능자승　방시기수　즉사론야

뛸 듯이 기뻐하여 스스로 억누를 수 없었다. 바야흐로 머리글을 보니 곧 논이었다.

381　홍무2년 1369년이다.

復詳披하여 **究見其義理**하니 **質直詣實**하니 **如飮醍醐**[382]**如**하여 **得至寶**라
부상피　　구견기의리　　질직예실　　여음제호　여　　득지보

다시 상세하게 펴서 그 뜻과 이치를 궁구해서 살펴보니 질박하고 정직하게 진실로 나아가니 마치 제호를 마신 것과 같아서 보배를 얻은 것과 같았다.

後較他錄하니 **得無差謬**라 **所願既獲**하여 **不敢私祕**라
후교타록　　득무차류　소원기획　　불감사비

뒤에 다른 어록과 비교해 보니 차이와 오류가 없었다. 소원이 이미 이루어져 감히 사사로이 숨길 수가 없었다.

願與一切眾生同으로 **霑灋味**하여
원여일체중생동　　점법미

원컨대 일체 모든 중생들과 함께 불교의 진리의 맛에 젖게 하여

復綴諸宗所問語錄一卷於後에 **略分上下**하여 **共成一冊**이라
부철제종소문어록일권어후　략분상하　　공성일책

여러 종파의 사람들과 문답한 어록 1권을 뒤에 다시 엮어 대략 상하로 나누어 함께 하나의 책으로 만들었다.

并達磨大師安心法門附於卷末하여 **總名曰頓悟要門**이라
병달마대사안심법문부어권말　　총명왈돈오요문

아울러 달마대사「안심법문」을 권말에 첨부하여 전체를『돈오요문』이라고 이름 하였다.

---

382 醍醐(제호)는 5味의 하나이다. 우유에서 만든 맛 중에 가장 뛰어나다. 『열반경』권12, p.539 중에 부처님의 교설에는 廣說로부터 요약에 이르기까지 다섯 단계가 있다는 것을 우유를 정제하여 酪(치즈) 등을 생기게 하는 순서를 모방하여 乳(유), 酪(락), 生酥(생수), 熟酥(숙수), 醍醐(제호)의 5미와 같다고 설한다.

謹捐布帛[383]하여 **命工繡梓**[384]하며 **垂於不朽**하여 **流布十方**하여
근연포백   명공수재   수어불후   류포시방

삼가 자금을 기부하여 직인에게 판에 새기도록 분부하여 후세에 전하여 없어지지 않게 하여 널리 세상에 퍼뜨려

使天下學佛之士가 **各各了知**로 **正修行路**하며 **不墮邪見**하여 **頓悟自心**하여
사천하학불지사   각각료지   정수행로   불타사견   돈오자심

咸開佛慧이라
함개불혜

천하의 불교를 배우는 수행자로 하여금 각각 분명하게 알아 바른 수행의 길을 닦아 삿된 견해에 떨어지지 않고 단박에 자기의 마음을 깨달아 모두 부처의 지혜를 열게 함이다.

實로 **叶之所志願矣**라
실   협지소지원의

진실로 내가 뜻하고 원하는 바입니다.

洪武七年歲在에 **甲寅春三月 丙戌日**
홍무칠년세재   갑인춘삼월 병술일

홍무7년 (1374) 갑인년 춘삼월, 병술일

比丘妙叶이 **焚香**하고 **稽首拜**하고 **題**하다
비구묘협   분향   계수배   제

비구묘협이 향을 피워 머리 숙여 예배하고 삼가 적다.

---

383 布帛(포백)은 베와 견직물의 총칭으로 화폐가치가 높은 것으로 옛날에는 통화 대신 사용되었다. 여기서는 자금을 의미한다.

384 문서를 板에 아름답게 조각하는 것. 梓本(재본)에 새긴 書板(서판), 전하여 책을 출판하는 것을 이른다.

後序후서

曩에 **閱傳燈錄**하여 **至大珠海禪師**가 **自初見馬祖**와 **及接人機語**하고
낭   열전등록   지대주해선사   자초견마조   급접인기어

전에 『전등록』을 읽었을 때 대주혜해 선사께서 처음 마조 대사를 친견했을 때와 사람들을 제접할 때의 말이나

以至泛應[385]으로 **諸宗所問**하여 **使之結舌喪氣**하고
이지범응   제종소문   사지결설상기

다른 종파의 사람들의 질문에 하나하나 받아들임에 이르기까지 그들이 입을 다물게 하여 의기소침시키고

心悅誠服處하니 **未嘗**[386] **不為之慶快**가 **而不已**라
심열성복처   미상   불위지경쾌   이불이

충심으로 기뻐하며 성심을 다하여 순종하게 하니 과연 경쾌하지 아니함이 그치지 않았다.

蓋師之言은 **一本於經律論之要旨**를 **而即事即理**하고 **全體全用**하여
개사지언   일본어경률론지요지   이즉사즉리   전체전용

대개 선사의 말은 한 권에 경율론의 간요한 취지를 현실에 맞고 이치에 맞게 전체를 다 사용하여

---

385 적당하게 응함.

386 未嘗(미상)은 아닌게 아니라, 과연이라는 뜻이다.

以發明으로 **向上一機**하여 **殺活予奪縱橫逆順**이 **無不合轍而還源也**라
이발명　　　향상일기　　　살활여탈종횡역순　　　무불합철이환원야

분명하게 나타내 깨달음에 이르는 하나의 지혜로 죽이기도 하고 살리기도 하며 주기도 하고 빼앗기도 하며 자유자재하게 따르고 거역하여 궤도에 맞지 않는 것이 없으니 그래서 근원으로 돌아가는 것이다.

所撰頓悟入道要門論은 **昔既盛行**이나 **年來**는 **殊不多見**이라
소찬돈오입도요문론　　　석기성행　　　　년래　　수불다견

찬술된 『돈오입도요문론』은 옛날에 이미 성행했으나 근래에는 특히 보는 이가 많지 않다.

近四明比丘妙叶來言嘗得此論과 **泊他語共一編**하여 **於弊篋斷簡中**한데
근사명비구묘협래언상득차론　　　계타어공일편　　　어폐협단간중

근래 사명비구 묘협 스님이 와서 이 책을 일찍이 손에 넣었는데 다른 어록과 함께 하나를 편집하여 상자가 해지고 문서가 끊어져

寧敢私淑인가 **樂與叢林共之**하여 **輒罄己長**[387] **俾工**으로
녕감사숙　　　악여총림공지　　　첩경기장　　비공

復錄諸梓하니 **願一言識其後**라
부침제재　　　원일언식기후

어찌 감히 나만 사모하겠는가? 즐거이 총림과 함께 하여 문득 저축한 것을 전부 털어 장인을 시켜 다시 모두 나무판에 새기니 원컨대 후대에 한 마디라도 알게 함이다.

387　長(장)은 자양분의 저축, 생활비를 의미한다. 罄己長(경기장)은 자기가 저축한 것을 전부 털어. 라는 뜻이다.

且出新板之文이 **自一至六**까지 **凡六葉以示**하니 **然嘗鼎一臠**이라
차출신판지문   자일지육   범육엽이시   연상정일련

又何待覩其全書인가
우하대도기전서

우선 새롭게 출판한 글이 첫째부터 육에 이르기까지 무릇 여섯 종파의 가르침을 나타내 보이니 분명하게 솥에서 고기 한 점을 맛보는 것이다. 또 어찌 모든 책을 다 보기를 기다리겠는가?

噫, 大珠此編은 **語言文字耶**인가 **非耶**인가 **謂其語言文字**는
희   대주차편   어언문자야   비야   위기어언문자

則道非語言文字라
즉도비어언문자

아! 대주 선사의 이 글은 언어문자인가? 언어문자가 아닌가? 언어문자라고 말하면 곧 도는 언어문자가 아니며,

謂其非語言文字하면 **而三藏之文**은 **了了在目**이라
위기비어언문자   이삼장지문   료료재목

언어문자가 아니라고 말하면 그러나 경율론 삼장의 글은 분명하게 눈앞에 있다.

與此老의 **胸襟流出者**는 **融會貫攝羅列**이라
여차노   흉금류출자   융회관섭나열

이 노승의 가슴에서 흘러나온 것은 자세하게 이해하여 꿰어 잡아매어 나열했다.

而前陳其問或自謂我不會禪하고 **竝無一法可示於人**도
이전진기문혹자위아불회선   병무일법가시어인

그러나 앞에 이미 서술하여 스스로 나는 선을 알지 못한다고 하고 아울러 하나의 법도 다른 사람들에게 보일 것이 없다고 혹시 물어도

看他此等語는 **直是作賊人心虛**[388]라 **盡情**[389] **抖擻**[390] **不下**이라

간타차등어　직시작적인심허　　진정　두수　불하

다른 사람은 이 같은 말을 보면 곧바로 도적이 마음이 안절부절 못하는 것이다. 정
신을 다해 분발하여도 어찌하지 못한다.

所以今日不免被人이 **再加塗抹**이라

소이금일불면피인　재가도말

그래서 오늘 얼굴에 다시 진흙을 바르는 것을 면하지 못할 것이다.

後之覽者가 **若於馬祖**가 **所謂大珠圓明光透自在**하여 **無遮障處**를

후지람자　약어마조　소위대주원명광투자재　　무차장처

當下에 **著得精彩**하면

당하　착득정채

뒤에 이것을 보는 자가 만약 마조 스님이 말씀하신 대주의 둥글고 밝은 빛이 자유자
재하게 투과하여 막힌 곳이 없음을 그 자리에서 아름답게 빛나는 색채를 체득하면

則隨色摩尼[391]가 **人人無不具足**이라

즉 수색마니　인인무불구족

곧 색에 따라 마니보주가 사람들에게 구족되지 않음이 없다.

388　속어로 도둑질을 하는 인간은 마음이 안절부절못하여 끝이 없다는 의미이다.

389　盡情(진정)은 마음이 하고 싶은 대로 하는 것.

390　抖擻(두수)는 분기시키다, 분발시키다. 완전히 제거해 버린다는 뜻이다. 『緇門警訓』권2 「鵝湖大義禪
師坐禪銘」 抖擻精神著意看, 無形無影悟不難. (『대정장』권48, p.1048, c15) 정신을 분발하여 마음을 꽉 잡
아 살펴보면 형상도 없고 그림자도 없는 깨달음은 어렵지 않다. 『景德傳燈錄』권18 「鼓山神晏章」 今為諸仁
者, 刺頭入他諸聖化門裏抖擻不出. (대정장』권51, p.351, c1-2) 이제 여러분들을 위하여 머리를 자르고 저
많은 성인들의 교화문에서 분발한다고 해도 나오지는 못한다.

391　隨色摩尼(수색마니)는 마니보주는 자기의 색을 가지지 않고 대하는 사물의 색에 따라서 색상을 바꾼다
고 한다.

其或未然하면 **滯殻迷封**하여 **有甚麼數**[392]인가 **具頂門眼**[393] **者**가 **試爲辨取**라
기혹미연　　　체각미봉　　　유심마수　　　　구정문안　　자　시위변취

혹 그렇지 못하다면 공연히 껍질에 쌓여 아직 북돋지 못했으니 무슨 수가 있겠는가?
이마에 바른 눈을 갖춘 자가 있다면 시험 삼아 판명해 보라.

洪武六年歲 有癸丑 秋九月 望日
홍무육년세　유계축　추구월　망일

홍무6년 계축 가을 9월 14일

前龍河比丘萬金書
전룡하비구만금서

전 용하사의　비구 만금이 쓰다.

吳江居士吳瑞徵施貲刻此
오강거사오서징시자각차

오강거사 오서징이 재물을 보시하여 이것을 판각하다.

諸方門人參問語錄下卷資先姚凌氏孺人冥福　海鹽居士仇雲鵬對
제방문인참문어록하권　자선요릉씨유인명복　해염거사구운붕대

제방문인참문어록 하권은 돌아가신 어머니 요릉씨의 명복을 빌고
해운거사 구운붕이 맞추어 보고

392　數(수)는 가망, 가능성, 수단, 방법을 말함.

393　頂門眼(정문안)은 마라수라천에 三眼이 있는데 그 세로의 한 눈을 말한다. 보통의 시야를 뛰어넘은 것을 보는 눈.

長洲徐普書 [浬-土+大]水端學舜刻

장주서보서　연　　　수단학순각

장주서보가 글을 쓰고 연수단 수행자 순이 판각하다.

萬曆丁酉仲夏徑山[394] 興聖萬壽禪寺識

만력정유중하경산　흥성만수선사지

명나라 신종 25년(1597) 5월(여름) 경산 흥성만수선사에서 적다.

394　徑山(경산)은 중국 저장성(浙江省)북부, 톈무산(天目山) 북동쪽에 있는 산으로 산기슭에 중국 오사(五寺)의 하나인 능인흥성만수선사(能仁興聖萬壽禪寺), 곧 징산사(徑山寺)가 있다. 8세기 중엽에 도흠(道欽)이 창건한 절로 이 절이 유명해진 것은 대혜종고(大慧宗杲:1089~1163) 때문이다. 그가 머물면서부터 징선사는 가장 유명한 선(禪) 도량이 되었다. 징선사는 처음에 건부진국원(乾符鎭國院), 승천선원(承天禪院) 등의 명칭으로 불렸다. 남송(南宋)에서 원(元)에 걸쳐 유명한 선승들이 이곳에 머물렀다.

색인

大珠慧海禪師語錄
대주혜해선사어록

자기가 보배창고이다

초판인쇄   2021년 6월 1일
초판발행   2021년 6월 7일

번역자   청두종인
펴낸이   이철순

펴낸곳   해조음
출판등록   2003년 5월 20일 제 4-155호
주소   대구광역시 동구 파계로71 팔공보성3차 306-1601
전화번호   053-624-5586
전자우편   bubryun@hanmail.net

ISBN 978-89-92745-75-8 03220

책값은 뒤표지에 있습니다.
잘못된 책은 교환해 드립니다.